张承耀◎编著

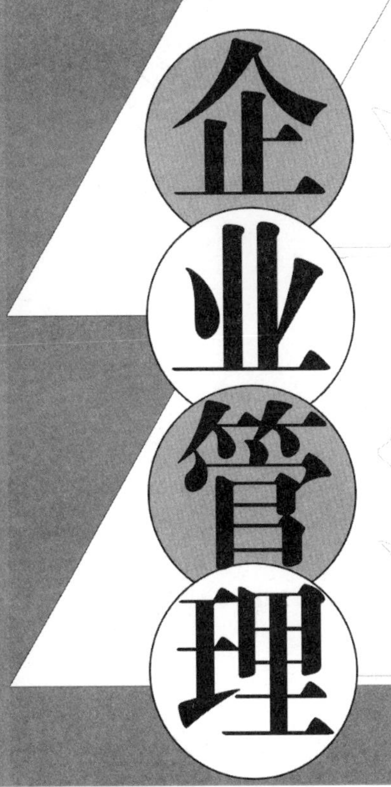

企业管理案例与评论

THE CASE STUDY AND REVIEW OF BUSINESS MANAGEMENT

第二版

（教学案例-4）

经济管理出版社
ECONOMY & MANAGEMENT PUBLISHING HOUSE

图书在版编目（CIP）数据

企业管理案例与评论：教学案例—4 / 张承耀编著. —2版. —北京：经济管理出版社，2012.6
ISBN 978-7-5096-1954-4

Ⅰ. ①企… Ⅱ. ①张… Ⅲ. ①企业管理—案例 Ⅳ. ①F270

中国版本图书馆CIP数据核字(2012)第113955号

责任编辑：勇　生　史慧梅
责任印制：蒋　方
责任校对：超　凡

出版发行：经济管理出版社
（北京市海淀区北蜂窝8号中雅大厦A座11层 100038）
网　　址：www.E-mp.com.cn
电　　话：(010)51915602
印　　刷：三河市延风印装厂
经　　销：新华书店
开　　本：720mm×1000mm/16
印　　张：17
字　　数：311千字
版　　次：2012年12月第2版　2012年12月第1次印刷
书　　号：ISBN 978-7-5096-1954-4
定　　价：28.00元

前 言

企业管理研究与经济学研究的方法有着很大的不同，经济学将企业看成是一个“质点”，主要采取演绎的方法进行研究；企业管理研究则深入到企业内部或者说对企业实行“解剖”，主要采取归纳的方法进行研究。换句话说，案例研究是企业管理研究的重要方法。实际上，许多划时代的研究成果都是从一个个具体的案例研究中得出来的。

案例研究又可以包含两个方面的基本内容或者说是分成两个基本的层次：一个是描述，这要求客观真实，不因人而异；另一个是评论，这要求深入挖掘，其价值判定将各不相同。当然，在个案描述的基础上也可以有综述性质的研究。

笔者已经出版过几本企业管理案例的书籍，也曾将若干评论汇集成《企业管理案例与评论》出版过3本。摆在您面前的第4本评论文集主要包括作者近年来在报纸、杂志上所写的评论文稿，也有参加完成的专题调研报告或讲话，等等。

从结构安排上看，主要是从形式上考虑和划分的，即本文集分“点评”、“研究”、“时评”与“报告”四大部分，“点评”是针对某一案例所写的，后面附有背景资料；“研究”是不分案例与评论的整体的案例研究文章；“时评”是独立的评论，比较短小；“报告”为对某个专题的研究。从内容上看，可能存在前后重复交叉的情况，比如国有企业改革、治理结构、技术创新、企业文化等。

在点评部分，本应按照文字产生的逻辑顺序使案例在先评论在后，但现在则是将评论放在前面了。这是想把评论作为导读，给读者一个大致的介绍；如果读过案例再回过头来看评论也可以有新的认识。

第一部分“点评”包括8篇文章，第二部分“研究”包括4篇文章，第三部分“时评”包括26篇文章，第四部分“报告”包括2篇文章。在篇头有中间成果的出处可供参考。因篇幅所限，报告部分的参考文献略去了。

本书的读者主要为企业管理研究人员、企业界人士以及企业管理类的研究生和大学生。

在本书即将出版之际，我想对所有给我提供帮助的报社、杂志社的记者、案例编写者和朋友们表示忠心的感谢。在这里，还要特别感谢经济管理出版社的勇生同志，正是他的真诚和热情打动了我，才使得这本书能早日面世。

作者

2007 年 9 月于北京

目 录

第一部分 点 评

第二部分　研　究

第三部分　时　评

第四部分 报 告

第一部分

点　评

第 1 篇　跳出装备看装备

中国改革开放以来，国人不支持本国装备工业的状况就一直没有多大的改观。记得十多年前，笔者随北京的一个团去东北考察，在参观一个设备制造厂时，厂方同志反映说："国内客户不买本国产品，喜欢外国产品，其实我们产品的质量并不差，价钱又比外国的低，你们能不能到中央呼吁一下，让国内的客户尽量买本国产品？"但是，当我们到车间时，看见他们的设备也几乎全是进口的！

还有一件事印象非常深刻。也是十多年前，我们到上海的一家造船厂考察，厂方同志反映，尽管国内造出的船质量挺好，价格便宜，但是国内的船东就是不买国产的船。由于买船时，船东的人员可以以"监理"的名义享受出国的待遇，因此，国内船东的心思是完全能够猜透的。据说上海船厂的同志们也向中央呼吁过，但是效果并不大。后来，我们在该厂招待食堂里看到的来客几乎全是外国的船东。也许是对国内绝望了，于是他们把目光转向了国际。这种转型在国内是比较突出的。

令人不解的是，改革开放都 20 多年了，借买外国货出国观光的事也时有出现。为什么现在依然对国货"退避三舍"呢？如果我们把产品竞争比做足球赛的话，"主场取胜，客场争和"是起码的策略，中国人不买中国货，岂不是球迷在主场对自己的球队"喝倒彩"吗？怎能指望球队"放弃主场，全靠客场"呢？恐怕在这之中有着更为深刻的原因。

初步想来，造成目前的尴尬局面有以下一些主要因素：

第一，需求方面的因素。国内的一些用户单位根本没有任何"爱国主义"或"民族主义"的概念，一味地崇洋媚外。到现在还有宁肯多花国家的钱，也要享受出国补贴的情况。垄断行业的用户不仅对下游或终端消费者实施垄断，而且对上游设备提供商也实施垄断。

第二，供给方面的因素。我们的一些大企业是从计划经济脱胎而来的，体制、机制还在转换之中。我们的大企业能够把主要精力放在技术攻关方面吗？能够实现面向市场的人力资本的集聚吗？

第三，政策方面的因素。改革开放以来，对外资的种种优惠政策就使得国内企业低人一头了，在税收上的优惠政策有所调整，但是“超国民待遇”的基本格局还是没有根本改变。

第四，政府方面的因素。上述政策就是出自政府，这里还得增加一些内容，比如政府官员为了彰显“政绩”，不惜一切代价引进外资。如此这般地“招商引资”的后果之一便是造就了一批“假外资”。再比如地方保护主义盛行，国内的企业不能在全国范围内竞争，怎么有能力到国际上去竞争呢？

第五，精神方面的因素。韩国人爱买韩国货，明星金喜善拒绝乘外国车已经成为了佳话。但是，中国不是韩国，中国人的“大国心态”是好的，但是，在某种程度上已经变成了“麻木不仁”，“爱国主义”已经成为了远离人们生活的奇谈怪论。“青蛙在沸水中安然死去”的一幕正在上演。

稍微小结一下，国人在对装备工业的支持上，政府配置资源没有起到作用，市场配置资源也没有起到作用。“双失灵”是出现这种状况的根本原因。

我们从另外的角度进行观察也许更为清晰。让我们来看看最终消费品的情况吧。比如说小商品，我们的小商品为什么有国际竞争力？因为没有体制制约，因为国内市场大，有成本价格优势。一些劳动密集型产品到国际上屡屡被反倾销并不是坏事，反映出的是外国的恐惧。那么，装备工业与小商品的区别在哪里呢？

再比如小轿车，国产汽车品牌是什么？红旗轿车？以前官员坐，现在什么人坐？奇瑞在国内没怎么样就到国外发展，有谁看见我们的官员开奇瑞车了？有没有政府官员参与走私车？地方保护主义有多严重？北京政府为什么那么热衷于发展韩国品牌轿车？

在这里需要指出的是，“国产”已经有了新的含义，因为不仅许多最终产品本身已经高度国际化了，而且资本、技术、人员等生产要素也已经高度国际化了。因此，“MADE IN CHINA”也已经不可能是纯而又纯的“国货”了。“一汽丰田”、“上海大众”不都是在中国的企业生产外国品牌的产品吗？

显然，与厂房、设备、资本、技术、劳动力等相比，以品牌为代表的无形资产更具有市场领导力。日本丰田汽车公司在中国的直接生产性投资大概也就几十亿元人民币，但是，在中国开设一家4S店大概需要3500万元人民币，全国近200家总共有70亿元人民币。这70亿元人民币是中国人掏的而不是日本人掏的。因此，我们已经进入了“无形带动有形”的历史阶段，技术的凝结是品牌。

最后，让我们对装备工业若干关系的认识进行简短的梳理：

第一，供给与需求两手抓。国内装备工业的健康发展需要改善供给与需求两个方面。

第二，竞争的公平性。对于外资，一方面我们的用户还喜欢直接出国采购；另一方面，引进外资也具有明显的非经济因素，国内市场也必须完善。

第三，法律与道德的力量。仅仅靠立法能解决问题吗？让人们自觉增加“爱国意识”靠得住吗？

第四，注意潜在的教育。外国大企业有开放日，这有助于增加国民对大企业的了解，提高国有品牌的意识。中国的工厂是不是在想着如何保密呢？

第五，狠抓反垄断。手机一竞争，价格就下降，但网络还垄断，价格固然坚挺。汽车一竞争，价格就下降，但出租车还垄断，价格又涨了。如此这般，装备工业能搞得好？

第六，百姓看干部。金喜善是明星，但中国人更主要是看干部、看官员。支持不支持民族品牌与国货产品，关键在官员。

第七，从最终产品做起。先不去看装备工业，看看最终产品就知道了。北京现代汽车的优势正反映出其他产品的劣势。

总之，装备工业不可能单兵突进，要靠整个市场环境与政策环境的改变。“欲速则不达”。改善装备工业的现状，应该从最终产品抓起，从官员做起。

①

没有用户支撑，振兴装备制造业孤掌难鸣

装备制造业是国民经济持续发展的基础，是工业化、现代化建设的发动机和原动力，是在国际竞争中取胜的法宝。我国正处在重化工业的中期阶段，正是装备制造业发挥中坚力量的绝好时机。然而，当振兴装备制造业的雷声隆隆时，装备制造业的国产化速率却未见风生水起。

早在 1986 年国务院组织召开的一次围绕“买一个现代化还是干出一个现代化”的问题研讨会上，时任机械部部长的何光远先生在谈到国产化问题时就曾明确表

① 由《中国工业报》记者司建南编写。

示，现代化是买不来的，我们一定要靠自己的力量发展自主品牌振兴民族产业，从而最终实现现代化。

历史总是惊人地相似，20年后的今天， 2006年6月的北京烈日炎炎、骄阳似火。燥热的空气正是与会者焦急心情的真实写照。在我报社的会议室里，多位一直关注并从事机械装备制造业振兴工作的老领导济济一堂，仍然在重复着一个相同的话题——实现重大装备的国产化，给国产装备制造业一个发展的机会。

用原机械部副部长陆燕荪的话说，如今装备制造业发展的大环境已经万事俱备，借着6月16日发布《国务院关于加快振兴装备制造业的若干意见》的东风，装备制造业发展的前景已不可估量。

然而，此时会议室里的气氛却并不轻松。“我们不能没完没了地买，你永远不让国内企业制造，不让企业做它就永远不会做，更谈不上在消化吸收的基础上再创新。”“要允许创新过程中的失败，你老是担心它做不出来，它怎么能自己走创新的道路呢？”“作为一个用户来讲，当然希望买的设备质量优越，这无可挑剔，但是对一个国家来讲，就要考虑我们国家是买一个现代化还是自己干出一个现代化，我们要在建设的过程中通过合作、学习，掌握技术，逐步提高，走自主发展的道路。”……

经过一轮激烈深入的探讨，与会专家意识到，一个不争的事实正将装备制造业的振兴推向一个尴尬的境地，即国内用户对国产装备的不信任与冷淡，市场机会的缺失是重大装备国产化步履蹒跚、亦步亦趋的主要原因。

一、国产化心思不齐，关键领域被进口装备挤占

记者在近几年海关进出口的统计数据中发现，随着我国装备制造水平的稳步提高，我国重大装备进口的数量和金额却并未减少，反而在逐年增加。是我国的经济发展水平快到如此供不应求吗？实则不然，虽然国内的装备制造产品在很大程度上已经可以替代进口产品了，但由于一部分用户的不认可，导致国产装备在竞标的过程中被进口设备所淘汰的例子比比皆是。其中，以冷热连轧为代表的冶金设备和以高压开关等高精设备为代表的电工设备尤甚。

2004年我国轧钢设备进口额高达10亿美元，占冶金设备进口的67%，而国内装备制造业承担着2/3以上的制造任务，但价值却不到设备总价的1/3。

据几位冶金行业专家调查，尽管整套装备不再引进，但一些单项装备还在持续大量地引进。例如，炼铁系统的无钟炉顶、干熄焦等20多项技术，国内已有的技术并不比国外的差，但引进却始终没有停止，以致近些年来我国冶金行业引进设备

投资居高不下，有时竟占行业总投资的45%。

电工领域，在每年200多亿美元的进口产品中，量最大的是各种输变配电设备，这类设备每年进口额高达100多亿美元，主要包括四类产品：大型变压器，大高中低压开关类，电线电缆产品，还有控制、保护、自动化类，包括镇流装置。这四大类产品相比较，数量最大的当属高压开关。

据原机械工业部进口办公室主任郑国伟介绍，我国电工器材领域近两年进口增长较快的四种产品分别是：变压器互感器、电线电缆、高压开关、绝缘子等产品。

记者从相关部门了解到，2007年1~4月，我国机电产品进口1295.6亿美元，同比增长28.5%。其中，挖掘机3.6244亿美元，同比增长78%；电线电缆9.9038亿美元，同比增长22%；电子元器件4037575万美元，同比增长34%。

与此同时，我国社会固定资产中设备投资的2/3依赖进口，光纤制造设备、集成电路芯片制造设备、石油化工装备、轿车工业设备、数控机床、纺织机械、胶印设备等绝大部分市场被进口产品挤占。我国装备制造业产品每年的外贸逆差高达数百亿美元。

从经济学的角度讲，市场与产品是唇齿相依的关系。没有一个强劲的市场需求拉动，再好的产品也会无的放矢。对于国产装备制造业发展面临的困惑，与会专家的观点不谋而合，认为"国内用户，特别是在一定意义上具有垄断意义的行业用户不用国产设备"是装备制造业发展的最大阻力。

"与用户部门比较，装备制造业已经是一个高度市场化的产业，1984年国家已经把所有企业下放，从20世纪80年代初开始，机械产品完全由市场定价，由国家定价的产品几乎没有。过去我们讲三三三模式（国有、合资、民营资本各1/3），而现在国企改制已走出了一大步，很多国有企业已不是完全意义上的国有企业，而是境外上市公司（如哈电在香港上市），装备制造业所有制结构发生了巨大变化。但其用户却未发生根本性改变，特别是某些真正意义上的垄断用户，这中间就存在一个信息不对称的问题。"国务院东北办工业组组长李冶从体制角度一针见血地指出了个中缘由。

任何一个工业发达的国家，都不是等武装到牙齿以后才用国产装备的，即使国内产品做得不好也要用，韩国就是典型的例子。其国人国货的情结体现在每个国民身上。韩国明星金喜善曾被邀请到中国来参加商业活动，金喜善发现车队中没有韩国车，就拒绝乘坐奔驰离开。金喜善说自己是韩国人，就应该坐本国车。前苏联亦是如此。事实证明，只有"用"才能变好。

"在这方面我国应该学习韩国和日本。"李冶认为，"不用"是困扰装备制造业振兴的大问题。

对此，一直致力于大型冶金成套设备国产化工作的中国重型机械工业协会理事长汪建业表示，由于体制原因，用户在引进设备和工艺生产控制技术之后，为保证自身生产和近期利益，对其引进的生产工艺技术保密，影响了引进技术的消化吸收和推广应用。部分钢铁生产企业甚至排斥国内开发的工艺控制技术及新产品，这就大大延缓了冶金装备本土化的进程。

二、用户吝啬机会，国产化成装备制造企业的独角戏

在 2006 年 5 月发改委与国防科工委联合召开的数控机床国产化座谈会上，某国家重要部门的领导居然在会上公然表示，国产化是某些生产部门自己的事情，与我们没有任何关系！

中国机床工具工业协会总干事长吴柏林在谈到这个问题时，仍压抑不住对相关用户对装备制造业国产化问题淡漠的愤怒。他认为很多用户对国产化的认识存在两大问题：一是对国产化现状的评价有误。我国装备制造业的国产化水平还很低，还有很长的路要走，而有些用户却认为目前国产化已经做得不错了，根本不需要用户支持。相关部门极力推行的一些国产化的好办法，如捆绑招标，以市场换技术也被某些大用户否定，认为技术是捆不起来的。 二是国产化的自我角色定位问题。正如刚才会议的场景，很多国内重大装备用户认为国产化问题与已无关，认为是制造部门自己的事情，可想而知，装备制造企业一个巴掌拍不响，没有用户的支持，没有市场的使用，产品谈何应用和技术更新？整个装备制造业谈何振兴？

当然，这中间也存在相关部门的利益主体化问题。某些大用户在某种机制的庇护下，为了自己能拿 200 美金的出国补贴，不惜让国家拿 200 万美金的代价来实现所谓的“招商引资”。近日有媒体报道的“建奥运引发出国考察热”和之前爆料的“红色旅游”事件，都是一定历史时期的特定产物。

吴柏林认为，目前国产数控技术，尤其是大量中高档及以下的机床数控系统研发面临的主要问题不是科技攻关，而是市场培育。

国产数控系统技术研发问题多年前就解决了，但多少年后仍做不出来，被认为质量与可靠性差，价格也不低。而价格要下降，就要降低成本；要提高可靠性能，就要有批量生产，但这些都要求有稳定的客户群。

据介绍，我国国产数控系统做得最好的企业每年做中档数控系统 200~300 台，而国外西门子、法拉克等跨国公司每年产量都在十几万台。“我们做实验还做不过

来，更无法保证质量。”吴柏林指出，早在 20 年前，西门子等跨国公司就把中国的市场占领了，往国内技术人员脑子里灌输的都是他们的策略。这也是国内机床业发展缓慢的一大因素。

与此同时，变相进口已经成为部分用户排斥国产设备的一个重要手段。

李冶举例分析了目前部分用户惯用的变相进口渠道：一是本土化代替进口。在经济全球化的今天，很多跨国公司选择在海外投资建立生产制造基地，在国外制造产品，销售到东道国或其他国家。其特点是：自己拥有制造设施与技术，产品完全由自己制造；在资源的利用上，仅限于利用东道国的原材料、人员或资金等。目前很多外资企业在华建厂，国内用户买的是合资企业的产品，如某电力公司买 ABB 在厦门设立工厂的产品、买西门子在上海工厂的产品，虽然这些产品都是在国内生产，但其 80%的零部件是从国外其母厂进口的，这些产品国产化的技术含量几乎为零，而这种产品在目前市场中又占据着相当大的比重，在无形中挤占了国内装备制造产品的发展空间。

二是用户在购买产品的时候变相限制制造企业的产品构成，即用户迫使国内供货商替他们进口。如某用户在北京开关厂买进一台一万伏的高压开关柜，买的虽然是国产产品，但其要求该产品的核心主断路器必须是进口的，这种要求通常是口头协议，不写在标书上，但给制造企业默许的游戏规则却是很明确的，制造企业要想中标，就得按照这种不合理的要求做，否则就会失掉机会。所以，很多国内用户每年通过这样的手段进口了很大数量的装备产品。

三、零部件进口免税，我国的法律政策优惠了谁

目前在杭州齿轮箱厂的数控机床招标中，北京第一机床厂被宁夏小巨人机床有限公司抢标一事广受关注。在这里，我们有必要回顾一下宁夏小巨人公司的历史背景。它是由宁夏长城机器集团与日本山崎马扎克机床制造公司共同出资建立的。当时为了引进日本的先进技术，中方在宁夏已有两个老牌机床厂的情况下另造新厂。2000 年开业初期发展迅猛，但日本方面突然变脸，不想合资了，而我们也根本没有学到日本的先进技术，日方退出意味着机床厂会走向崩溃，最后只能妥协，2004 年时成为日本的独资公司。而此次宁夏小巨人获胜正是因为其外资企业身份在税收等方面的成本优势而产生的价格优势。

从这个案例可以看出，我们国家的相关法律法规政策在市场化竞争中却保护了外资企业。目前这样的例子很多，如在税收方面，整机进口可以免税，零部件进口

却不能免税，对外资的超国民待遇问题仍是国有企业挥之不去的痛，这不能不说是装备制造业振兴的一大症结。

在进口优惠政策方面，中国机械工业联合会规划与市场部副主任冯宝珊近日已经提交了一个比较合理的建议，即合资企业零部件进口免税以后得到的优惠均作为国家资本金注入相应的国有企业或民营企业，而不是合资企业。在该建议中还提到，目前国内能做的零部件就不允许进口，若想进口就要缴税。

四、“生土不二”，专家把脉重大装备国产化之五大要素

中国机械工业联合会重大装备办公室主任隋永滨指出，振兴装备制造业任重道远，是一项长期的战略部署和安排，虽然国家已经出台相关政策支持重大装备国产化，但未来5年内，中国重大装备制造行业如果不能打造出几个大集团，形成自己的特色，在关键装备方面实现国产化，装备制造业的振兴仍将遥遥无期。故而，相关企业应该时刻把握市场的脉搏，树立集团作战的意识，相关用户应给予大力的支持和配合，学习韩国人“生土不二”的民族精神，为重大装备的国产化提供必需的市场机会。

与会专家在分析总结的基础上，为重大装备国产化提出了五点建议：

第一，要用法律法规来规范装备制造业的发展。专家指出，真正开明的用户是没有的。国产化一方面要依靠中央统一领导，另一方面要靠相关部门协调。而从长远来看，立法仍是重大装备国产化的基础和保障。

关于优惠政策的细化问题。专家表示，财政部应制定重大装备国产化的细则，包括加速折旧、进口关键零部件的减免税等。相关配套政策财政部必须有细文，税务、海关等部门才能依次落实执行。

发达国家保护大工业是在20世纪70年代开始的，包括韩国和日本。美国关于外资并购的《希尔曼法》、《埃里克森法》都值得借鉴。据介绍，国外《反垄断法》包含两条线，一条线是反垄断，另一条线是制定关系国家安全的法规。如美国《电信法》规定，外资要进入其领域，股比不得超过15%；《交通运输法》规定，外资要进入该领域，股比不得超过25%。而目前我国的相关法律可操作性很差。专家指出，我国现行的40多家合资企业中，装备制造企业的合资有一半是不成功的，对于合资企业要不要建立长效机制，要不要建立问责制，这些都是值得思考的问题。有专家提出，在我国《关于装备制造业重组并购管理暂行办法》中并未提到外资并购问题，过于保守。

第二，对国字号的大公司应管起来。某些企业号称为企业但不是真正的企业，这就涉及政府采购的问题。

专家建议，国家应有计划地采购国产重大装备。关系国家安全及经济命脉的装备一定要由国家采购。重大技术装备的采购者要么是国家，要么是国有大公司。国管公司的采购行为应视为政府行为。老百姓买东西为省钱买国货，而他们从来不考虑这个问题。所以我国《政府采购法》应进一步拓展，规定凡是以国家财政资金买进的，都应算政府采购，从而扩大政府采购的范围。

巴西、印度等国家的法律就有相关规定，即使利用外资项目，也必须有一定支出来采购本国设备，我国应借鉴相关国家的政府采购经验。

同时，应充分利用我们的进口资源，为发展装备制造业创造优越条件。专家认为，国债项目，政府给予了优惠所以应该干预；技改项目都是国家贴息的，所以政府应该干预；科委的项目是有补贴的，政府可以干预；以及国家开发银行的开放性金融合作都是可以干预的；世行、亚行贷款等由政府还贷的国际贷款，政府也可以干预，这些都符合 WTO 原则。

第三，要研究中国国情。隋永滨指出：韩国在买了第一代核电后 10 年内全部实现了国产化，而我国盲目追求第三代，导致第二代核电研究推迟了两年。他认为，“第三代核电比第二代无谓于加大了主动力。而很多人以为第三代比第二代可靠很多，不断炒作，进而被束缚了手脚。我们决定自主研发并决然启动第二代核研发是非常正确的，通过消化改造提高以后，我国的‘两代加’核电具有自主知识产权，国产化率提高到 60%~70%，而且启动不是一台两台，总装机已由 4~6 台改为 6~8 台，国家发改委副主任张国宝近日表示，一期启动了 4 台。所以，提出适合中国国情的指导思想很重要。”

“对于风电能源，国外是电用不完了，才发展清洁能源，中国严重缺电，应先把火电等搞好。”隋永滨提出，中国好好把握自己发展的技术路径，提出自己的发展思路很重要。

第四，应加强国民的爱国主义教育，加强装备制造业是国民经济基础的宣传教育，提高全民、全社会对此的认知度。国民经济发展和经济社会发展是立足进口还是依靠国民制造？这涉及机械制造业施展才能的舞台问题，有舞台才能振兴。

据介绍，在日本丰田汽车厂的厂墙上挂着很多漫画，都是前来参观的青少年创作的。2004 年该国有 20 万人参观丰田汽车厂，其中有 7 万人是小学生及以下的少年和儿童。日本进行工业化教育很超前，让儿童从小就接受工业教育，懂得什么是大工厂，而这正是我国教育所欠缺的。

第五，建立工程设计研究院。汪建业提出，国家国资委也好，发改委也好，一定要有自己的工程设计研究院，给中国装备制造业一个表现的机会。

值得振奋的是，日前国家对重大装备国产化的问题已经给予了高度重视。在2007年6月16日发布的《国务院关于加快振兴装备制造业的若干意见》中明确提出，鼓励订购和使用国产首台（套）重大技术装备。对订购和使用首台（套）国产重大技术装备的国家重点工程，可确定为技术进步示范工程，优先予以安排。用户单位购买首台（套）国产重大技术装备，国家通过有关专项资金给予适当补贴或采取加速设备折旧等方式给予支持。尽快研究建立由项目业主、装备制造和保险公司风险共担、利益共享的重大技术装备保险机制，引导装备制造企业和项目业主对首台（套）国产重大技术装备投保。

国家财政部近日也向各地印发了《关于实施促进自主创新政府采购政策的若干意见》，要求各级财政部门在一定采购范围内或选择一些采购项目进行试点，在采购活动中，树立国货意识，并研究建立对采购自主创新产品的有效激励机制。这些都在一定程度上推动着重大装备国产化的进程。

第 2 篇　现代版“卖国求荣”的典型

具有 50 多年发展历史的武汉机床厂，原是国家机械工业部骨干企业，工具、刃具类磨床的技术开发能力一直处于全国同行业先进水平，是中国机床行业“十八罗汉”之一。2005 年，该厂“摇身一变”，成为了美籍华人周某某的私人企业。

从 2007 年年初开始，原武汉机床厂厂长、现任欧迈克机床公司总经理的张绍华先后向相关部门反映了企业改制过程中存在一系列违规甚至违法造成国有资产大量流失的问题。2007 年 7 月，形成了政府与外商为一方，经营者与职工为另一方的严重对立，特别是职工与周老板对立加剧，一度出现了停工停产、聚众禁止周某某入厂等社会问题。

在这一事件中，有五方面的“主角”：第一是美籍华人周某某；第二是武汉市政府有关部门；第三是武汉市国有资产代表武汉工业控股公司；第四是经营层；第五是企业职工。

现在看来，至少有以下一些问题值得思考：

第一，导致此起国有资产转让的背景与原因是什么？

第二，股权转让合同是否符合国家政策与法律规定？

第三，在转让合同执行过程中的情况应该如何评价？

第四，如何看待国有企业改制中国有资产流失的问题？

第五，企业职工可通过什么渠道维护自身的合法权益？

下面分别加以探讨和说明。

一、导致此起国有资产转让的背景与原因是什么

“无风不起浪”，需要进行产权转让，其直接原因是该机床厂连年亏损：2001 年销售收入 1985 万元，亏损 906 万元；2002 年销售收入 2308 万元，亏损 246 万元；2003 年销售收入 2401 万元，亏损 58 万元。由于连年亏损，转让前的几年机床厂已

资不抵债。据年度审计报告显示，2001 年净资产 2182 万元，资产负债率 113%；2002 年净资产 2441 万元，资产负债率 116%；2003 年净资产 5479 万元，资产负债率 145%。到期不能偿还的金融债务 1.65 亿元，厂区全部土地和部分设备抵押给金融机构。

可以看出，如果不是连年亏损和陷入资不抵债的境地，机床厂未必会考虑转让问题，由于是急于“卸包袱”，才会引起后来的一系列问题。

二、股权转让合同是否符合国家政策与法律规定

在股权转让的过程中，存在着以下一些值得探讨的问题：

第一，对象的选择与基本程序。由于欲成为战略投资者众多，既有国外的，也有国内的，但是，企业方面倾向于美国 BIG 公司；市政府的人也前去考察了，结果就这样确定了。那么，是否进行了充分比较和科学论证？为什么不通过公开招标的方式进行？因此，对象的选择与基本程序都是不正确且不合乎规定的。

第二，中了临阵换人“掉包”计。在武汉市国有企业改革领导小组 2005 年 2 月 21 日会议纪要中明确决定：“原则同意引进美国 BIG 公司作为武汉机床厂的战略投资者。”之后，JC.CHOU 要求将美国 BIG 公司改为美国 IIC 公司。据反映，IIC 公司是 JC.CHOU 自己的私人公司，纯贸易型，没有任何知识产权的产品，可支配的资金能力仅 100 万美元。而武汉市国有资产管理办公室竟然在 2005 年 4 月 21 日的同一天下发两个文件，一个是将产权转让给美国 BIG 公司，另一个是将产权转让给美国 IIC 公司。就这样，一场“狸猫换太子”、“一女二嫁”的丑剧出台了。至于周某人拿出 BIG 公司董事会决议说授权由 BIG 公司控股的 IIC 公司签约，这个道理显然也是不能成立的。

据了解，周某人以前口碑不好，也有过欺骗中方的“前科”。

总之，从程序上看，此次交易是不符合有关规定的。

第三，收购的本质是想“引进外资”。本来，收购就是收购，不一定非得成立新的公司。而条款的核心是成立外商独资企业美国欧迈克机床公司，董事长为美籍华人 JC.CHOU。这样，国有企业摇身一变成为了私人公司。其中原因是 JC.CHOU 作出了一些承诺，例如在武汉市注册成立一家外资独资公司，注册资本不少于 1000 万美元；以中国境外资金在武汉市投资总额 1900 万美元，包括在武汉市注册成立的新公司的资本金在内，五年内投资全部到位，等等。因此，在武汉市政府看来，借改制之时达到“引进外资”“如意算盘”的目的，以实现领导的“政绩”。这

也许是国内企业无论如何不能予以考虑的根本原因。

第四，转让的价格。如果按照前面的计算机床厂资产净值为负的话，那么，就是按零价格交易也是可能的。但是，实际计算时又出来了三种价格，其中工厂搬迁、土地转让是关键。收购方认为价格太高，同意支付改制所需费用 7500 万元。这样，含土地在内的净资产为 9895.26 万元，收购方在没有得到搬迁补偿，没有享受其他优惠政策的情况下，就可以得到 2395.26 万元的优惠。因此，“资不抵债”为什么能描绘成正数？到底机床厂的净资产是多少，为什么会相差 1 亿元呢？净资产为负时有没有考虑土地呢？如果收购方有纯粹的好处，又为什么一定得那个美国私人享受呢？

第五，机床厂经营层的态度。如上所述，企业方面倾向于美国 BIG 公司，市里也强调考虑 BIG 公司是由原武汉机床厂领导推荐的。而且，武汉机床厂领导当时认为改制谈判过程进展缓慢主要问题是收购方认为价格太高，认为市政府相关部门及工业国有控股公司思想不够开放。特别是改制后领导班子基本不动。那么，选择周某人至少是经营层极力推荐的，是否他们认为对付私人比对付国家更方便？签订“城下之盟”的好处是能使自己的位置保持不动？总之，当时的合同是市政府、外商以及企业经营层“合谋”的结果。

最后的结果是想“钓鱼”的反被钓，实践证明，三方面都是“聪明反被聪明误”，都吞下了“偷鸡不成倒蚀一把米”的苦果。

三、在转让合同执行过程中的情况应该如何评价

合同执行的过程也疑点重重，例如，据反映两年的时间过去了，除了武汉机床厂已经更名为欧迈克机床有限公司外，原来的承诺几乎全部变成了空头支票。原定欧迈克机床有限公司的注册资本是 1000 万美元，而实到资本却只有 273.7393 万美元；JC.CHOU 用伪造的技术合作合同，先后由工商银行违规换汇 160 万美元、由华夏银行违规换汇 220 万美元，汇至美国 IIC 公司，累计抽逃资金 380 万美元。

再如，2007 年 2 月，应 JC.CHOU 的要求，在湖北省商务厅个别人的支持下，武汉市外经局将注册资本改为 600 万美元，由于机床厂员工的强烈反对和上级有关领导的干预，至今未批复，但相关人员还在设法促成。

特别是私人公司没有建立科学的治理结构，随意转移资产、开除人员等暗箱操作。到了 2007 年 6 月 3 日，原机床厂以领导班子的名义揭发，要求制止外商行为，才上演了“夫妻反目”这一幕。至此，合资失败了，外商的鬼把戏露馅了，而最先

警觉的是企业人员，但政府方面却仍在坚持。

四、如何看待国有企业改制中国有资产流失的问题

从上述情况已经可以看出，在国有企业改制中导致国有资产流失的原因很多：其一是政出多门,管理部门之间职能不一致。在政府机关方面，有两个部门在管外资，一个是商务厅，一个是外管局；武汉机床厂的转让主体又是武汉市工业控股公司。

其二是区政府也穿插进来。2007 年春节过后，“区政府非得让开工”，并给了很多优惠政策，包括土地以 9 万元/亩的价格出让，低于市场价格的部分由该区区政府补齐，并允许公司一边办手续，一边开工。

搬迁施工手续不全、土地证还没办下来，也说明各个部门之间互相扯皮，政府没有足够的权威。

其三是丧失了同行的监督。目前，该企业虽然仍为武汉机床工具行业协会副理事长单位，但已连续两年没有交会费，协会也得不到该企业生产、经营方面的任何数据，对企业情况完全不了解。

但最重要的是，市里拒绝媒体进行报道，认为媒体介入不利于问题解决，只会使问题更加复杂化。他们初步的判断是，该厂长在反映中，个人利益、个人恩怨的因素是存在的。

那么，究竟有没有违法行为？怎么能凭各自的认识判断呢？如果有必要的话，为什么不通过法律程序呢？法律监督、舆论监督都丧失的话，出现的国有资产流失又怎么可能及时发现和制止呢？

五、企业职工可通过什么渠道维护自身的合法权益

市里和经营者认为，职工问题的处理是好的，其理由是从两年前改制到现在，企业没有一个人上访可以很好地证明员工安置情况。从表面上看，原厂共 400 名职工，公司已安排了 388 名职工。截至 2007 年 4 月，已退休 42 人，解除合同 17 人，目前欧迈克公司共有职工 329 人，公司还在社会上招聘了大学生、技校生 176 人。因此，公司采取了平稳过渡方式，中层人员基本没动，特别是管理层没动。

收购方认为，从 2007 年 3 月起，收购方开始逐步调整原承包体系，现已收回 3 个承包单位，并逐步对管理层进行调整，而这种调整触及了某些职工的既得利益。

实际上，职工并没有买断身份，改制是不彻底的，职工依然认为自己具有“国有身份”，应该挺身而出“保护国有资产”。显然，职工特别是经营者也是当时合同的“受益者”，现在到了以“保护国有资产”的名义维护自己切身利益的时候了。

总而言之，这个案例的本质是在原来企业亏损的情况下，政府官员要“引进外资”改善业绩；经营者和职工想占有更有利的位置，特别是经营者能够摆脱政府控制而与私人周旋；外商想乘虚而入，实现独吞。但其结果是政府官员、外商、经营者三方合谋出卖了国有资产，一个好端端的国有企业堂而皇之地私有化了。现在，三家如意算盘彻底失败了，蜜月结束了，把戏露馅了。看上去是形成了政府与外商为一方，经营者与职工为一方的对立。但现实是出现了问题，有关方面还在百般掩盖，企图推卸责任，这实在是不可容忍的。

由此可看出在对于国有资产没有真正责任人的体制下，国有资产的流失就是必然现象。

①

从武汉机床厂的出售看招商引资中的管理漏洞

资料 1：

具有 50 多年发展历史的武汉机床厂，是原国家机械工业部骨干企业，工具、刃具类磨床的技术开发能力一直处于全国同行业先进水平，“武机牌”注册商标成为我国工具磨床第一品牌，MK6425、HS250CNC 型数控滚刀刃磨床更是达到了国际先进水平。

而就是这样一个国有骨干企业，在改制出售国有股权的过程中，却出现了一系列失误和损失，不但国有资产没能保值，外商的投资承诺亦成空头支票，致使这个企业目前处境尴尬，步履维艰。作为一个并不成功的改制案例，武汉机床厂招商引资的过程具有典型性，提高招商引资的质量事关重大，应引起各方高度关注。大量实践证明，如果一味地盲目招商引资，片面地轻信外商承诺，“一卖了之”就很有可能变成“一送了之”。

---

① 由《中国工业报》记者贾柱编写，2007 年 7 月 11 日。

一、重招商引资，轻管理监督，结果是外商“空手套白狼”

常言道，上赶着不是买卖。而在武汉机床厂招商引资的过程中，恰恰是因为太“上赶着”做这笔买卖了，结果出现了一系列蹊跷的事情。

第一件事情是“狸猫换太子”。在武汉机床厂改制之初，欲成为战略投资者众多，既有国外的，也有国内的，其中包括中国台湾精元公司、杨铁公司、大连管件公司、武汉特种泵业公司、武汉徐东集团、武汉中奇房地产公司等。公说公有理，婆说婆有理，就在权衡再三、举棋不定的时候，曾经在几年前与武汉机床厂有过生意往来的美籍华人 JC.CHOU 打来越洋电话，表示美国 BIG 公司有意参与武汉机床厂的改制。经厂办公室的研究比较，又经有关市领导的出国考察，武汉市国有企业改革领导小组 2005 年 2 月 21 日会议纪要明确决定：“原则同意引进美国 BIG 公司作为武汉机床厂的战略投资者。”然而，就在武汉工业国有控股集团有限公司与美国 BIG 公司签订正式合同时，JC.CHOU 要求将美国 BIG 公司改为美国 IIC 公司。据反映，IIC 公司是 JC.CHOU 自己的私人公司，纯贸易型，没有任何知识产权的产品，可支配的资金能力仅 100 万美元。对此，武汉机床厂的员工称之为“狸猫换太子”。

第二件事情是“一女二嫁”。按照常理，当美籍华人 JC.CHOU 提出将投资方由 BIG 公司改为 IIC 公司时，理应引起有关方面的警觉并慎重行事，或者暂停武汉机床厂的产权转让。然而，戏剧性的一幕出现了。记者看到了同一日期同一文号两个内容截然不同的批复：一个批复是 2005 年 4 月 21 日武汉市国有资产管理办公室下发的（2005）32 号文，标题是“市国资办关于同意将武汉机床厂国有产权转让给美国 BIG 公司的批复”，内容为：“你公司报送的‘关于美国 BIG 公司收购武汉机床厂的报告’收悉，根据 2 月 21 日国企改革领导小组会议精神，经研究原则同意将武汉机床厂国有产权转让给美国 BIG 公司。”另一个批复也是 2005 年 4 月 21 日武汉市国有资产管理办公室下发的（2005）32 号文，标题却是“市国资办关于同意将武汉机床厂国有产权转让给美国 IIG 公司的批复”，内容也为之一变：“你公司报送的‘关于美国 IIC 公司收购武汉机床厂的报告’收悉，根据 2 月 21 日国企改革领导小组会议精神，经研究原则同意将武汉机床厂国有产权转让给美国 IIC 公司。”这就是所谓的“一女二嫁”。对此，武汉机床厂的员工表示，第二个批复明显不符合市政府会议精神。

第三件事情是“空手套白狼”。在武汉工业国有控股集团有限公司作为转让方（简称：甲方）、IIC 公司作为收购方（简称：乙方）的武汉机床厂国有产权转让合同中，记者看到了这样的条款：（1）武汉机床厂资产总额 11881.41 万元。其中：货币资金 907.87 万元、存货 926.7 万元、设备 1556.84 万元、转让厂区 56.6 亩土地应收款 8490 万元。（2）武汉机床厂负债总额 1986.15 万元。（3）武汉机床厂净资产 9895.26 万元。在转让合同中还明确规定，“乙方收购武汉机床厂前，市土地中心与武汉机床厂签订收购厂区土地的协议，收购价款（8490 万元）作为应收款全部纳入武汉机床厂资产一并转让乙方”。记者注意到，关于“转让价格”的条款是这样表述的：经双方充分协商，甲方同意以人民币 7500 万元的价格将转让标的（武汉机床厂）转让给乙方，乙方同意以人民币 7500 万元的价格受让转让标的。

很显然，美籍华人 JC.CHOU 的 IIC 公司是以低于武汉机床厂净资产（9895.26 万元），甚至低于武汉机床厂厂区土地应收款（8490 万元）的价格，收购了武汉机床厂。换句话说，JC.CHOU 不但没有从自己的口袋里掏一分钱就白白得到了一个武汉机床厂，而且还多赚了 2395.26 万元。武汉机床厂的员工说，这还不包括武汉机床厂临街门面房年租金 400 万元的收入。有着丰富跨国并购经验的北京实现者律师事务所王新安律师指出：“这份产权转让合同本身有着非常严重的法律缺陷，在转让价格、付款方式等方面，都不符合国家相关法律规定。”

对此，中国机床工具工业协会名誉理事长梁训宣在接受记者采访时说，武汉机床厂是机床工具行业的“十八罗汉”之一，是工具、刃具类磨床行业的排头兵企业，国家工具磨床研究所就设在这个厂内，企业的规模虽然不大，但地位很重要。他对武汉机床厂被拱手相送给外商，表示“特别关注，特别愤怒”。

二、重外商承诺、轻合同兑现结果是外商开出了空头支票

武汉机床厂在招商引资的过程中，之所以被美籍华人 JC.CHOU “空手套白狼”，其中一个很重要的原因是由于“经双方充分协商”，JC.CHOU 至少作出了五项承诺：

1. 在武汉市注册成立一家外资独资公司，注册资本不少于 1000 万美元。新公司将在第一年内投入 950 万美元，接下来三年内再投入 950 万美元。

2. 以中国境外资金在武汉市投资总额 1900 万美元，包括在武汉市注册成立的新公司的资本金在内，五年内投资全部到位。

3. 在武汉市境内征地 150~300 亩新建生产基地，两年内完成武汉机床厂搬迁至新建生产基地的工作，并将土地和房产整体移交市土地中心。

4. 接受并严格执行武汉机床厂职代会通过的《职工安置方案》。

5. 引进世界质量、技术最先进的哈挺车床、6 轴数控滚齿机、6 轴数控插齿机

床等数控机床。

现在，两年的时间过去了，除了武汉机床厂已经更名为欧迈克机床（武汉）有限公司外，这五项承诺几乎全部变成了空头支票。以投资承诺为例，欧迈克机床（武汉）有限公司的注册资本是1000万美元，而实到资本却只有273.7393万美元。据武汉机床厂的员工报告说，2006年5月24日和12月29日，美籍华人JC.CHOU用伪造的技术合作合同，先后从工商银行违规换汇160万美元、从华夏银行违规换汇220万美元，汇至美国IIC公司，累计抽逃资金380万美元。武汉机床厂的员工认为，实到资本273.7393万美元减去抽逃资金380万美元，其实际的投资额是-106.2607万美元。

耐人寻味的是，武汉机床厂的招商引资似乎与以前农村的“换亲”有某种相同之处：为了给儿子娶媳妇，先把闺女嫁了过去，却迟迟不见送亲的花轿上门，这不免激起了“娘家人”的众怒。于是，武汉机床厂的员工开始向有关部门举报，举报的重点集中在外商的投资承诺没有兑现和大量抽逃资金两个问题上。中国机床工具工业协会名誉理事长梁训宣说，武汉机床厂的产权转让，他是在一个展览会上知道的，“得到的消息太晚了，否则可以制止。现在既然外商的投资承诺违约，这个项目理所当然应该终止。”

记者注意到，在武汉机床厂国有产权转让合同中，的确规定了一些限制性条款。例如在“合同变更和解除”的条款中明确规定：“因乙方违反其在本合同项下的义务（包括但不限于乙方未按其承诺实施投资计划、新建生产基地的），并未能在甲方在发出书面通知指明该违约事项后30日内改正的，或者乙方未实际履行《五年发展规划》，甲方有权书面通知乙方解除本协议。”

然而让人费解的是，据武汉机床厂的员工提供：今年2月，应美籍华人JC.CHOU的减资要求，在湖北省商务厅个别人的支持下，武汉市外经局召集合同甲乙双方达成了《武汉机床厂国有资产转让补充协议》，竟然将注册资本改为600万美元，并用红头文件报商务厅，遭到了武汉机床厂员工的强烈反对和上级有关领导的干预，至今未批复，但相关人员还在设法促成。记者注意到这样一个细节：在欧迈克机床（武汉）有限公司的企业法人营业执照上，登记的时间是2007年2月12日，执照有效期至2007年8月12日。也就是说，这个临时的法人营业执照很快就要到期了。武汉机床厂的员工对记者不无忧虑地说，如果外商的减资要求得到批复，那么国有资产流失的损失恐怕就真的难以挽回了，武汉机床厂国有资产保值并获得重组的希望恐怕就真的微乎其微了。

资料 2：记者实地调查笔记

2007 年 7 月 25 日下午

武汉工业国有控股集团有限公司主管部门负责人介绍：

一、武汉机床厂改制前的状况

武汉机床厂原是国家机械工业部工具、刃具类磨床定点生产企业，由于多种原因，在转型中处境艰难。引进战略投资者前三年的经营情况如下：2001 年销售收入 1985 万元，亏损 906 万元；2002 年销售收入 2308 万元，亏损 246 万元；2003 年销售收入 2401 万元，亏损 58 万元。

由于连年亏损，几年前武汉机床厂已资不抵债。据年度审计报告显示，2001 年净资产 2182 万元，资产负债率 113%；2002 年净资产 2441 万元，资产负债率 116%；2003 年净资产 5479 万元，资产负债率 145%。到期不能偿还的金融债务 1.65 亿元，厂区全部土地和部分设备抵押给金融机构。

武汉机床厂生产经营工具、刃具磨床有一定的优势，但由于无力投资改造，产品开发能力较弱，设备技术水平不高，因此，长期经营单一产品，市场空间较小。前几年，虽然武汉机床厂工具、刃具磨床的市场占有率已达到 70%，但销售收入仅 2000 万元左右。

基于上述情况，引进战略投资者参与武汉机床厂改制和搬迁改造成为厂领导班子和职工以及政府相关部门达成的共识。

2003 年初，武汉市政府出台关于国企改革的 66 号文件，并确定武汉机床厂等 7 家企业为试点单位，思路是引入战略投资者，改制重组。

二、招商引资背景

1. 特别强调 BIG 公司是由原武汉机床厂领导推荐的。

2. 由于整个谈判过程进行得比较艰难，改制一波三折，该厂领导认为市政府相关部门及工业国有控股公司思想不够开放，当时，当地媒体还对此事件作了相关报道（相关情况见附件“《湖北日报》2004 年 4 月 30 日内部参考”）。

三、关于投资方由BIG公司变为IIC公司的说明

JC.CHOU先生作为BIG公司董事在与武汉工业国有控股公司签订正式合同时，出示了BIG公司董事会决议：授权由BIG公司控股的IIC公司与武汉工业国有控股公司签约。

四、关于转让价格的说明

1. 资产负债评估值（评估基准日2003年12月31日）：净资产-4712.69万元；按有关规定调整后的资产负债情况：净资产6635.62万元，改制所需资金约7500万元。

2. 武汉机床厂厂区土地56.6亩，工业划拨性质评估值3241.38万元，地上附着建筑物评估值1988.98万元。由于规划要求武汉机床厂必须搬迁，因此该厂改制3年内市土地中心将收购厂区土地。测算①：市土地中心在转让武汉机床厂产权前，按每亩150万元的价格收购土地，并将土地价款纳入转让范围，净资产为9895.26万元。按此方法计算，收购方在没有得到搬迁补偿，没有享受其他优惠政策的情况下，得到优惠2395.26万元。测算②：转让武汉机床厂产权后，使土地中心仍按每亩150万元的价格收购土地，收购方可直接得到土地增值收益3259.64万元。

3. 如转让武汉机床厂产权前土地中心不收购土地，按净资产6635.62万元转让武汉机床厂产权，在不给收购方搬迁损失补偿、不享受其他政策优惠的情况下，转让收入不足以支付改制所需费用（7500万元），改制资金缺口864.38万元需产权转让方自筹。

4. 武汉机床厂改制谈判过程进展缓慢，主要问题是收购方认为价格太高，最后双方达成一致，采用第一种测算方法收购。

五、关于转让合同中收购方相关承诺兑现情况的说明

第一，关于付款问题。合同规定收购价格为7500万元，分四次付款，第一次应付人民币1500万元（规定七天之内必须到款）。

由于时间较短,对方只能用美金支付，JC.CHOU按规定时间把美金转到了预设账户上；第二、三、四次付款条文都与土地款有联系。目前已付款两次，均按照协议执行。也就是说，除1400万元外（未到合同规定的付款期限），其他现金部分收

购价款已经执行完毕，到位价款为 6100 万元。

第二，关于投资问题。按照承诺，IIC 公司的境外资金在武汉市投资，包括注册资金 1000 万美金在内，应投资 1900 万美金，五年内必须全部到位。

JC.CHOU 当年（2005 年）向武汉市发改委上报了投资为 3.9 亿元的数控机床生产基地的计划书，武汉市发改委作了备案，目前正在筹措中。

第三，关于征地搬迁问题。按照合同，JC.CHOU 应在武汉境内征地 150~300 亩，两年内完成欧迈克公司的整体搬迁。

事实上，欧迈克公司早就着手搬迁工作，但因为涉及农村用地，办理手续非常复杂，相关部门一直没有签署正式协议（地已用，只是没有正式手续）。2007 年初，武汉市国土资源和房产管理局与欧迈克公司签订了“国有土地使用权成交确认书”，欧迈克公司目前已预付土地款约 1500 万元。

2007 年初，欧迈克公司已与湖北省建设公司签订了数控机床生产基地第一期工程建设的合同，合同金额约为 4448 万元，已预付了 1100 万元的工程款。不能完成合同规定于两年内完成征地搬迁的主要原因是武汉市土地中心供地迟了一年。

第四，关于销售收入和引进技术问题。按照合同，在第二个经营年度，欧迈克公司的年销售收入应达到 4000 万元，五年内确保 3 亿元，力争实现 5 亿元。欧迈克公司 2006 年销售收入达 5000 万元左右，承诺的第一年销售收入超过 4000 万元的目标基本实现。

目前 IIC 公司收购该公司后，除了巩固原有的工具、刃具类磨床市场外（市场规模很小），通过专家讲座、培训、引进技术等一系列途径，目前已开发出两种新品，即 5 轴数控万能磨床（200 万元/台）和数控拉床（100 万~200 万元/台左右）。

由于其新产品的卖价很高，目前在市场取得了良好业绩。此外，欧迈克公司与天津一汽、美国福特等公司都建立了良好的合作关系。武汉市机械工业协会也对该公司的产品出具了一份资料，证明其在行业中的地位。据悉，今年已有 10 多台磨床在国际招标中中标。

第五，关于员工安置问题。按合同承诺，欧迈克公司应录用在岗职工达 80%，安排重病伤残人员的 60%。从两年前改制到现在，企业没有一个人上访可以很好地证明员工安置情况。但由于职工情况是变动的，所以到底安排了多少人，因为流动问题还没有定论。

可以肯定的是，公司已安排了 388 名职工（原厂共 400 名职工，其中，有人不愿意去新公司），截至 2007 年 4 月，已退休 42 人，解除合同 17 人，目前欧迈克公司共有职工 329 人，公司还从社会上招聘大学生、技校生 176 人。也就是说，公司采取了平稳过渡方式，中层人员基本没动，管理层没动，承诺基本兑现。

六、关于合同存在瑕疵的说明

1. 武汉市工业国有控股公司认为，当初和 IIC 公司签订的产权转让合同存在瑕疵。主要是合同第三条（付款方式）和第六条（乙方收购武汉机床厂作出以下承诺）中的第 1、2 条内容存在矛盾和表述不细致，造成在后续操作过程中收购方、工业国有控股公司、外管局、工商管理等相关部门理解不一致。

2. 工业控股公司的初衷是以收购方在武汉市新设立的注册资本为 1000 万美元的外商独资公司名义收购武汉机床厂，较稳妥，但后来付款方式发生了变化（详见合同第三条），但合同中对这项内容的条款并没有及时调整。

3. 工业国有控股公司目前正在和收购方进行沟通，希望能依照合同条款到位注册资金。

七、关于伪造技术转让合同、发票、会计凭证及抽逃资金等问题

工业国有控股公司现有欧迈克公司与德国、美国公司签订的技术进口合同复印件，总额约 370 万美元。该合同经湖北省商务厅审核。

八、目前企业情况

1. 收购方接手企业后没有调整原企业管理层及中层领导。

2. 收购后仍采用原来的生产经营机制（全厂分为 11 个内部承包部门，在承担企业产品加工的同时自己承揽业务，自负盈亏），从 2007 年 3 月起，收购方开始逐步调整原承包体系，现已收回 3 个承包单位，并逐步对管理层进行调整。这种调整触及了某些职工的既得利益。

3. 工业国有控股集团公司认为，企业目前发生停产或罢工的问题主要是劳资矛盾，属于内部矛盾，是在企业内部机制转换过程中出现的问题。企业需要维持正常的生产秩序，无论是出资人还是管理层、职工都应该遵守企业内部规章制度。反映内部问题，管理者应该提供反映问题的渠道，如果涉及违规违法问题，应该按照法律程序来解决。

武汉市国资委有关负责人认为：

第一，在收购过程中,管理部门之间职能不一致是一个因素。在政府机关方面，有两个部门在管外资，一个是商务厅，一个是外管局。武汉机床厂的转让主体是武汉市工业控股公司。

对于商务厅来说，按照转让协议的约定，在 1000 万美金没到位前，应视为合同未履行完毕，因而工商部门只能发临时执照。

外管局是从国家利益出发（与武汉市政府没有关系），在流动性严重过剩的情况下应严格控制外资进入。

由此，从宏观经济管理上看，此事关系到我国外管、金融等体制问题。

第二，我国国有企业改制存在一系列问题。从全国看，2003 年后，我国国有企业改制逐步规范起来。2003 年武汉市进行第二轮改制时，武汉机床厂被列为第一批（7 户）试点企业之一。而截至 2005 年，该企业改制才签订协议，可见国企改制的特殊性与复杂性。现在回过头来看：

1. 改制中存在的瑕疵，工业控股公司也说得很清楚了。

2. 今年以来，我们的分管市长一直在关注这个问题，多次召开会议，足以见得各部委的重视。目前，问题正在协调、分析、解决中。

3. 请媒体不要进行报道。因为媒体介入不利于问题解决，只会使问题更复杂化。初步判断，在该厂长的反映情况中，个人利益、个人恩怨的因素是存在的。

2007 年 7 月 26 日上午

在欧迈克公司厂区外，挂着“赶走骗子，国有资产不容流失”的白底黑字条幅，据介绍，目前工厂仍处于停产状态。

随后，记者一行驱车赶往欧迈克搬迁在建的、距老厂区约 10 公里的新厂区。据欧迈克机床公司规划处处长王丽萍介绍，由于钢材等原材料价格上涨，公司与施工方在资金供应方面出现了一些纠纷，目前工程处于停工状态，4000 多平方米的桩基已基本完工，综合楼、办公楼盖了一层后，施工处于停滞状态。据她介绍，公司与施工方的补充合同已协商妥，将于 26 日下午签字。随后，将恢复施工。

记者在新厂区施工工地现场所看到的情形与王丽萍介绍的施工进展情况基本吻合。

当记者询问关于项目停工的原因时，在场的施工单位和项目监理单位相关人员均表示非常复杂，不愿多说。该项目经理很无奈地表示：“主要是因为施工手续不全。”

对此，王丽萍表示，施工手续不全主要是因为土地证还没办下来，相关手续正在办理中。据透露，今年春节过后，“区政府非得让开工”，并给了很多优惠政策，包括土地以 9 万元/亩的价格出让（市场价格为 30 万元/亩），低于市场价格的部分由该区区政府补齐。并允许公司一边办手续，一边开工。如果顺利，该工程预计 2008 年 6 月 8 日完工。

按照规定，欧迈克公司应于 2007 年 6 月 10 日完成搬迁，而目前却未顺利实现承诺。王丽萍表示，公司的土地手续从 2005 年签订合同后就开始办理，一天都没耽误过，而由于农村用地置换手续及过程复杂，目前仍未办妥。公司于去年 12 月拿到了“建设用地批准书”和“规划用地许可证”，土地证尚未拿到。也就是说，合同规定的两年搬迁时间根本不够用。

那么，明年工程是否能按期完工，土地证何时能拿到，以及公司何时能顺利搬迁还都是未知，记者将继续跟踪调查。

2007 年 7 月 26 日下午

武汉机床工具行业协会有关负责人：

具有 50 多年发展历史的武汉机床厂，原是国家机械工业部骨干企业，工具、刃具类磨床的技术开发能力一直处于全国同行业先进水平，是机床工具行业“十八罗汉”之一，是工具、刃具类磨床行业的排头兵企业，“武机牌”注册商标成为我国工具磨床第一品牌。武汉市机床工业原来曾位列全国第三位，仅次于沈阳、上海，现在在全国根本排不上名次。这与武汉市政府的工业发展思路有很大关系。

1. 武汉市对机床工业不够重视，在指导思想上存在问题，没有很好地考虑如何帮助优势企业发展。

2. 把武汉机床厂“一卖了之”，是政府决策上的失误，对这样一家优势企业，政府应采取另外一种改制形式，扶持企业渡过难关。

3. 把该企业卖给外资是重大失误，导致国家对这样一个原行业排头兵企业完全失去了控制，对行业是重大损失。

4. 目前，该企业虽然仍为武汉机床工具行业协会副理事长单位，但已连续两年没有交会费，协会也得不到该企业生产、经营方面的任何数据，对企业情况完全不了解。据反映，目前生产经营状况不好。

2007 年 7 月 26 日下午

欧迈克机床有限公司经营层：

1. 7 月 24 日至今，企业处于停工状态。

2. 企业在职职工 398 名，其中，352 名职工集体签名，向武汉市市委、市政府递交请愿书，强烈要求：赶走骗子，重新进行资产重组，做大做强武汉制造业。

3. 27 日下午 2:30，武汉市国资委与工业国有控股公司党委与张绍华和欧迈克公司工会主席就复工问题进行沟通，要求先无条件复工，后派工作组进驻公司，但具体时间不确定。

4. 随后，张绍华将意见转达给欧迈克公司中层管理者及职工代表。职工代表表示：

（1）复工可以，但 JC.CHOU 不能进厂，派工作组进厂接管其工作。

（2）如果工作组得出结论，欧迈克公司没有问题，工人将全部离厂。

（3）如果工作组采取拖延态度，职工将集体到北京上访。

（4）如果查实，欧迈克公司确实有违法问题，职工强烈要求，收回资产，重新进行资产重组。张绍华将职工意见随后反映给工业国有控股公司董事长，控股公司表示不同意，仍坚持无条件复工。

2007 年 7 月 26 日下午

记者致电王丽萍得知，欧迈克公司与施工单位的补充协议已在下午签订，相关手续正在补办中，如果顺利的话，一周后工地将恢复开工。

2007 年 7 月 27 日上午

据武汉工业国有控股集团有限公司有关负责人介绍：

1. 2007 年 3 月以来，欧迈克公司总经理张绍华不断告状，省委、市委对此一直很重视，市委书记苗圩 3 月 25 日对上访材料作出批示：请国资委阅处，要坚决制止国资流失，严格按法办事。武汉市相关部门对此事很重视，多次召开会议，武汉市工业国有控股公司多次向相关部门作过汇报。

2. 原武汉机床厂留守部门受武汉市工业国有控股公司委托，对近日欧迈克公司停工情况作了调查汇报，主要内容如下：

7 月 24 日上午 8:00 左右 JC.CHOU 召开经理办公会，宣布免去原欧迈克公司总经理张绍华总经理职务，任销售处副处长。

9:00 左右，大件车间召开党员和班组长会，通报改制情况，车间停产。

10:00 左右，张绍华和厂工会主席召开全厂党支部成员、工会委员会议，通报改制情况，全厂停产。

当日下午，关闭厂门，不让 JC.CHOU 进厂，同时张贴标语。7 月 26 日，组织职工在请愿书上签名。

3. 7 月 26 日下午 2:00 左右，武汉市工业国有控股公司以党委名义对张绍华未经党组织同意，擅自向职工通报未经核实的企业改制情况进行批评，并要求立即复工，表示将向市领导汇报后，组织相关部门对情况进行核实调查。

2007 年 7 月 30 日情况：

1. 张绍华等人接受对其未向上级报告自行召开党组织和工会会议通报未经查证的改制情况导致停产的批评。

2. JC.CHOU 进厂受阻，张绍华等人坚持不让 JC.CHOU 进厂，要自行组织恢复生产。

3. 工业控股公司组织政治思想工作组进厂深入了解情况，协助做稳定工作。

第 3 篇 不仅仅是支线战略*

最近，海航集团在天津设立了专门从事支线运营的大新华快运航空有限公司。在目前的中国，也许支线航空现在还只是处在一个“被遗忘的角落”，但是，这确是海航集团谋求发展的又一个大手笔。

首先，粗略地看上去，这似乎只是个“支线战略”而已。的确，目前中国航空业的景象是“干线繁荣、支线荒芜”，许多中小城市之间只能每天开行 1~2 个往返航班。例如，北京到延安每天只有一对，而且是 36 人的小飞机，这与“红色旅游”的地区发展太不相称。显然，越是规模小，就越不经济，从而陷入恶性循环，能够达到盈亏平衡点就更是一件不容易的事。但是，随着中国经济的发展，国内的支线航空无疑具有巨大的需求空间。海航集团目前已经是国内支线航空的主力，那么，再继续干其他人不愿意干的“小活”，今后一定会熬到“苦去甘来”的。

其次，细致地看，问题并不只是这么简单，我们可以发现海航集团的某些重大战略调整，例如：

突出核心竞争力——将干线业务与支线业务区分成不同的公司，对于提升海航的干线能力与支线能力都有明显的作用。换句话说，这样不仅能继续突出支线能力，实际上，对干线能力与提高也很有益处。

北上天津——天津靠近北京，是兵家必争之地，海航在天津引入货运、物流、航空租赁及航空维修等产业，目的是在天津构建支线航空枢纽。地方与企业一南一北优势互补。

母子共同持股——大新华快运航空有限公司是由海航集团有限公司与海南航空股份有限公司共同出资的，这是一种很有特色的股权结构。今后人们将会看到“三世同堂”的表演。

告别地方名称——海南航空很容易让人们想起“海南省”，一个地方公司永远

---

* 参见《经济》2007 年第 5 期。

也赶不上另外的三大公司。所以，支线公司的设立应该是整个集团改名为“大新华战略”的序曲。

造势媒体——海航深知传媒的厉害，所以要拼力强占媒体“制高点”，包括启用“貔貅”作为公司的标志、推出“传媒航空公司”的全新概念、第一架飞机冠名“天津号”、启动机身彩绘方案征集仪式、向公众展示公司运营风貌、“空中看津门”首航观光仪式等。

此外，我们还应该注意到，支线航空的发展绝没有这么简单。海航作为运输主力，是可以在某种程度上实现资源整合的。但是，航空公司也可能就是个“拉脚的”，其作用也很有限，反正不可能包打天下。记得早些时候，民航开通到长白山的航班，但是由于旅客不足而要关张。后来一家民营企业站了出来，负责市场开发，航空公司就变成只是给人家“打工”的了。再如，联航在鞍山的机场客源不足，后来鞍山钢铁公司出面“承包”下来，业务也逐步有了起色。因此，开拓市场并不一定是航空公司的强项，必须与地方政府、与旅行社等其他行业密切配合，结成战略联盟才行。

我们期待海航能有新的更大的突破。

①

海航打造传媒航空新概念

陈峰，作为中国第四大航空公司的掌舵人，他管理之下的海航创造了中国航空业的不少纪录：中国第一家当年运营当年盈利的航空公司，第一家中外合资航空公司，第一家A股、B股同时上市的航空公司。

3月30日，在由海航集团有限公司与海南航空股份有限公司共同出资成立的大新华快运航空有限公司的仪式上，他再次语惊四座：提出了打造传媒航空公司这一全新概念。

① 由《经济》杂志社蒋燕编写。

一、卡通亲民新品牌

《经济》：请简要介绍一下大新华快运成立的背景。

陈峰：随着国民经济的快速发展，城市化进程的不断加快，居民收入水平有了很大的提高，支线航空业潜在的需求开始向有效的需求方面转化。长三角、珠三角，特别是环渤海等经济活跃区域存在着较高的支线航空业发展需求。西部大开发、振兴东北老工业基地以及红色旅游线路开发等有利因素，将为支线航空业的发展注入新的活力。加上国家对发展支线航空业的政策支持，相信在未来几年我国的支线航空业将有一个跨越式的发展。支线业务符合海航的发展战略。

海航在未来 5 年有个发展的既定目标，一是建设世界级的航空品牌，二是建设世界级企业。一个世界级的航空品牌，必须有不同服务项目、不同机型组成的航空企业群。支线是其中不可缺少的一部分。海航集团是中国民航范围内最早开始经营支线航空运输业务的公司。早在 1995 年，海航就开始使用 METRO-23 机型经营海口周边城市的支线航班。通过多年积累的经验，已建成一套科学、完善的支线安全运营体系，因此海航成立大新华快运这个专业的支线公司是有基础的，率先进入支线市场会让海航在这一领域抢占先机。

《经济》：大新华快运公司的标志是一个卡通的“貔貅”，这其中的寓意是什么？

陈峰：大新华快运公司启用“貔貅”作为公司的标志，开创了国内航空公司以卡通形象作为企业标志的先例，令人耳目一新。“貔貅”是中国古代五大神兽之一，传说为龙王的九太子，寓意天赐福禄、吉祥和美。

《经济》：您是怎样看待支线航空市场的前景的？

陈峰：大新华快运拥有十多年的支线运营经验，是国内支线机队规模最大、支线航线网络最完善、支线运营管理最专业的公司。通过对市场的精确分析，大新华快运对未来支线市场走向充满信心。由于各种客观原因，我国支线航空的发展一直落后于干线市场，在一定程度上存在市场空白。

随着经济水平的快速发展和民航业的不断成熟，个性化、多元化的航空产品已成为市场的强烈需求，而目前，国内民航业可供选择的产品和服务还比较单一，与世界民航强国相比还有很大的差距，这意味着多元化、个性化的航空产品和服务存在广阔的市场空间。同时，随着中国经济社会的快速发展，特别是西部大开发、振兴东北、发展中部等一系列战略的深入实施，中国支线航空市场将迎来大发展，航空产品也将呈现出多元化的趋势，这将为专业化支线航空公司的发展提供机遇。

《经济》：大新华快运的支线航空是怎样定位的？

陈峰：大新华快运品牌定位以“安全、轻松、活泼、热情”为特色，致力于创新商业运营模式。大新华快运将构建以天津、西安为主运营基地，辐射华北、西北、东北以及西南，遍及华东、中南等航空发达地区的航线网络，形成轮辐式网络和点对点相结合的、遍布全国的网络结构。预计到2012年，开通国内航线450余条，通航城市90个以上，年航班量达到22万班，年销售额近百亿元。

二、传媒航空新概念

《经济》：您当初是怎么把航空和传媒二者联想到一起的？

陈峰：成立大新华快运，我们完全摒弃传统的市场概念，大胆创新，建立一个“低成本+传媒航空”的运营模式。在安全运营的前提下，大新华快运计划利用庞大的支线航空机群和航线网络，利用航空器这个特殊的媒体，建立一个以传媒与航空互动、广告载体与运输服务有机结合的全新概念的“传媒航空公司”。通俗地说，它既是航空公司，又是广告传媒公司。

《经济》：大新华快运成立仪式上的“空中看津门”活动也是属于公司的一次“航空传媒秀”吧？

陈峰：我们的揭牌仪式上，天津市委常委、市长戴相龙，中国民航总局副局长李健，海南省政协常务副主席、党组副书记洪寿祥，海航集团董事局董事长陈峰、副董事长王健，大新华快运航空有限公司总裁于文勇等悉数到场，现场更聚集了天津市委市政府各套班子、民航各兄弟单位、国内外合作伙伴、新闻媒体、海航集团高管等数百名出席嘉宾，场面颇为宏大。

揭牌仪式也是别开生面：先是对ERJ145、ERJ190飞机和大新华快运服装进行展示，向公众展现大新华快运的运营风貌；再是将第一架ERJ145飞机冠名“天津号”，并现场启动“天津号”机身彩绘方案征集仪式，展示大新华快运立足津门、为环渤海经济服务的热情；紧随其后的是海航集团与天津民航大学战略合作协议书签字仪式和气势磅礴的揭牌仪式，整个仪式一气呵成，给到场嘉宾留下深刻印象。

当天上午，我们组织了一场别开生面的“空中看津门”首航观光仪式。飞翔在津门上空，舒适的客舱环境、体贴周到的空中服务、独特的视频点播系统、平稳的飞行感觉，无不给乘客留下难忘印象。此刻，在机上俯瞰辽阔的渤海湾，不由生出一种豪情四溢的感觉。

《经济》：传媒航空这一新概念对大新华快运会产生哪些影响？海航对大新华快

运的投入多久可见收益？

陈峰：提出传媒航空概念对于大新华快运的成长具有正面影响。预计到 2010 年，天津支线航空市场吞吐量将达到 50 万人次。大新华快运在天津市场投放的支线飞机数量将达到 10~15 架，届时将开通天津至呼和浩特、包头、青岛、烟台、大连、兰州、重庆、成都、贵阳、南宁等 30 多条航线，通航 21 个城市。到 2012 年，大新华快运的机队规模将超过 100 架，航线网络覆盖全国，并拥有中国支线航空 90%以上的市场份额。届时，天津也将真正成为干、支结合的国际航空枢纽。

全世界的航空支线业务都是微利的，还有很多支线需要国家补贴。海航在支线方面经过十几年的培育期，我们认为这是有很大社会需求、很有潜力的航空服务项目，而且，支线也没有干线竞争那么激烈。暂时的困难不会成为永远的困难，国家会慢慢调整支线政策。比如，目前进口支线飞机的关税比干线还高，这些都有可能进行调整。我认为，支线市场的培养已经快接近曙光了。国家批准海航进 100 架支线飞机，就是很重要的一个决策。

（陈峰，1953 年出生，1974 年毕业于空军第十四航校。先后在德国汉莎航空运输管理学院及荷兰马斯特里赫特管理学院留学，硕士学位。2004 年获得美国哈佛大学商学院高级管理毕业证书。曾在中国民航总局计划司、国家空中交通管制局计划处从事管理工作多年。1993 年，陈峰主持成立海南航空股份有限公司，现任海南航空集团董事长）

参考资料①

一、海航：支线展翅

历经十多年的探索和积累，海航的支线航空梦想终成现实。

2007 年 3 月 30 日，由海航集团有限公司与海南航空股份有限公司共同出资成立的、以天津为总部和主运营基地的中国第一家专业支线公共航空运输企业——大新华快运航空有限公司（以下简称大新华快运）宣告成立。

据悉，新组建的大新华快运注册资本为人民币 10000 万元，其中海航集团有限公司以现金出资 8000 万元人民币，占注册资本的 80%；海南航空股份有限公司以

① 由《经济》杂志社记者周政华编写。

现金出资2000万元人民币，占注册资本的20%；拟批准的经营范围为国内支线航空客、货运输将以天津滨海国际机场为基地机场，其组建初期，拟从海南航空股份有限公司调入飞行、维修、签派、商务人员。

“无论是航线，还是机队，都是现有的成熟配置，大新华快运的成立，实际上是将支线业务从海航集团现有航空运输产业中剥离出来。”大新华快运航空有限公司董事长于文勇表示，大新华快运的成立实现了海航由混业经营向专业化经营的转变。

于文勇表示，大新华快运是目前国内支线机队中规模最大、支线航线网络最完善、支线运营管理最专业的航空公司。海航是国内拥有最大支线机队的航空公司，共运营支线飞机31架，占全国支线飞机总架数的45%，执行支线航班量占全民航的40%，运送支线旅客量占全国民航的30%。自从海航进入西部地区发展支线航空以来，西部地区支线在近几年中呈现快速增长的趋势。于文勇认为，大新华快运以天津为轴心发展，必将成为拉动环渤海经济区发展，连接华北、东北、中南等中国各地区的纽带和空中桥梁。

二、支线航空的近忧与远景

支线航空运输一直是中国航空业的短板。

从2006年起，我国民航运输总周转量在国际排名上升到第2位，确立了世界民用航空大国的地位。但由于支线运力缺乏和国家政策扶持不够，在大新华快运成立之前，国内还没有专业的支线航空公司。

业内人士指出，支线基础设施落后和各项成本居高不下是导致当前支线航空发展缓慢的主要原因。

由于支线机场航班量少，受重视程度较干线机场低，投入少，导致目前支线机场的设施普遍落后，空域条件差。特别是西部、华北等老少边穷地区，多数机场均为军民合用机场，多为20世纪90年代前修建，设备陈旧，部分城市机场没有夜航设备；且多数支线机场气象条件复杂，适航标准高，给航空公司安全运营带来严重的威胁。

按照民航总局公布的数据，目前我国的航空运输主要集中在大城市之间。由于国内支线主要是在客流量偏低、收益率低的休闲旅游市场，营运地区又往往是运行条件严峻的西部，因此造成支线航空成本比干线高，要求消费者有较强的支付能力，而大部分中小城市的经济还不发达，消费能力不强。运营支线航空市场往往让航空公司入不敷出。另外，由于支线飞机的航材通用性低、生产厂家实力弱、难以产生规模效应，致使支线飞机的航材保障难、维修费用高；支线飞机航程短，起降频繁，飞行高度低，油耗高，也加剧了航材的损耗和降低了飞机的利用率，从而导致相关费用的增加。

2005 年 11 月 26 日民航总局下发了《关于促进支线航空运输发展的若干意见》，对支线航空业的发展提供了政策支持。“中国已经把支线航空发展作为‘十一五’期间的重点任务，民航总局未来将支持支线航空公司发展，鼓励航空公司开设支线航线。”今年年初，民航总局副局长杨国庆曾表示，中国的民航市场存在结构性问题，主要是东中西部不平衡，干线市场饱和而支线市场发展不够。

海航集团于 2006 年编写的《筹建大新华快运航空有限公司可行性研究报告》（以下简称《可行性报告》）认为，随着国民经济的快速发展，城市化进程的不断加快，居民收入水平提高，支线航空业潜在的需求开始向有效的需求方面转化。长三角、珠三角、环渤海等经济活跃区域存在着较高的支线航空业发展需求。西部大开发、振兴东北等老工业基地以及红色旅游线路开发等有利因素，为支线航空业的发展注入新的活力。依靠国家对发展支线航空业的政策支持，相信在未来几年我国的支线航空业将有一个跨越式的发展。

于文勇通过对国内 1066 个城市间的客流分析，平均每班旅客小于 80 人的航班占航班总数的 86.5%。国内有 81.7%的城市对间每天不到一个往返航班，10.9%的城市对只能提供每天 1~2 个往返航班，能提供 2 个以上往返航班的只占总数的 7.4%。数据表明国内的支线航空具有巨大的需求空间。

于文勇表示，随着民航业的不断成熟，个性化、多元化的航空产品已成为市场的强烈需求，而目前，国内民航业可供选择的产品和服务还比较单一，与世界民航强国相比还有很大的差距，这意味着多元化、个性化的航空产品和服务存在着广阔的市场空间，大新华快运的成立，将在一定程度上填补国内民航业产品和服务多元化的空白。

海航试水支线航空始于 1995 年。当年海航就开始使用 METRO-23 机型经营海口周边城市的支线航班，开始探索我国支线发展之路。1998 年，海航为了响应中国民航总局关于发展支线航空业务的号召，决定实施“毛细血管”战略，以较为先进的 Don328 机型替换 METRO-23，全面进军国内支线航空市场。2001 年，海航重组长安航空公司，扩大了 Don328 机队规模，并大力拓展西部偏远地区的支线运输业务。

目前，海航集团拥有中国最大的支线机队，支线航线已覆盖西北、华北及中南的大部分偏远落后地区，已初步形成以西安为主运营基地，以天津、北京、太原、宁波、武汉为辅助运营基地的支线航线网络布局，并通过多年积累的经验，已建成一套科学、完善的支线安全运营体系。2005 年海航经营的支线航线有 78 条，通航 54 个城市，全年共执行航班 41848 班，运送旅客 1336239 人，飞行 68697 小时，占全民航支线航线旅客运输量的 30%，执行班次的 40%。

于文勇预计："如果国家政策予以支持，预计 2020 年支线航线旅客运量的比重将达到国内航线运量的 15%左右，到 2020 年中国支线航空旅客运量将达到 5600 万人左右，年均增长 10.8%左右，支线航空旅客运输周转量为 480 亿客公里，占中国国内旅客周转量的 11%左右。到那时，中国支线航空将成为中国民航真正意义上的经济增长点。"

三、天津的潜力

海航把天津作为大新华快运的总部和主运营基地并非偶然。

由于受区域经济环境影响，天津机场的客运量一直处于缓慢增长的态势。业内人士分析，天津航线资源缺乏，通航点少，航线网络的不健全，导致大量旅客流失，致使天津航空市场长期发展缓慢，达不到与其经济地位相匹配的水平。据保守统计，2005 年有不少于 35 万人次天津旅客在天津购买机票而在首都机场出行，很多航线每天流失旅客在 30~100 人次不等。

2006 年，天津滨海机场的旅客吞吐量只有 270 多万人，排在全国第 30 位，与其城市地位极不相称。有关专家指出，由于天津距离北京仅 120 公里，所以天津旅客被首都机场航班密集、航线选择余地大所吸引，宁愿选择北京出港而放弃从天津出港；同时，因客流量减少导致市场需求不足，航空公司不愿投入更多运力、开辟航线，又进一步导致旅客数量减少，形成恶性循环。

因此，天津迫切需要投入大量支线运力培育市场，增加天津的通航城市，完善航线网络，逐步确立天津以支线为主、干支结合的航空枢纽地位，从而促进天津民航运输业的繁荣发展。

海航集团董事局董事长陈峰表示，加快滨海新区的开发开放已经纳入国家总体战略布局。要支撑这个战略构想，发展天津空港力量不能或缺。早在滨海新区开发开放纳入国家总体战略布局之初，海航就已经捕捉到了天津的发展机会，经过多次与天津市的沟通，希望能在这里有所作为。区域的发展肯定能为企业带来很大的发展空间，同时企业的做大做强也必将提升该地区的竞争力。陈峰介绍，2004 年海航就开始酝酿组建专业支线公司的想法，2006 年 4 月，海航集团与天津市政府签署战略合作框架协议，共同在天津构建支线航空枢纽，并引入货运、物流、航空租赁及航空维修等产业。

业内人士分析，根据民航业发展规律，当机场旅客吞吐量达到 250 万人以上时，在以后 3~5 年内其客运量将呈加速增长的趋势。目前，天津滨海机场基础设施进一步完善，航线网络结构基本形成，航班量逐渐增加，客源流失现象逐步改善，2006 年其旅客吞吐量超过 250 万人，"十一五" 期间天津机场的民航运输量年均增长 40%，到 2010 年底旅客吞吐量将达到 1000 万人次。

于文勇认为，天津航空市场发展现状及天津社会经济发展对航空运输业的需求，为天津的航空运输业提供了广阔的发展空间，特别是为支线航空的发展提供了更大的机遇。

《可行性报告》分析天津发展干、支线结合航空枢纽的优势体现在：一是符合市场需求。由于首都机场具有很强的旅客集散地作用，使得天津滨海机场客流量较少，但仍有一定潜在市场空间，适合支线航线的开发和培养，填补市场空白。二是弥补航线网络空缺。充实以天津为中心的华北地区航线网络，同时为全国各中、小城市旅客进京提供中转，填补北京枢纽航线网络的空缺。三是为天津的干线航线输送客源。在天津培育支线航空市场，开发新的干支线航线和区域航线，能够为天津甚至北京输送干线客源。

在海航的蓝图中，天津发展的市场远期目标定位在：以本地客源为主，以中转、进京客源为辅，在天津建立以支线为主、干支结合、以支补干的区域航线网络。于文勇预计，到 2010 年，天津支线航空市场吞吐量将达到 50 万人次。大新华快运在天津市场投放的支线飞机数量将达到 10~15 架，届时将开通天津至呼和浩特、包头、青岛、烟台、大连、兰州、重庆、成都、贵阳、南宁等 30 多条航线，通航 21 个城市。到 2012 年，大新华快运的机队规模将超过 100 架，航线网络覆盖全国，并拥有中国支线航空 90%以上的市场份额。届时，天津也将真正成为干、支结合的国际航空枢纽。

于文勇表示，在天津成立大新华快运航空有限公司，不但得到了天津市政府和天津滨海机场的大力支持，而且也是不断满足当地经济和社会发展的需要，具有广阔的前景和发展的空间，从经济和社会效益方面也是完全可行的。同时，成立大新华快运航空有限公司得到了海航集团的大力支持，其所具有的资金优势、管理优势和市场开拓的经营意识为大新华快运航空有限公司的筹建和发展奠定了坚实的基础。

四、干支结合

“单纯依靠干线航空市场，不足以支撑航空企业的发展，干、支线结合符合成熟航空市场的发展模式。”于文勇表示，海航利用丰富的支线运营技术经验和现有支线航空基地资源在天津组建专业运营支线航线的大新华快运航空有限公司，将现有的支线航空业务从干线中剥离出来，使支线航空公司的管理、运营专业化、单一化，不仅可以解决支线航空运营长期的安全隐患，同时还可以为支线航空的发展探索出一条新的发展模式。

目前，国内包括海航、东航、南航、上航和山航在内的运营支线航线的航空公司均以干线为主、支线为辅的经营模式推动支线市场发展，缺乏一家专业化的支线航空运输企业，由于干、支线混合经营导致在航空安全、空地保障、经济效益等多方面的不利影响。

“但是，通常支线航空市场难以独立运作。”于文勇表示，如果将支线与干线衔接，由航空公司将支线机场的旅客集中到大型枢纽机场中转，则可以为中小机场地区的旅客提供更多出行选择。从经营角度考虑，采取了干支结合的方式，效益要远好于单一支线航线，降低支线亏损的可能性。

陈峰表示，海航作为经营着国内一个最大规模的支线喷气飞机机队，采购100架支线客机，体现了其可提供更加灵活的航班服务以满足国内市场快速增长的重要战略的正确性。他还表示：即将挂牌的大新华航空集团将以波音机队为主，主营干线；从巴西航空购买的100架支线客机将和目前海航已有的多尼尔机队一起集中到新筹建的大新华快运，主营支线；二者互为补充，构筑一个干、支结合的航空网络。

陈峰透露，大新华快运只是海航集团“大新华航空战略”的一部分。海航集团将在近期整合旗下包括海南航空、长安航空、山西航空等在内的优质航空资产，成立“大新华航空”，并以此为核心建立航空企业群，除大新华航空外，还包括大新华快运、金鹿航空包机公司、金鹿公务机公司、以航空货运为主的扬子江快运公司和专注于地方航空运输的祥鹏航空。

于文勇透露，未来大新华快运的支线业务要实现与海航现有的干线业务的无缝对接。

近两年随着国内新增运力大量投放市场，原已十分拥挤的国内干线和繁忙机场更加拥挤，以往不太繁忙的地区和机场也开始出现流量高峰，飞行冲突的概率不断增加。对于海航而言，大新华快运承载的“任务”绝非成为一家专业支线航空运输企业这么简单。

经过了 10 年的艰苦努力，海航虽然已经成为中国第四大航空公司，但是在干线领域仍然难以与得到政府全力支持的三大航空公司相提并论。与其单纯与中国国际航空公司、东方航空公司以及南方航空公司在干线上进行竞争，不如另辟蹊径。进军支线航空，干、支结合显然暗含了海航更为深远的战略考量。

第4篇 人人都是客户的朝阳行业

今天，我们准备剖析的是互力文化传媒有限公司举办的一个叫做“互力健康传媒”的项目。应该说，这里所介绍的内容还很不充分。我们从这个案例中可以观察和思考以下一些问题：

一、项目的价值取向

读者最想了解的是，这个“健康传媒”是干什么的？

如果我们按照健康状态把人加以分类的话，那么，大体可分为“患病”与“健康”两大类，前者是“病人”，其表现是去医院看大夫；后者是“好人”，其表现是没有进医院的门。但是，再细分一下的话，所谓的“健康”也有所不同，一些人是有了毛病但是没有去医院，有的则是自己并没有感觉到有毛病。我们可以将这些人称为“亚健康”状态。可以认为，相当一部分人都是处于“亚健康”状态，即“病人”与“好人”之间的状态。这些人如果采取积极的措施，就可能向好的方向发展，而如果忽视、大意，则可能变成将来的病人。

假设人们都不希望病倒了再去医院，那么，他们非常需要的就是知识和信息。“互力健康传媒”就是向人们传播关于健康与治疗方面的知识与信息的，因此，可以认为不管是“病人”还是“好人”，几乎所有的人都是这种服务产品的需求者，都是这种产品的潜在消费者。这是个“无边无沿”的朝阳产业。

二、独特的商业模式

读者还想知道的是，它是怎么进行市场营销活动的？换句话说，它的商业模式是什么样的？

现在，我们把观察的焦点集中在医院、医药厂家寻找病人方面，一方是供给，一方是需求。当然，药品分为处方药和非处方药，前者必须有大夫开的方子，后者可以自己随意到药店购买。显然，二者的营销模式有很大的不同：前者医院大夫是“瓶颈”，厂家得去医院“公关”；后者厂家得打广告。目前的问题是，厂家花了许多钱打广告，但效果并不好，例如在电视上打广告，成本很高，观众却不一定买账。传统的医院与传媒更是“两张皮”，因此，理想的供求中介是时代的呼唤。

“互力健康传媒”是连接医院、厂家与消费者信息和知识的桥梁。其具体做法与特点是：第一，专业健康医药知识；第二，集中覆盖医院、药店等地点；第三，平板液晶数字电视形式。实际上，它是将行业广告资源进行了高度整合，降低了厂家成本，并使得效率大大提高。现在，它又细分出“妇幼”、“内科”、“外科”、“五官”、“美容”等不同专科，效果也更加明显地提高了。

三、企业的公益形象

本来，搞信息就是“为人做嫁衣”，就不赚钱。再加上健康事业，多少有公益的性质。换句话说，应该由政府无偿地提供这种服务。但是，企业出面干了，而且还搞了许多公益事业，例如，互力健康传媒就一次性向中国“红十字”基金会捐款 100 万元作为发起资金，设立了“天使阳光互力健康基金”，专项用于救助贫困先天性心脏病儿童手术治疗和康复治疗。其他的“爱眼日”、“爱牙日”、“健康西行”等公益事业还有很多。

那么，作为企业不是得赚钱吗？一点也不错。但问题的关键是，既然项目的使命是找到医院、医药企业与消费者的结合点，那么，有特定的供给方与需求方，当然有可能实现交易，进而实现盈利。所以，问题的关键在于厂家的广告能否有效地找到自己产品的消费者。如果能行，企业的目的也就能够达到了。

实际上，现在大多数企业都在进行着某种公益活动，其直接效果主要是提升了企业知名度。只不过在这方面，互力健康传媒体现得更为自然、和谐而已。

四、人力的资本呼唤

既然能够盈利，企业就需要迅速发展，但资金可能成为限制其发展的主要因素。互力健康传媒找到了资金，而且是国际化的。因此，我们应该注意资金是从哪里来的，国内不缺钱，国际更不缺钱。缺的是什么？是好的项目。好的项目需要好的构思，好的构思需要好的团队，互力健康传媒的核心就是两个自然人。付新华是北大中文系毕业的，以后又干过国际化大企业，这不又从清华 EMBA 毕业了吗？更何况现在又聚集起了具有医疗、医药知识的团队。

国际也好，国内也好，资本需要找到有前途的团队。企业的本质就是财力资本与人力资本的结合。因此，钱不是问题，问题在于人。

五、其他的注意要点

在这个案例中，我们还可以注意其他一些问题，例如：

1. 公司的地点在福建，总部在北京。这说明对于企业来说，最重要的要素是第一线的客户，而不是敞亮的办公室。

2. 公司名称叫做“互力文化传媒（中国）有限公司”。这种提法很像“西门子（中国）有限公司”。这种企业名称似乎是在声明中国只是其业务的一个区间范围，目标是全世界。这与我们一些企业梦寐以求成为“中国××公司”的想法真是天壤之别。中国的一些企业最大是“中国”，外国的企业最小是“全世界”。

3. 公司网站与项目网站都很有特色。

4. 项目正与新浪网结合成战略联盟。

最后，笔者还想到几个问题值得大家思考，比如：

1. 中国的医疗卫生体制要改革，关键的一点是将药房与医院分开。那么，项目的经营方式是否需要改变？

2. 既然所有的人都是健康知识与信息的需求者，那么，宣传场所仅在医院、药店还不够，是否有再扩展的必要和可能？

3. 消费者现在似乎只能被动地获得信息，是否应该让消费者主动地进行搜索呢？

总之，互力健康传媒有了一定的成绩，但知名度还远远不够，因此还有很大的前途。

①

互力文化传媒有限公司与“互力健康传媒”

资料1：付新华：我们是毋庸置疑的NO.1

第一次见到付新华时，记者很难想象这位温柔婉约的女子竟然是中国健康传媒行业的领军人物。

她聪慧坚韧，思维敏捷，但又不失邻家大姐般的亲切，这和印象中大多数创业者的形象反差很大。

凭借坚韧和热情，付新华一路走来，开创了一条新女性创业者的路径。

一、精彩的换位回答

《经济》：在采访之前，我想与你做一个“换位”游戏：如果我今天是你的一个潜在大客户，你能用3分钟时间打动我吗？

付新华：好的。健康传媒是用一种创新的模式，它用健康教育带动商机，用健康教育的方式直接针对受众客户进行知识的传播。

它能够为客户、为您带来价值。首先，我们使用的是很激情、很有效的投放方式；其次，我们的受众和企业的受众是相匹配的，因为我们锁定的都是有健康需求的人。

而且，我们媒体的权威性和可信度都很高。现在整个社会存在的一个问题是，大家对广告很排斥，对整个的媒体信息缺乏信任感，但我们健康媒体的信任度是很高的。

我们拥有很多创新的营销模式，比如把一个受众所需要的经济性和服务性信息融合在一起，形成整合在一起的营销方式。

《经济》：那么如果我是一个投资人，你应该如何打动我呢？

付新华：投资人想知道这种商业模式为什么会成功，有什么商业价值，有哪些

---

① 由《经济》杂志社蒋燕编写。

独特性。你现在做到的程度，你将做到什么程度。

每个媒体都要定位在有发展前景的产业。我们做过一些广告投放相关数据分析，top10 中有 7 个是与健康相关的产业。

在模式方面，用健康传媒的方式进行宣传我们是独创的一家，也是到目前为止毋庸置疑的市场 NO.1。

我们从 2003 年独创互力健康传媒，至今在短短的 4 年时间里，已经将它形成了一个概念，成为一个实实在在的又具有很大网络规模的实体。下一步我们将推出很多个更新的可以升值的方式。例如，我们计划推出直销联播网，根据医院的科室进行整合，分化出五大直效联播网。这个计划对于广告主来讲有无与伦比的吸引力。能够将受众群体划分得极其精准，同时保留很大的规模性。同时，这也使我们的商业空间至少扩大 3 倍。

在融资方面，我们在 2006 年完成了第二阶段的融资，投资额 2000 万美金，具备可持续性发展的保障。

在团队方面，我们在 17 个城市有自己独立的服务团队，有 500 人可以为客户提供贴近市场的服务。

二、一路从创业中走来

《经济》：非常精彩！那么，我们现在从头开始——你曾经在国际化大公司中工作，为什么会想到在健康传媒领域中创业呢？

付新华：我在佳能工作四年多的时候遇到两个“瓶颈”：一个是个人的价值取向，一个是就想创办自己的企业。

做市场的人都梦想创造一个媒体，但这在中国是不容易的。怎样参与媒体就需要创新的思维，常规的思想是做一个版面之类的，但是我对那种方式不感兴趣。我希望拥有一份自己可以控制的媒体，不单单是媒体，而且能像大的企业一样可以无限地生根发芽，铺开扩展。

另外，创办媒体需要一个方向，选择一个媒体要担负社会的角色。

我原来一直在 IT 业，1999~2000 年的时候 IT 泡沫破灭，我就想创办一项和大众生活密切相关的东西，但那时没有找到合适的可以进入的行业。

“非典”使我发现做健康教育的重要性，什么时间、什么时代都离不开健康。

谁都觉得健康很重要，但是健康却很容易被忽视。什么时候你才会重视它？那就是出现一些小问题的时候。

根据这个，我就想应该如何去做呢？原来想 DM 直投广告之类的东西，但是医院那个地方用纸做的东西很不方便。后来想到电视很方便，信息也很丰富，就这样，初步的计划就成形了。

《经济》：从国际大公司离职后，创业是否很艰难？

付新华：在创业的过程中，遇到了相当多的障碍，也遇到过很多困难，因此耽误了半年多的时间。

虽然过程很复杂，但是我觉得在这个过程中心态很重要。很多人处理不好就会觉得很艰难，会怨天尤人，会抱怨，心态会变得很不平衡。但是对我来讲，很多问题都不是问题。在这个过程中，我不会有患得患失的概念，对所有的困难，我都没有抵触过。

《经济》：过去的学习和职业经历是否对创业有所帮助？

付新华：确实如此，我自己感觉，今天的所为都是和个人的价值、理想、经历有关系的。

我从业以来一直是做广告营销的，从 1993 年就进入广告这个行业，当时算是很早的一拨广告人了。1993 年初的时候，公司开发了第一个地铁广告的户外媒体。

后来我又去了报社。到了 1995 年，我 26 岁的时候，自己创办广告公司（禾康广告公司，服务于 IT 领域众多知名企业）。1998 年去外地打工，服务于甲方（佳能公司）。

我是一直围绕着市场营销来做的，1998 年市场营销的三个环节全部做过：广告公司、媒体和企业主。

我觉得这对于我来说是一笔财富，我可以很通透地来看它们之间的关系是什么，运转的核心是什么。

所以，我在创业过程中，知道如何处理投资商和客户的关系。有些创业者与投资人关系比较僵，比较担忧投资人干涉自己的经营管理和战略发展。

我自己觉得没有什么，我本人特别希望与投资人交流，因为他们一般站在资本市场的前端，对公司治理和产业方向都有很敏锐的感觉。通过与他们交流，我们公司可以获得更多经验和建议，这有什么不好呢？

《经济》：能否谈谈你们的团队？

付新华：我们主要经过了团队建立和团队重塑两个环节。

刚开始创业的时候，企业规模很小，前途也很渺茫，没办法吸引高科技的人才。

我们是夫妻创业，使用原有的团队，这个团队能力虽然不是最强的，但是他们愿意信服老板，这支团队当时大约有 10 个人。

到了 2005 年我们完成了全国的布局，全面挺进全国 17 个城市。到了那个时候，团队有些跟不上了，因此就需要淘汰一部分人，集中力量找到一些能力比较强的、合适的人。

核心人物一直到 2005 年还只有两个人（夫妻两人），2006 年开始慢慢引进核心团队。现在的团队主要来自两个领域：媒体和医药。我们现在拥有一个由 8~10 个人组成的核心团队，但目前还需要更多的有能力的人加入进来。

三、我们与分众传媒的不同

《经济》：有人认为，互力健康是在跟随分众传媒，你如何评介两者之间的区别？

付新华：我们和分众传媒的相似点只有两个，一是我们都用电视作传播媒介，就像印刷品都用纸一样；二是我们都是因为市场需要更精准有效的媒体而产生的。

其余的都不同，我们一开始就有明确的媒体定位，就是“健康教育”。而分众传媒没有，他们主要是做广告。

因为我们两家公司的定位不同，所有思考方式、营销方式等全部都不同。

由于我们互力健康传媒定位在健康教育，所以我们就要走访很多相关的专家，我们所关注的都是和健康教育有关的专业内容，在学术上花费很多时间。也正因为如此，我们树立了一个“电视医生”的形象，所以我们的可信度是很高的。

《经济》：健康教育属于公益事业，而互力传媒生存和发展必须赢利，互力传媒作为一个私人公司介入公众健康教育传媒，在赢利和公益之间，是否存在矛盾？你如何处理和解决两者之间的关系？

付新华：我觉得没有矛盾，是公益让我们生存得更好。公益就是社会需要，你被社会需要了，你才会有自己的价值。

首先，由于“非典”和禽流感，国家对健康教育投入了非常多的关注，但是国家只能呼吁，人力物力都非常有限，所以非常希望企业参与进来。广泛的社会需要性才是企业生存的基础，你要为基础投资，这是必须的一点。

其次，健康传播是受广大受众需要的，对公众有很深远意义的。

最后，健康传播的这种方式，也被合作机构接受。许多企业帮我们发现了自身的商业价值，他们主动要求与我们进行合作。这样，公益价值便带动了商业价值。

《经济》：最后，目前互力传媒的股权结构如何？目前是否有第三轮融资的计划？

付新华：互力健康传媒目前已经完成了两轮共 3000 万美金的融资。是由香港晨兴集团（Morningside Group）和美国老虎基金（Tiger Management LLP）联合投资的。目前我持有互力传媒 4 成左右的股份，仍为公司大股东。

关于第三轮投资，有可能会有，但是还没有最后确定。原本在今年没有考虑这个问题，但是有很多公司也很感兴趣，一直打电话过来咨询，所以我们也一直在考虑。

资料 2：告诉你一个真实的付新华

《经济》：你每天的工作是怎样安排的？

付新华：我每天有一半的时间跟客户、投资人沟通，有 40%的时间用来处理公司的管理框架问题，另外的 10%要用来与员工交流。

《经济》：你对公司现在最有信心的是什么？最担忧的是什么？

付新华：我对我们公司的前景非常有信心。这是一个很多人认同的事业，我们有优秀的团队，员工都把个人的发展和公司紧密结合在一起，认为这个事业是有意义的，值得一起为之奋斗。

最大的担忧是，我们能否一直保持这种创新的状态，保持创新的速度。

《经济》：能不能简单谈一谈夫妻创业的感受？

付新华：只能说欢乐和辛酸都在里边。

在创业时期，我觉得夫妻创业非常默契，没有夫妻合作，创业是不会成功的。但是守业阶段，如果处理不好双方的关系，对事业不好，对家庭也不好。很多人都很难处理好这个关系，对于我们来说也是一样。

随着企业的发展，我们随时调整彼此之间的关系。因为虽然我们的目的是一样的，但是性格却不一样。

我们还算好，我们有明确的分工，两个人负责的工作不同，但我们有共同的理念和目标。

《经济》：作为一名女性，你觉得和男性领导有什么不同？你是怎么调节事业与家庭之间的关系的？

付新华：我私下经常和员工探讨，问员工我的缺点是什么？

我喜欢这种没有架子、没有距离的关系。因为我知道公司靠我一个人是远远不够的，只有开放式经营，大家一起做，才能做得更好。

对家庭、对孩子，我一直非常有愧疚感。我经常对家人说，等我两年。家人就会说：又是两年！

《经济》：你能否给现在的年轻创业者们一些建议？

付新华：机会是有的，永远都有机会，要看你的视角，看你如何抓住机会。

你要知道，在创业过程中会遇到很多困难，要看你是不是有能力解决这些问题，你要选择能够操控、能够驾驭的事业。而且在创业过程中，很重要的是要平衡好自己的心态。

资料3：互力传媒的创业之道

一个隐藏在无意中的经济模式，一个等待中的奇思妙想，都会创造一个产业的神话。用这些词来形容新媒体并不为过。

2005年7月13日，分众在美国纳斯达克上市，新媒体的代表人物之一江南春演绎了一个广告人在一夜之间成为亿万富翁的传奇。

新媒体的创业神话仍然在中国继续，现在，这棵幸运草似乎将落在健康传媒的开拓者——付新华身上。

经过4年的创业奋斗，付新华从一个跨国公司的经理转变为叱咤风云、手握数亿资本的创业女强人，而她所创办的互力健康传媒则成为了中国健康传媒领域的领军企业。

今天，互力传媒已在17个城市拥有自己独立的服务团队500人，成为超过4000家权威医院及大型连锁药店的媒体平台；互力传媒在过去几年中已完成两轮国际投资者的私募，共筹得约3000万美金，不久，互力传媒将走向资本市场，从而演绎出另一场新媒体的增长神话。

一、缘起

2003年"非典"时付新华辞掉佳能的工作，准备出国，然而由于"非典"，她被拒签了。

这场"非典"的肆虐不仅是付新华人生的重大转折，同时给了付新华深深的震撼——一个原本生机勃勃的城市，突然间变得寂静、空虚。很多人看重健康，却又无意识地忽视它。身体没问题时，谁也不会去答理它，但是当你的健康真的出问题时，很多时候已经来不及了。这说明了什么？

早前一直从事传媒广告业的付新华，她的梦想是拥有一份属于自己的报纸，实现自己的新闻传媒理想。然而，多年的工作经历，使得她发现，中国对传统报业管制严格，市场空间并不大；要想实现自己的传媒梦想，必须在新媒体领域找出一条出路。

此时，付新华终于知道自己想要什么了！她想要的就是健康传媒，要让身边的人通过传媒补上健康教育这一课，从而意识到健康的重要性，养成良好的生活习惯。因为生命只有一次，保持健康才能让生命少些苦痛，多些欢乐。

目标一定，她就开始从一家家医院、药店进行实地考察调研，准备商业策划书。付新华的第一选择是在医院和药店装液晶屏。因为健康问题不容讨价还价，那里很多都是有健康诉求的人，身体出问题，所以更容易听得进去这些健康资讯。

二、融资

对于创业者来说，融资至关重要，有了钱，可以继续高速增长；没有钱，你的创业梦想将半途而废。多数创业者们为了融资而愁得伊人憔悴，然而，对于互力传媒来说，融资却来得如此自然。

付新华创业之初并不知道资金可以通过融资完成，根本不知道 vc 这个概念。当时，互力传媒前期的液晶屏投放完全靠自我积累和自筹资金完成。

“非常幸运的是我一个北大同学在纽约作投融资，10 年没有联系，在‘非典’结束后的那年，忽然打电话给我，说要回国探亲。我们互相讨论了各自的事业。”

“他听了健康传媒后，非常感兴趣，说中国 + 互联网 + 传媒对美国投资人来说，是非常有吸引力的一个概念。这个同学告诉我怎么解决资金，专门有投融资的服务公司，并且帮忙介绍了一家投资融资公司。”付新华说。

与其他创业者比较，互力传媒的幸运是由于找到了与自己定位吻合的投资机构及主要投资决策人。

从 2004 年 9 月份开始，付新华用了 3 个月的时间整理制作商业计划书。2004 年底那家投融资公司开始向美国基金晨兴科技推荐互力传媒。晨兴科技的主要投资方向是媒体，同时他们定位于早期创业投资。互力传媒的特点与晨兴科技定位完全匹配，同时付新华直接联系的是晨兴科技的一个投资决策人。

方向对，人也对，很快就决定了。在签署协议的当天，用付新华的话来说：“我只不过去与他们轻松地聊了聊，喝了杯咖啡，他们就同意投资了。”

三、定位

其他健康传媒公司的营利模式一般为：花费一定的费用，在医院投放自己公司的液晶屏，释放医药健康广告，进而获得收入。

然而，在激烈的市场竞争中，付新华提出，互力健康传媒要打造最大的健康教育平台，并不是为了广告而投放液晶屏，发出了要为公益事业奋斗终身的宣言。

这样的企业能生存吗？为了健康教育的生存能够长久吗？一个私人企业如何做

到公益和利润的兼得呢？付新华的回答出人意料：“是公益让我们生存得更好。”

这个答案也颇令人费解，公益如何创造商业价值呢？

她解释说：“我在创业初期最艰难时刻也没放弃我的想法，即使卖房子卖车也要把健康传媒做起来，因为这是一项对社会有益的事业，而我迫切希望实现自己的社会价值。当我们真正专心做健康教育的时候，许多企业帮我们发现了自身的商业价值，他们主动要求以各种方式进行合作。”

“从另一个角度来说，这是社会对我们公益事业的肯定，商业价值是公益价值的附属品，公益事业越成功，商业价值也就越大。现在我很自豪，因为我可以大声地说我在为社会贡献一份自己的力量，而且我还能养活自己，这很了不起。”

互力传媒正在研究，在做好公益健康教育平台的同时，能否转换成一种市场产品。但是付新华始终认为，健康传媒是一项神圣的事业，只有把全部爱心放到事业中去，才能获得更多人的认可。

资料4：互力健康传媒

互力健康传媒是由互力文化传媒（中国）有限公司2003年推出的服务中国公众健康的专业领导传媒，通过在医院和药店及其他与健康生活相关的场所里铺设液晶电视网络，播放健康生活资讯，广泛联合健康产业各方资源，打造优势媒体平台，拥有全国最大的健康产业——液晶电视联播网。

互力健康传媒全面覆盖中国医政、学术、治疗和医药分销流通终端，是中国最大的医患沟通、学术推广和健康教育平台。

资料5：付新华女士简介

付新华女士，1991年毕业于北京大学中文系，现就读清华大学EMBA。

付新华女士于1995年创办禾康广告公司，该企业服务于IT领域众多知名企业。

1998~2002年，付新华女士出任Canon（佳能）中国公司“市场总监”一职，任期近5年。

2003年，创立互力文化传媒（中国）有限公司，任CEO，开始启动“互力健康传媒”项目。

2007年1月，付新华女士被增选成为北京建康教育协会常务理事。

第 5 篇　两只眼睛看“步长”

我们可以从两个角度来观察企业：一个用左眼看企业的产品与经营；另一个是用右眼看企业的所有与资本。当然，若想判定一个企业的发展则需要从两个角度综合分析。具体来说，步长案例有以下一些值得注意的地方。

第一，中药与西药。“步长”是做中药的。由于西药与中药存在着对立的认识，所以实践是检验真理的唯一标准，中医是否科学、中药是否有效，一切看效果。心脑血管是一个系统性疾病，纯粹的化学药品并没有太明显的效果，而其中药的疗效在世界上是领先的。同样的道理，某些癌症西药效果有限，中药却很有作用。因此，对于中药应有辩证的认识，综合来看，“步长”的领域是很有前途的。

第二，专业化与多元化。到目前为止，“步长”的路线是做专，它在“专利中药”这一细分子行业名列前茅。从企业看，心脑血管的收入总额约占集团总收入的70%。实际上，世界著名企业诺基亚也有一个业务“归核化”的过程。

第三，研发与销售。“步长”的策略是“抓两头”，建设一个“哑铃型”企业。在技术开发方面抓发明专利、专有技术等，同时在销售渠道与模式上也有独到之处。这种模式在其他行业也很普遍，即人们常说的“耐克”模式。其将辅助业务外包，是与人类成长必须解决大脑与四肢的合理分工完全相似的。

第四，推广与广告。药品分处方药和非处方药，前者走医院开处方；后者走药店大众自主购买。处方药主要靠专业推广并不通过广告，而非处方药就非常需要广告。实际上，生产资料与生活资料营销模式的不同也在于此，因为最终消费者在很大程度上偏认品牌。当然，以后医药分开了，营销模式也会有所变化。

第五，经营与战略。企业眼前靠经营，长远发展靠战略。这好比开车，油门与刹车管进退、快慢和停止；方向盘管拐弯，左拐还是右拐。当然，实际过程可能是在前进的同时拐弯。“步长”有自己的规划，人员方面也有合理的分工，这是很正确的。

第六，儿子与女婿。“步长”是家族企业。家族企业的好处是彼此信任，不完全是经济利益关系，企业容易有长期价值取向。同时，家族企业就会遇到亲属与外来户的矛盾、元老安置等问题。“步长”能很好地认识和解决“空降”、“国际化”等问题，是很不容易的。

第七，封闭与公开。企业发展一定会遇到的问题是持续封闭还是公开，特别是成为后上市公司后。公开有公开的好处，也有相应的问题；封闭有封闭的好处（比如不需要对外披露销售收入，但上市公司真假也得报一个），也有相应的问题。中信出版社最近出版的关于“小巨人企业”的书就讲了美国 14 家企业的例子，它们选择不上市，为的是不成为“资本的奴隶”，保证长期的、非资本的目标，因此步长也正在决策之中。

第八，低调与宣扬。步长选择“隐姓埋名”的策略，这与处方药、专业推广的路线有关。他们也许深知“树大招风”的规律。在当前似乎是“全民浮躁”的时代，这种耐得住寂寞、低调处世的精神值得敬佩。

第九，做大与做强。企业发展总得有一个目标。步长的目标是辉瑞，其决心可谓高远。好在医药产业是朝阳产业——在世界 500 强中几个少数长期繁荣的行业中就有制药。步长在西药与中药、处方药与非处方药、上市与非上市等结构中进行选择与决策，寻找从专到大和强的成长之路。希望它能够一路走好。

第十，东部与西部。步长是从咸阳起家的，现在在西安，目标是国际化。我们喊了多少年的“西部大开发”，似乎东部有许多优势，其实，某些西部有的东部未必有。比如，步长就不是在东部诞生的，但是，当前一些地方眼里只是优惠政策、要资金，以为有了钱就有了一切，真是可笑至极。步长的例子是一个很好的教材。

①

步长要成为中国的辉瑞

8 月 9 日晚上 20 点，在北京建国门外 SOHO 写字楼的步长集团北京办事处的一间会议室，步长集团市场部的一位负责人正在向记者介绍步长集团的情况。

一位戴着眼镜的中年人一声不响地走进会议室，安静地坐在会议室的一边。等

---

① 由《经济》杂志社蒋燕编写。

到市场部负责人介绍完后，他起身与我们交换名片。然后，没有任何客套和多余的表达，径直坐到记者对面。

干练、务实，带着一丝并未完全从工作状态脱离出来的疲倦——步长国际董事局主席兼总裁赵涛以这样一个再简洁不过的企业家形象出现在记者面前，等待我们的提问。

资料 1：专题访谈

一、行业地位：细分子行业的领先者

《经济》：请评价一下步长集团在医药行业的地位。

赵涛：步长集团经过 14 年的发展，最强的竞争力还是在心脑血管方面。我们突出的是“专利中药”。心脑血管在世界上属于一个大疾病，是一个系统性的疾病。纯粹的化学药品在疗效、恢复上并没有太明显的效果，反而是中国的中药疗效在世界上是领先的。现在在心脑血管疾病的治疗方面，中国在世界上是第一位的，而步长在国内是领先的。

《经济》：心脑血管的收入总额占步长集团总收入的比例是多少？占这一细分子行业的全行业收入的比重是多少？

赵涛：心脑血管的收入总额占步长集团总收入约 70%。在国内整个心脑血管行业，销售份额应该在 8%~10%；如果放在中药行业里，我们的销售额占 30%左右，但这只是估算。

《经济》：步长在十几年的创业历程中，从一个小企业发展到目前的细分行业的领先企业，核心竞争力是什么？

赵涛：第一，是高科技，疗效好。从我们的配方到主方到独特的工艺。例如脑心通，其配方独特，我们用水蛭，南方叫做蚂蟥，吸到血管中分泌水蛭素，使血液不凝固。我们利用特殊的低温处理方法，把水蛭的活性保留。当然，步长还使用地龙、全蝎，配方非常好。这些都是我们独特的，是我们的专利。

第二，步长的药选最好的材料。大家都知道中药分等级，甲等或一等。野生全蝎 1500 元一公斤，家养的 200~300 元一公斤，步长到今天始终坚持选用野生的。利润低一点没关系，我们要的是确保疗效。

第三，是企业管理和企业文化。步长讲“做事先做人”，“德是商之本，信是立之源”。我们讲求“德信”，这是我们公司的基础。我们管理制度适合中国的国情，同时又有国际化的管理模式。

《经济》：与其他医药企业相比，步长集团在对外宣传方面似乎比较低调？

赵涛：因为我们是做处方药的，基本不面向消费者。每个人的营销推广方式不同，就像演员一样，演不同的角色。步长在这个角色当中，更加重视患者的疗效，更加注重做我们的专业处方药。消费者品牌和专业品牌不一样，因而营销模式也是不一样的。就像辉瑞，企业做得很大，但是知道的人不多。

另外，低调是我们步长的一种企业文化，我们始终坚持做十分事只说五分六分事，更加注重信誉。

二、营销创新：推动销售三级跳

《经济》：能否回顾一下步长集团十几年来的销售额变化？在哪个时间段增长更为明显？

赵涛：最早我们只有一个咸阳步长，后来通过一步步的并购、整合，发展到现在的步长集团。步长集团 1993 年投放生产，1994 年做市场营销，那时候主要由我做。当时 20 万美金起步，请不来更好的营销方面专家，我只有摸着石头过河，在工作中不断摸索着干，寻求一种更好的营销发展方式。

1994 步长的销售额是 500 万元，步长集团销售第一个关键时期是 1995 年起用了广告模式营销，第一个做处方药心脑血管的广告。那时候竞争对手比较强大，1995 年 6 月，集团内部决定要给企业产品及企业做广告，我亲自飞到哈尔滨，刚到哈尔滨时就研究哪种营销方式覆盖面更大，效果更好。研究后决定利用广告营销及十大医院排行榜的形式，将步长的产品推出，当年销售回款达到 5000 万元。

同种产品的销售，最重要的是对产品进行推广。当时印象最深的是，集团派出一个营销员在哈尔滨待了一年，做到了月付款 8 万元。经过 3 个月的商业广告，医院推广和零售店的整合营销后，步长集团第二年的回款是 2000 万元，月销回款到了 150 万元以上，从而在很短的时间内达到了预期的目标。我让集团的各地方老总在全国各地推广这种广告营销方式，最大限度挖掘某一产品的市场潜力，加大地方宣传力度，促进了产品的推广和销售上升，第二年就有了 2 亿元的回款。

当然，这也需要一个行业背景。当时广告法还不是很完善，很多处方药还可以打广告，对广大患者覆盖面比较大。很多心脑血管的患者大都是在家里看到这些广告，通过服用，有了疗效后一直使用我们的产品，也促使步长从一个行业的“小弟弟”一跃成为一个大企业。

《经济》：当市场营销环境改变后，步长又是如何改变的呢？

赵涛：当这种地方性广告模式被越来越多的竞争对手所使用时，随着市场环境的变化，我们的营销方式也有了变化。我采用了卫视联动营销模式，运用 12 个卫视联动传播营销。因为公司从来没有做过这种营销方式，集团内部有大部分人反对。认为一直以来的地方性广告模式很好，这种新的模式投入大，如果不成功的话，1000 多万元的投入就会落空。

但是我一直坚信这种新的方式，最后通过我的坚持和说服，公司采用了这种营销方式。后来的实际也证明，通过卫视短片这种更直接的宣传，传播覆盖力比较大。当时步长在 1998 年中药心脑血管产品中第一个运用卫视联动进行宣传，从而使步长集团的销售业绩在暂时的下滑后，又稳步上升了。

《经济》：1998 年以后的销售推广有何特点？

赵涛：1998 年下半年，我来到了北京，更多的是考虑步长集团的日后发展。在营销这块，我们不断引进新人才、新的基因。我们引进了一个专业推广的专业人士做市场营销，做专业推广。那个人在中国来讲是很专业、很有实力的，能够满足步长的市场推广需求。

三、战略定位：做中国的“辉瑞”

《经济》：现在步长集团的战略定位是什么？

赵涛：我们的战略定位是做专利中医，做大制药企业，做中国的“辉瑞”。步长的经营模式很简单，就是通过三五年时间，把一个企业销售从零做到 1 个亿。在这个过程中，步长就是一个产业整合机器，通过把专利产品放入步长公司，以我们的营销、品牌、网络、理念和管理来提高产品的销售额。我们就像中国的辉瑞，就像麦当劳在不断地推出复制我们的公司，把公司做大。

《经济》：步长什么时候想到要做中国的“辉瑞”？

赵涛：我们也没想过要做辉瑞的，只是在创业、发展的过程中，越走越像了。我们有很多相同之处，大病种、大专利、大企业。做中国的“辉瑞”，就是要不断地创新，一手创新一手管理，必须知道企业营销的价值，知道专利的价值。其实任何一个企业只要是一手抓企业利润，一手抓创新，就都能做成“辉瑞”的经营模式，做成一个大企业。

《经济》：在国外，资本市场许多大市值的企业都是一些医药企业，例如辉瑞等；而中国医药企业规模相对都是比较小的，你认为中国会产生国际化的大市值制药企业吗？

赵涛：你这个问题问得非常专业。为什么在美国制药企业会很大，因为全世界的医药企业基本上都在欧美，很多国家没有自己的制药企业。所以，大市场造就了大企业。另外，国外药品的价格很高，比如肿瘤病人，一个人可以用药10万美金，价格空间很大，一万个病人就是十亿美金，这一点足以说明健康产业是国际化的大产业。

所以，我们看到国际前20名企业中，有20%左右都是健康产业，如辉瑞、葛兰素都是市值很大的企业，因为这是世界的格局。

那么中国的格局呢？到目前为止还没有大市值的制药企业。上市公司最大的不超过200亿元，中国其他行业的企业市值很大，而制药企业就不够大。其中一个原因就是中国的制药企业现在比较分散，下一步要通过整合改变中国现有的格局，规模不够的企业基本上就没法生存；第二个原因就是中国的制药企业专利性、知识性和科技性都还不够。目前我们处在一个很好的产业膨胀时期，未来中国制药企业会出现大市值企业。我们会努力去做，有信心成为大的国际制药企业。

《经济》：步长集团前一段时间内似乎有意介入资本市场？

赵涛：我们曾要收购过红河企业，但后来退出了。我们是想树立自己企业的品牌，将公司社会化、多元化。我们也想要上市，但现在的时机还没成熟，下一步我们将着手于步长集团上市的事宜。

《经济》：是在国内还是在海外上市？

赵涛：在这两个方面都会有考虑，但我们不会借壳上市。

《经济》：步长有没有介入OTC（非处方药）的可能？

赵涛：我们将介入OTC的销售，以后会推出大的OTC产品，下一步我们将投入5~10个亿的资金介入OTC市场，但具体方案还没有规划。

四、管理转换：把握企业发展拐点

《经济》：步长集团现在是家族式企业吗？

赵涛：我们现在已经不是一个完全的家族式企业了。在1997年，步长公司成立的第四年，就引进国际化的管理。不断引进国际化人才，细化企业管理、全面预算管理、全面授权管理、全面责任管理。

我们一方面是老、中、轻三代相结合，另一方面是内外管理人才相结合。步长每年都有空降兵空降公司，他们来后，带来很多先进的管理理念；同时，内部人员不断学习提高，使公司发展成一个独特的步长管理模式。

《经济》：你与你的父亲赵步长，也就是步长集团董事长在企业管理方面是否有一个明确的分工？

赵涛：董事长主要是行政管理、专业推广方面有优势；我主要做对外拓展、企业发展战略、企业重大拐点及重大决策方面。我注重的是从国际化角度看步长，我研究的是世界上所有的制药企业，科技的前沿，用哪个人才更好，用什么机制更好。以前我考虑的是这个产品怎么做，包装怎么做，这些很具体的工作，现在基本上都可以放手了。我也要有一个角色转换，从原来的迷恋产品营销、创新产品，到现在从更高的高度看企业。

《经济》：你是如何用国际化眼光看步长的不足？

赵涛：我一直用国际化的眼光看步长。步长光做中药专利是不够的，在生物医药和化学制剂药等方面需要推动和加强。我们的治理机制怎么样做更科学，从国际角度看步长我们还有很多的问题。我们经常在内部讲“步长是有很多问题的好同志”。

步长路走对了还是走错了？该补些什么？步长未来走向如何？国内的竞争对手有哪些优势？我们该怎么做？这些都是我现在考虑的。

《经济》：你现在是步长集团的第二代掌门人吗？

赵涛：是这样，我是和董事长一起创业的。但为了公司的更好发展，我一直在默默做事，主要是在公司方面做重大决策和拐点决策，董事长已经 60 岁了，但是他的思想还是很超前的，管理和哲学都很优秀，是公司的形象代言人，在医药业也很有名气。公司的名字是以董事长的名字而命名的，集团公司主要推广董事长。

资料 2：链接：赵氏语录

《经济》：你欣赏佩服的企业家是谁？

赵涛：在国际上，对管理多元化的杰克·韦尔奇和比尔·盖茨比较欣赏，他们的管理方式和营销方式比较超前。

《经济》：你有什么爱好吗？

赵涛：喜欢打球、爬山。

《经济》：你最近看什么书？

赵涛：每天早晨都必读新加坡国际早报，读国际新闻，了解国际经济实事，新的新闻。

《经济》：中国企业家似乎都很忙碌？

赵涛：在中国的发展非常迅速，中国的企业家生活质量很难保障，生命不息战争不止，所以在不停的战斗当中。

《经济》：你如何评价其他几个中药企业？

赵涛：我认为他们的企业都很优秀，他们有他们的模式，他们的体制、基因不同。就像百米跑跟跳高相比一样，都具有各自己的特点、特色。

《经济》：十几年前是否想过步长能做到现在这样的企业集团？

赵涛：没有。我们一直都是摸着石头过河，不断摸索，是“在战争中不断学习战争”。

资料3：隐形的“巨人”

步长国际董事局主席兼总裁赵涛对企业细节的熟悉、行业发展趋势的把握及对企业发展方向的掌控，远远超出我们对民营企业的想象。

在采访中，我们不断在提高预期——看来，这位第二代掌门人要继承他父亲的基业了。

不过，真正隐藏的事实令我们惊讶。

“我并不是第二代，我是和董事长一起创业发展起来的，我主要管理企业发展战略，未来发展拐点。”赵涛直接告诉记者。

原来，这位外界眼中的步长集团第二代掌门人、新一代少帅实际上属于第一代创业企业家。他隐藏背后的原因是年龄相对较小，如果直接对外宣传，则显得较为张扬。因而，步长集团在对外营销和宣传时，都以其父赵步长的名义对外宣传；而赵涛则隐身其后，真正负责掌控企业发展大计，可谓隐形的“巨人”。

与赵涛在企业的低调角色一样，步长集团在中国企业界名声并不响。虽然步长集团与西安杨森同为陕西最大的医药企业之一，但是后者已是名声在外，而前者仍隐藏在中国中医的心脑血管领域之中。这种隐藏效果极令我们惊讶：这家民营公司在中医心脑血管领域中的市场份额占到10%左右，俨然是这一细分行业的企业“巨人”

步长集团主动隐藏的原因是——低调务实的企业价值观和文化。步长是做专业中医处方药，属于专业推广，更加重视患者的疗效，不需要公开打广告。同时，赵涛强调，步长一直很低调，是一个扎实的企业，做得多，说得少。

探讨步长集团十几年来迅速成长成为此次交流的焦点。我们发现，与其他民营企业专注于劳动密集型产业，以价格竞争和成本控制为主的特点比较，步长集团呈现明显的差异化，他的核心竞争力主要来源于两方面。

一是科技和专利创新。步长集团每年以销售收入10%的资金用于科研和产品开发。目前，步长的产品储备已达到上百种，产品储备量大，科技含量高。同时，步长集团制定了“高中低长中短”全面发展的科技战略，“高”是指国家一二类药；

“中”是指三四类药；“低”是指保健品；“长”是指七八年之后上市的产品；“中”是指四五年内的产品；“短”是指两年之内的产品。公司制定了以中成药发展为主线，以生物工程、基因工程为左翼，以好的西药为右翼，以保健品为尾的“鹰”状战略布局。

二是营销模式和经营模式的创新。在十几年的发展过程中，赵涛所主导的营销模式不断创新，从广告营销到卫视联动，到最后的专业推广，步长集团屡次在心脑血管中医处方药中引领营销之风气。同时，步长集团在经营模式上开始走上美国医药巨头“辉瑞”的路径，那就是一手牢牢掌握高科技专利药的开发，另一手通过现代营销模式扩大销售，不断整合行业资源，复制销售传奇。

2007 年步长集团在“第二届中国制药工业百强年会”中进入全国制药企业 30 强，名列第 29 位。步长稳心颗粒、步长倍通丹红注射液年销售额已经超过几亿元，增长迅速。步长制药在 2006 年的销售达到新的历史高度，也逐步奠定了心脑血管病中成药企业中的领军地位。

低调稳健的企业风格、科技的创新和经营模式的领先，使得步长集团在过去十几年间不断发展壮大，最终成为隐形的巨人。目前，正值步长集团发展的关键时期。集团正筹划公开上市、多元化投资，并可能涉水 OTC（非处方药）领域，赵涛不便向记者透露更多的细节。但从过去十几年务实创新的发展经历来看，这家民营高科技医药企业未来的高速成长前景似乎清晰可现。

本次采访耗时接近两个小时，但我们的采访始终有趣而轻松，最后甚至还涉及全球企业管理和中国医药行业的前沿话题。

资料 4：人物背景

赵涛简介：1966 年 1 月出生，先后毕业于西安医科大学、北京大学，北京步长创业投资公司董事长、步长国际董事局主席兼总裁，中国企业协会常务理事、全国工商联执委。

步长集团简介：步长集团是一家集医药研究、生产、销售为一体的大型民营高科技企业。集团总部位于中国西安，并在北京、上海设立专业研发机构，其分支机构遍布华北、华东、西南等中国主要省份，营销网络覆盖全国各省地市。经过 10 多年发展，拥有两个医药研究院、九个药厂、一所大学，并成为享誉国内的纳税大户。2007 年 8 月 9 日，步长集团荣获医药类品牌中国总评榜年度最高奖项“品牌中国金谱奖——中国医药行业年度十佳品牌”。

第6篇 向“安老师”学什么

在当今有点儿“世界500强崇拜热”的中国，也许有少数人只对其投资感兴趣，但是，认真向“送上门来的老师”学习的应该是花钱少、见效快的经营方式。今天，就让我们来思考一下我们能够向“安利”（或简称为“安”）老师学习些什么吧。

首先，直销的合理性。安利公司是全球最著名的直销企业。所谓的“直销”，顾名思义就是厂家直接销售到个人用户手中，没有批发、零售等商业环节。具体来说，其主要特点是：

第一，产品为家用日用品。安利的产品主要是洗涤品、护肤品，后来又增加了“纽崔莱”营养补充食品。这些产品不是耐用消费品，而是几乎每天都需要使用的生活消耗品。

第二，知识性与经验性。上述物品具有一定的知识性，人们需要了解其成分、使用方法等。另外，人们非常希望了解谁用过这种产品，效果如何等问题。

第三，消费者兼销售者。消费者使用后，又现身说法地讲解给别人，这时他又变成了销售体系的一员。

第四，节省企业成本。企业没有了场地费，减少了广告费。

第五，价格低廉实现双赢。企业降低了成本费用，消费者也可以得到经济实惠。

总之，直销有其合理性。实际上，在国外很早就有“无店铺销售”，其中的一种模式就是“样本商店”，人们到这里来看样订货。从更大范围看，“产销合一”、“PROSUMER”讲的就是把消费者最大限度地吸引到生产链条上来，使消费者与销售者合二而一，提高消费者的满意度，减少企业成本。现在，加上网络的助兴，直销应该大有可为。

其次，“水土不服”的医治。尽管直销在发达国家习以为常，但是到了中国却遇到了麻烦。比如，国外可以随时来退货，在中国有店铺都退不了货，没店铺更加啰唆。再如，国外到某户人家开展家庭讲解会非常普遍，但是到了中国的家里，可能引发其他事件。反正中国有一个强项，就是“把好经念歪了”，外国的“直销”到我们这里可能会演变成了“传销”，一级一级地“吃下线”，直到弄出社会问题才算完事。

因此，中国要求必须有店铺，这样便于管理。安利必须克服“水土不服”之病，适应这个环境。安利知道中国必须设立标识明显的店铺，这样消费者可以非常方便地去退货。安利也采取了“店铺加雇用推销员”的方式。实际上，这种方式并不是直销所唯一的，比如人寿保险公司也有外勤人员。

同时，其他一些外国企业也有“本土化”的问题，例如，世界老大沃尔玛在中国一些地方搞会员制的山姆会员店，中国的一些老百姓并不买账，因为中国人的逻辑是“把超市改造成小卖部”。戴尔的电脑直销模式也遇到过类似的挑战。

此外，做“搞定政府”的高手。在中国，好端端的直销被改造成了“传销”，政府不得不出面进行限制。在制定相关法律的时候，据说外国公司是有一定影响力的。比如直销法规定企业规模必须数千万元以上，那么，只有安利等少数外国大企业够条件，中国的“小兄弟”一下子都没有了命。他们死里求生，或者寻求联合，或者另攀大款。

看来，外国的大企业深知在中国发展的秘诀：“搞定政府”，这是最简单、最直接、最有效的竞争途径。在这方面，外国大企业与中国的一些大企业一样都是“搞定政府”的高手，令人佩服。

另外，安利是家族企业，照样能做得很大，所以，我们“做大做强”国有企业的思维可能也太片面了。

总之，安利值得我们学习的地方还有很多很多。

①

安利中国之道

1959 年，安利由理查·狄维士和杰·温安洛这两个具有相同背景和价值理念的荷兰裔美国人在自己家中的地下室里白手起家创立而成。如今，安利的接力棒交给理查·狄维士和杰·温安洛的下一代。

① 由《经济》杂志社蒋燕编写。

史提夫·温安洛和德·狄维士从小在一起成长，他们不仅从父辈那里继承了安利事业，同时将安利直销扩展到全球，包括其祖父曾经居住过的中国。

十几年来，在中国，安利这个全球化公司正在试验着本土化。

全球化是这个时代最重要的特征，它已经深刻地改变着世界的面貌和格局，与之相辅相成，本土化管理与本土化生产经营已成为全球跨国公司的趋势。

本土化可以让跨国公司在全球化扩张中做到顺时应势，从而减小阻力。然而直销业进入中国后，作为一种新的销售方式所造成的种种非议和误解，让全球直销巨头安利徒增了许多烦恼。

因时而异，安利正在悄悄改变！

安利在中国市场经历了几番整顿和改革，在与中国市场的磨合中不断地调整自己的经营策略，采取了一系列入乡随俗的本土化措施。

首先是人才本土化。安利在中国大陆的管理层全部都是中国人的脸孔，香港人、台湾人、马来西亚华人，除此之外，其余的99.5%的员工都是土生土长的中国内地人。

其次是营运模式的本土化，亦是安利的另一个重要战略。在进入中国之初，安利以海外传统直销方式开始经营。

但1998年4月21日，中国政府鉴于直销市场被非法传销及各类经济形式犯罪严重扰乱的形势，在全国范围内禁止了一切直、传销经营活动。安利（中国）停止发展业务，并按政府要求转型经营，对原有经营方式作出了突破传统的重大调整。

安利的转型方案于1998年7月22日率先获得政府批准，成为首家以“店铺加雇用推销员”的崭新模式经营的企业。转型后的安利（中国）符合国家各项规定，其经营方式既保留了安利的优势，又符合了中国国情。

再次是生产本土化，安利在中国销售的所有产品全部是在中国生产。其在中国投资兴建大型生产基地并非单纯基于土地价格、人力成本的考虑，更多的是看重中国广阔的市场潜力，着眼于中国的长远发展。

安利在广州、上海分设研发中心，拥有近7个专业实验室和100多名技术人员，生产适合中国市场的产品，其中，上海研发中心是安利在海外唯一的研发中心。

最后是品牌传播的本土化。以前在海外安利几乎不做广告，现在“有健康，才有将来”的广告语已传遍中国大陆。着眼于在中国的长远发展，安利大手笔地致力于品牌建设，品牌理念成功地延伸了企业文化。

1998年底，安利在原有洗涤品、护肤品两条产品线的基础上，将“纽崔莱”营养补充食品引入中国。一改传统的口碑宣传，安利打出体育明星形象代言人、赞助体育赛事和运动队等体育营销的“组合拳”。

美国安达高公司董事长史提夫·温安洛对于安利中国模式持赞赏的态度。“安利中国领导团队在一个非常困难的时期，做出这样的成绩，我们只是对传统的经营模式非常有经验，而安利中国，他们在不停创新、探索，建立自己新的一套经营模式。”

史提夫·温安洛甚至认为，中国模式可以在全球推广——“比如说我们在安利中国设有店铺，世界其他任何市场都没有设立店铺。这是一些很有意义的尝试，我们正在考虑是否在其他市场引用中国所做的尝试。”

一、“我们尊重理解中国的直销法规！”——专访美国安达高公司董事长史提夫·温安洛

1. 安利中国将获得增长。

《经济》： 董事长先生，请评价一下安利在中国近几年的投资和经营，有什么感受？

史提夫·温安洛： 中国以前没有直销这一个行业，现在看到中国从没有直销到发展到现在比较成熟的环境，我觉得这个过程非常有趣。中国从最初没有颁布直销法规的一个环境，到现在已经有了明确成文的直销法规。而且在这个过程中，我们在不断探索消费者具体的需求是什么样子，对我来说，整个过程是一个非常有趣的过程。

回顾过去，我们觉得，对于过去所发生的一切还是感到非常高兴和欣慰的。这是不是我们已经做到最好了呢？实际上并不是的，但是我们现在大方向是正确的。

《经济》： 2006 年安利中国区的利润下降 23%；安利全球 63 亿美元的收入与 2005 年是持平的，你如何看待这些数字？2007 年上半年安利的经营业绩会增长吗？

史提夫·温安洛： 从全球的角度来说，我们去年的经营业绩与我们的预期是差不多的。实际上，在制定去年销售业绩目标的时候，我们就已经预见到中国的经营业绩会有所下降。因为当时中国面临到拿牌的问题，同时也面临着一个直销法规，这个市场不太确定性的问题，所以我们预计到中国的业绩会下降。

但现在，安利中国已经是安利在全球最大的市场了，所以我们对这样的市场没有太多的抱怨。而且特别是看到在这样法规不太确定的情况下，安利中国仍然能够保持这样一个很高的业绩，我们对此感到非常欣慰。

很幸运的是，我们在全球其他市场上，还是有着很强劲的增势。今年我们预

计，安利中国的业绩将会稳定下来，而且将会获得增长，这个也是我们目前所见到的。考虑到中国的业绩已经稳定下来，并且有了增长，全球其他地方安利还有着强劲增长。如果把这些综合起来看的话，我们预计今年的业绩将会增长。我不能作任何预测，但我只是说非常看好现在的前景。

2. 独特的安利中国模式。

《经济》：安利在中国的经营模式和其他国家相比有很大的不同，你觉得特点是什么？

史提夫·温安洛：安利中国的经营方式与其他地方确实有着很大的不同。比方说，安利中国的业务运营计划不同，对营销人员的计酬方式也是不同的。

你还可以看到的，我们在安利中国设有店铺，在世界其他任何市场，安利都没有设立店铺。但是可以跟大家分享一点，很有趣的就是，我们现在回顾安利中国的发展历程，往往都认为在中国所做的尝试，是一些很有意义的尝试。因此，我们正在考虑是否在其他市场也引用中国所做的尝试。

我对安利中国领导团队总体评价就是，安利中国领导团队在一个非常困难的时期，做出这样的成绩是非常好的。安利中国的领导团队必须要有新的眼光、新的角度，来审视全局的法规环境。我们只是对传统的经营模式非常有经验，而在安利中国，他们在不停创新、探索，建立自己新的一套经营模式。而且现在也已经开始准备正式地实施了。

安利中国所制定的新业务经营模式，我认为是一个非常好的模式，它可以为员工、为营销人员提供充分的工作机会。我期待着他们能在新业务机会、业务计划中取得很大的成功。

《经济》：作为跨国公司，安利在中国和在其他多个国家都开办业务，你如何理解这些公司的共同点？

史提夫·温安洛：几十年前，当我的父亲开办了安利公司的时候，当时基本上是一家完全在美国的公司，也可以说是市场单一的一家公司。

现在，我们的公司已经在全球 80 多个国家与地区开展经营。在 80 年代的时候，我们 70%的销售额来自于美国，而且现在我们 80%的销售额来源于美国以外的国家和地区。所以，我们现在的经营模式相对于以前已经有了很大的变化。

尽管公司有这么大一个变化，但是其价值观还未改变。没改变的是，我们给人提供了一个事业机会。还有一个没有改变的就是，我们在各个地方不同时期都是向消费者提供一个有价值的产品。在这里，我提到的价值不仅仅是经济价值，也是一种个人价值。

3. 中国直销法规适合中国国情。

《经济》：现在中国已经有 21 家企业拿到了直销牌照，您如何评价中国直销市场和美国直销市场的差别？

史提夫·温安洛：两国直销市场最大的一个差别，就是美国直销市场是很成熟的市场，美国直销企业的经营历史也比中国直销企业的经营历史要长很多。所以，在美国有更多的直销公司，还有更多的直销从业人员。

《经济》：你对中国直销业的法规有什么评价？

史提夫·温安洛：对于一个市场经营的环境来说，法规是非常重要的。因为没有法规的话，人们无法界定一个合法企业与非法营运企业之间的差别。大体上讲，世界上直销方面的法规已经发展很多年了，现在可以说直销业的法规应该是管理最健全的。

但是我们也充分认识到中国有它自己独特的国情。中国政府更加担心直销可能会造成社会的不稳定因素，所以说我们也能理解中国政府颁布的法规。但是我们也相信，从长远来看，中国政府的直销法规会和国际接轨。

《经济》：能不能详细地解释一下？

史提夫·温安洛：中国政府目前颁布的直销法规与其他地方相比更加严格，而且新的直销企业在申请报牌过程中，也是非常谨慎小心的。我们在全球都实施顾客消费保障的政策，如果是消费者对于我们的产品不满意的话，可以随时来退货。但是中国的法规与其他地方法规的不同之处在于，他要求必须在中国设立标识明显的安利店铺，这样消费者可以非常方便地去退货。

我们也知道很多人会宣称通过加入直销可以挣多少钱，这往往都是夸大事实。所以，法规里规定一家直销企业对于他的直销员所给付报酬的薪酬比例。中国的法规与其他国家法规不同之处，都是基于中国独特的市场环境作出的。

在立法过程中，我们曾经与中国政府有过一些沟通，尽管最后颁布的法规与我们所期望的不一致，但是，我们非常尊重中国政府颁布的这部直销法律。因为我们认识到这样一个法规是保护中国普通消费者的一个非常好的举措，我们也非常高兴能够在这样一个法规环境里开展我们的业务。

《经济》：中国的直销法规有哪些需要完善的地方？

史提夫·温安洛：我们认为，中国当前的直销法规是适合当前中国国情的，现在没有必要来修改这个法规。我想随着市场的进一步成熟，可能到时候就会有修改法规的需要，而市场的环境是不断变化的。

4. 不能毁掉中美贸易关系。

《经济》：你对中国市场和中国经济的感受是什么样？

史提夫·温安洛：我对中国的经济发展非常地看好。我不仅仅关注于中国的经济，更加关注中美两国之间的关系，这也是我不遗余力努力的一个方向。仅仅看过去中国所发生的变化，就可以意识到中国所取得的巨大成就。

我想中国人民都应该为他们取得的成就而感到自豪，而且同时他们也应该对经济发展的前景充满信心。我们也非常高兴能够参与到中国经济发展这一个过程中。

《经济》：你是前任美国商会主席，同时也是安利董事长，你到中国访问似乎是双重角色？

史提夫·温安洛：我本人来中国，的确也是代表两家机构，首先是代表安利公司，其次是代表着美国商会。

美国商会的主席是由美国商会董事选举产生的，每一届主席的任期都只有 12 个月。我的任期现在已经过了几年了，尽管我现在已经不是美国商会的主席，但是我仍然介入美国商会的一些事务。

我就任美国商会主席之后，第一次出访就来到了中国。因为我认识到，中美两国之间的关系对于美国商会非常重要。无论我是一个在美国的企业主，还是在中国的企业主，我都希望我们两国之间能够有一个良好的贸易环境，这样两国的企业就可以在一个公平的环境里来进行贸易沟通。

尽管我还管理着一家大型的公司，但我还是愿意用自己的一些时间，来介入到商会中的一些事务，从而推动中美两国关系的发展。

《经济》：你为促进中美贸易关系做了哪些具体的努力呢？

史提夫·温安洛：正如我刚才所说的，我就任美国商会主席，出访的第一个国家就是中国。这已经显示出我对中国的重视程度。除此之外，我在就任美国商会职务之前，美国政府正在讨论是否要成立中国永久性最惠国待遇，当时我是支持这个政策的。而且我们还去了美国参议院，在这个参议院财务委员会上进行了作证，支持给予中国永久最惠国待遇。

安利公司在美国的首都华盛顿有一个办公室，主要的目的就是与美国政府进行沟通。一般来说，很多公司都在美国首都设立办公室，他们的办公室都是代表公司的利益，来向美国国会进行游说的。

我每年都是在安利公司驻华盛顿的办公室来办公的，但是我们尽可能地来促进中美两国的关系，而不仅仅是代表我们公司。大家可能也会注意到，在国会中经常会有一些人，他们宣称要对中国提高关税，或者采取一些贸易惩罚性的措施。但是请相信我们，在所有的这些问题上，我们的态度都是呼吁国会能够采取一种更加理智的方法，来加强我们的贸易关系，而不是毁掉这个关系。

二、史提夫·温安洛先生——美国安达高公司董事长

史提夫·温安洛先生现任美国安利公司（Amway Corporation）母公司——美国安达高公司（Alticor Inc.）的董事长，是制定公司全球业务发展策略和进行美国安利公司组织架构调整的总设计师，现与德·狄维士总裁共同掌管美国安达高公司的日常运作。

2001 年 6 月，温安洛先生就任美国商会主席。在为期一年的任职期间，温安洛先生不遗余力地推行其全球贸易自由化的观点。从 2002 年 6 月~2003 年 6 月，温安洛先生还担任了美国商会董事会执行委员会主席一职。现在，温安洛先生身为美国商会董事、美韩贸易全国委员会副主席、美中贸易全国委员会董事、美国商会国际政策委员会董事，以及美国商会审计委员会、养老金计划管理和投资委员会主席等职，继续致力于全球自由贸易的发展。

《经济》：除了工作之外，您的最大兴趣是什么？

史提夫·温安洛：我在业余时间最喜欢的就是骑马。我自己有一个马场，所以当我下班之后就会去马场跟我的马见见面，然后再去骑马。

《经济》：一年当中有多少天都在飞机上？

史提夫·温安洛：我从来没有统计过我一年中坐飞机的时间，但是我想如果真统计的话，可能这个数字会很可怕。

当我刚刚就任美国商会主席一职的时候，我当时曾经想统计一下我飞了多少历程，然后当我统计到了 25 万英里的时候就停下来了，我觉得没有必要再继续统计了。因为当时如果一年中，我为了商会已经飞了 25 万英里的话，那就没必要再搞清具体到哪一个数字了。

《经济》：你的性格怎样？

史提夫·温安洛：我是一个非常安静、非常谦虚，但是仍然很坚强的人。

记者：你生涯中最难做的一个决定和让自己最满意的决定是什么？

史提夫·温安洛：我想对所有人来说，最难做出的一个决定都是牵扯个人生活的决定，不管这个决定是怎么样的，只要它影响到个人的生活。

至于最满意的决定，我觉得可能是当时决定进军中国市场这个决定，安利在中国取得的成就非常好。我想可能有一天有充足时间的时候再去想这个问题。

《经济》：如果有充足的时间，你最希望到中国哪一座城市？

史提夫·温安洛：我本人去过83个国家和地区，可以坦白地跟大家说，我非常喜欢中国，我非常愿意与中国人和中国政府打交道。

我的家族与中国有着很深的关系。如果你要问我有充足的时间要做什么，我一定要去镇江，因为我的祖父曾经在镇江住过。我想去镇江调查一下我祖父在镇江的一些情况。

第 7 篇　垄断与竞争，百姓心自明*

2006 年即将过去，在盘点 1 年中各台好戏的时候，国美与永乐合并自然是令人无法忘怀的一幕。对之拍手叫好的人不少，而也有相当多的人士对此表示了怀疑和担心——叫好的论据是家电零售业集中度上去了，与外国大亨的竞争力增强了；担心者认为，第一大的把第三大的兼并后，会不会利用垄断优势欺压生产者和消费者呢？

我们可以从这台大戏的"演员"、"后台"与"前台"三个方面进行分析。所谓的"演员"就是企业，所谓的"后台"是投资者，所谓的"前台"则是消费者。

首先，从"演员"即企业的角度看，国内家电零售业的五大家（国美、苏宁、永乐、大中、五星）基本上都是股票上市的股份公司，这次国美与永乐的合并也是按照规范的资本市场运作完成的。至于算是"兼并"还是"合并"，怎么理解都可以，反正结果是形成了一家新公司，有三个主要品牌：国美、永乐和鹏润；永乐公司没了，但其品牌依然还在。

其次，我们必须观察一下所谓的"后台"即投资者，他们才是幕后的导演，是这台大戏真正的驱动者与获利者。本来，在资本意志的驱动下，永乐也从 2005 年开始了一连串的兼并，还一度与大中走得很近。是投资者逼得永乐不能安心地卖产品，急得永乐要么买别的企业，要么卖掉自己。结果正是永乐的投资者赚个满怀：如果国美没有并购永乐，大摩投资在永乐的投资收益将只有 170%；如此收购之后，大摩投资的投资回报率便达到了 262%！因此，企业是卖商品的，而企业本身更是投资者买卖的商品。

最后，所谓的"前台"则是消费者。毕竟多数老百姓进商场主要是买家电的。消费者当然关心兼并后对自己有什么影响，另外，生产厂家也会担心受到"店大欺客"的"礼遇"。按照"演员"以及"后台"们的说法，国美与永乐合并后仅占国

* 参见《经济》杂志 2006 年第 1~2 期。

内家电市场份额的12%，所以造成垄断的情况并不会存在；国内原来有五大家在竞争，现在成了四家，但在全球范围内看，它还只是个“小兄弟”，离“全球行业领导者”的目标还很远很远。按照这个逻辑，就是国内合并成一家，也还赶不上国际大公司的规模，因此，还得加快继续合并的步伐。

且慢，我们是否应该听听国内消费者的声音呢？和国际大亨竞争当然很好，政府鼓励企业走出去。但是，在国内市场表现如何，垄断与竞争的态势怎样，大家心知肚明，一把尺子清清楚楚：产品价格下来了，质量上去了，就是竞争的结果，就是老百姓欢迎的。

不仅是家电商场，其他任何产品与服务市场都是一样的道理：飞机票打折了，邮票涨价了；汽车“出血”了，出租车提价了，等等。不管是企业还是政府，是促进竞争还是乱用垄断，人们不会相信你天花乱坠的叙述，因为一看事实就完全明白了。

所以，永远不要忽视了老百姓心中的那杆秤。

①

新国美集团成立的意义

——专访新任国美集团总裁、原永乐集团董事长陈晓

编者按：

2006年11月12日 国美和永乐合并的大戏终于落下帷幕。当“合并是否构成垄断?”“合并后是否将带来垄断?”的议论甚为热闹的时候，我们在想，从国美的并购中我们能够吸取点得到点什么？面临外国连锁超级大鳄的逼近，我们的目光是否要看得远一点？我们认为，国美和永乐的合并，不仅是中国家电零售业简单的1+1=2，在中国加入WTO，全面对外开放的大背景下，这是中国民族企业针对来势凶猛的外资巨头的主动出击，这是一场具有高度战略意义的一仗，也许今天人们还没有足够深刻地意识到这一点， 但是，陈晓、黄光裕意识到了。

---

① 由《经济》杂志社蒋燕编写。

为此，本刊记者专程到国美集团总部采访了新任国美集团的总裁，原永乐集团董事长陈晓。陈晓脸上清癯坚忍的表情，让人难忘。

一、生命里影响我的三个人

鹏润大厦国美总部。

总裁办公室宽敞开阔，陈晓总裁正伏案工作，听到脚步声，陈总迅速站起来，离开堆满文件的写字台，一一握手后，引我们坐到一张不大的长方桌前，椅子和桌子的高度使得采访记录很舒适轻松，这是一个人性化的环境。

采访倒计时复述。

采访结束前，记者问陈晓最后一个问题，陈总，很想知道一生中对您来说，最重要的三个人是谁，能讲一讲吗?”

略显惊讶的表情出现在这张刚毅的脸上，停顿片刻，陈晓说：第一个是当领导干部的父亲，他在我 10 岁时去世了，突然间的门庭冷落，令我深感世态炎凉。那时就在心灵深处埋下了厌倦政治的种子，决心长大后绝不从政。父亲的去世，使我家的生活条件一落千丈，穷困潦倒，这让 10 岁的我受到很大的刺激。所以从小就有了要挣钱摆脱贫穷的愿望。第二个对我影响最大的人是我的前妻。陈晓颇带内疚地回忆道：前妻生病时，因为当时经济条件差没有得到良好的治疗，致使前妻英年早逝，这成为他人生的一大憾事。第三个对他来说最重要的人就是现在的搭档黄光裕了。他说，我们能走到一起，就是投缘吧，他对黄颇有相见恨晚的感觉，虽然谈判的过程很艰难很辛苦，但两人许多相同的经营理念让他们最终走到了一起。言谈话语间，可以听得出他对黄是真心欣赏，也可以看出，这个合并在陈晓的事业征途上是多么重要。我们把这个本不在采访提纲里的“突袭问题”提出来，是试图观察合并以来，陈晓与黄光裕之间的微妙关系。看来，他们的进展不错，他们的内心是相通的，因为，相比起来，在这出合作演唱的“二人转”大戏中，陈晓的角色要难演一些。

二、愉快的合作，乐观的前景

当记者问及大家都很关注的新国美集团整合进展，两个企业文化和人事关系整合时，陈晓很高兴地说：“我们将在 2006 年底完成国美永乐合并后的整合，工作进展迅速，比预料的要好、要快很多。我们的整合分为三个阶段：第一个阶段是组织人事，目前已经接近完成；第二个阶段是销售网络的整合，这里零售店铺管理的半径很大，预计将在2007年3月完成，看来我们会提前，在1月份就完成；第三个阶段是国美和永乐两个管理系统的对接，将提前在明年4月底完成，这里包括企业文化的对接，信息工具的对接，等等。这是个不小的工程，集团有20万人的队伍呢。”“那么，在整合中您遇到的最大的问题是什么?”记者问。“本来估计了许多困难，结果反而顺利，进展的相当理想。”微笑浮现在陈晓略显严肃的脸上。“我想，整合顺利的主要原因在于高层管理团队比较统一，在谈合并的过程中也已经讨论过，我跟黄光裕许多理念相当一致，两个团队高层的理念也相当一致，这是很关键的。”记者说:“我们驻外记者都格外关注国美海外发展的情况，我在香港太平山顶最贵的风景点大厦看到国美开张时，心里不知道多么高兴和自豪。现在香港店铺的经营情况如何?”陈晓答:“我们的海外市场经历了前期的亏损，现在香港有九家，总的盈利都不错；澳门已经开了两家，主要是作为培训基地。我们的下一个目标是开发东南亚市场，2007年4月份集团整合结束后就全面开始了。中国的零售业应该走出去，现在走到哪儿产品都是中国制造，但可惜被外国流通渠道以很低的价格拿走，中国只拿到5%~10%的利润，可见流通企业走向海外是多么重要。”

三、垄断——离我们很远

这些年来，国内企业合并的也很多，但国内品牌的大企业如此大规模合并的却不多。此刻，让我们回放并思考一下陈晓对国美永乐整合的诠释。

陈晓说：民企想要做大做强，必须走到一起。记者问：对国美和永乐合并的事社会上有各种各样的想法和议论。能否这样说，合并的根本原因在于你们两个企业感受到了大形势、大趋势的压力，于是做出了战略决策？是否可以理解为中国民族企业针对来势凶猛的外资巨头的主动出击？陈晓说：在发达国家，大规模的专业连锁店占领市场的份额都相当高，美国的BEST BUY等几个大企业就占领市场份额的70%；现在国内家电市场即便我们五大家（国美、永乐、大中、苏宁、五星）加起来也不过只占20%多，国美与永乐合并后仅占家电市场份额的12%。所以，合并造成垄断的情况并不存在。在永乐和国美合并的听证会上，政府机关、商业部、产品的上游（制造业）和下游（用户）代表都出席了听证会，大家经过交流，统一了认识——这就是说，在中国加入WTO，全面对外开放的大背景下，零售行业需要把饼做大做强，国家商务部是支持的，因为道理很简单，民营企业要上规模，合并就是一个很好的方法。只不过许多企业家的心态是宁当鸡头不当凤尾，拒绝合作合并，所以做不大。最初我们五家都参加了这次整合的讨论，开始五家都有参与。当记者问到，那么为什么只有你们两家谈成，别的都未参与呢？陈总说：是利益分配问题。其实合并初期，你得到的利益好像是很有限的，但是未来，你得到的一定是超乎你想象的。我们率先走到一起，在国内形成了一个大规模的连锁企业，给国内的同类企业带来的是一个历史性的巨大震动。

四、别坐等清兵入关

记者问：听说您说过这样的话，别坐等清兵入关。陈晓答：因为我们意识到必须联合起来，才能对付国际大连锁企业对中国市场的占领，这有一个境界的问题。有些企业之间纵向比较，合并形成新的模式，一般没人反对，但是横向比较，一算自己眼前的利益比不合并少了，就止步不前了。20 年来国内基本上是一种同质化的竞争，于是带来成本的竞争，形成价格战，这不仅对销售企业不利，也致使厂家没有足够的实力去研发新产品。不能成大企业，搞不出大品牌，就很容易让国外企业占据市场。随着中国加入 WTO 的承诺，国外大超市大连锁不断进入中国市场，我们唯一的出路就是自己做大做强，跟国外企业缩短距离。要合并、要快速的在国内布局，就像银行一样，如果网络建立得很好，对外国银行进入本身就是一种制约。我们能走到一起的内在原因，就是共同的民族情结——一致对外。陈总说，现在国内市场不够健康，是一种生产过剩的经济。同类的产品太多，好的市场应当是一种消费导向的经济。 合并做大了你就会有足够的影响力，就可以成为行业规则的制定者，包括对上游产业的主导，让厂家产品按需求生产，于是就可以形成一个优化的产业链，一个健康的产业。我们的目标是成为行业的领导者，是帮助家电产业链的优化，为老百姓提高生活品质作出贡献。他还认为，今天美国、日本的产业链模式，将会成为中国明天的模式。在美国排在前三位的连锁企业销售的产品约有70%是不同的。中国生产彩电的企业有 30 家，手机 40 家，而日本只有索尼、松下等三四家，而韩国只有 LG、三星等两三家。又如，3C 数码产品，中国制造销售的有 30000 家，美国只有 3000 家，我们是美国的 10 倍，这是一种落后的表现；外国连锁企业的纯利润有 25%，我们的小于 2%。其实，国内企业生存的空间是很大的，问题在于一直没有形成差异化。形成差异化以后就会有一个好的利润空间，就会形成良性竞争。最后陈晓总结道：国美的使命就是尽快学习先进国家，赶上先进国家。如果我们现在不做，就还要等 10 年、20 年了。

五、我们的目标和责任

记者问：目前，国美电器已成为中国驰名商标，是中国最大的家电零售连锁企业。我们很想知道，国美跟国际同类公司的差距在哪里？你们要赶超的具体目标是什么？

陈总答：我们最大的目标是美国的BEST BUY、英国的迪克森，法国、德国也有两家，大概全球有30家同类规模的企业，当然我们也排在这个行列里。"再说，中国市场的成长性要超过他们，现在内地消费正在增加，我们现在的市场只是20亿美金，三五年后可以达到200亿美金的规模，所以我们在以10倍的规模递增。比如，中国的手机使用量居全球第一位，而每年有一亿多增长，但是目前我们这种开放性竞争是非常惨烈的无序的竞争，所以合并是一条非常好的选择，中国的电器市场有1200亿~1500亿的市场份额。国内我们五大家在竞争，现在成四家，总共有12000~15000个店，如果都合并，规模是无法想象的，就超过BEST BUY，成为全球行业的领导者，这就是我们的目标。

当记者问到作为民营企业掌舵人，他如何看待民企责任时，陈晓坦诚地说：民企在最初发展时是没有什么责任感的，因为它太弱，而国企的责任感是与生俱来的，因为它是国家的，是一上来就具有实力的；民企的责任感是随着自身的发展壮大，由一个从非自觉到自觉的过程。目前，我们立足于提升国内家电消费市场的质量，就是一种责任感使然。陈晓还坦言，任何企业利用资本市场的运作都是必然的，外资看重的是零售业，这是一个巨大的市场，尤其是专业市场，所以我们不排除继续引入海外的资本，但是，这必须是在我们主导的中国自己的品牌基础上，我们不能再把机会丢弃了。陈总的脸上再一次现出了那种独特而坚韧的神情。

参考资料

一、新国美集团使命解读

强强合并历来是产业发展的重要契机和转折点，国美永乐合并，不仅是两家企业的联盟，也是中国家电业的重大历史事件。它们合并的前提、方式是两个企业的理性选择，也是市场竞争的必然结果。两个企业的合并将肩负着推进中国家电产业由大到强的转变，肩负着快速缩短与发达国家的差距的任务，肩负着打造具有国际竞争力的中国民族品牌的责任。

跟永乐合并后的新国美集团已成为中国最大的家电零售连锁企业，约占零售市场份额的 12%，新国美集团拥有 20 万名员工，成为国内外众多知名家电厂家在中国最大的经销商。不过，面临 WTO 之后，洋品牌家电连锁业大鳄大举进军国内市场的形势，作为领军的民族品牌的前途将是什么？人们拭目以待，等待新国美集团的回答。

目前，新国美集团正在紧锣密鼓地整合，并将在原来计划的时间内，提前完成国美永乐的整合工程。

二、陈晓总裁谈家电产业现状

1. 现状。

家电产业大而不强、整体利润水平低下、自主创新能力较弱是长期困扰中国家电产业健康发展的三大顽疾。

首先，中国是全球市场上无可争议的“家电大国”，近几年一直拥有位居前列的销售量，中国家电业的自主生产能力不仅解决了满足国内市场家电产品需求的问题，同时也成长为世界最重要的家电产品输出大国和家电制造基地；但是，中国并不是真正意义上的“家电强国”。

其次，迄今为止，可以说整个中国家电产业的发展并没有摆脱对低成本优势、价格优势的依赖，产品供大于求，并由此产生反倾销诉讼频发、贸易争端不断，中国家电产业毛利水平长期徘徊在盈利和亏损的边界。

最后，我国家电制造的技术升级主要依赖对核心技术的引进，技术升级的高利润、技术升级的主导权大都掌握在少数核心技术生产企业，自主品牌、核心技术发展缓慢等问题得不到解决，致使我国家电产业在高端市场、高端产品上一直不能摆脱受制于人的被动局面。

2. 问题的症结。

导致问题的症结，主要有竞争高度同质化、产业集中程度过低、产业分工不明晰、经营资源大量浪费四大根源。

第一，竞争高度同质化。表现为产品同质化、卖场经营同质化、服务同质化、竞争形式同质化，高度同质化的竞争是产业利润损失的原因之一。

第二，产业集中程度过低。这样则会导致无序竞争、低效竞争，任何一个产业的发展都要经历众多小规模企业云集，在几番拼杀之中，强者胜出，弱者淘汰，之后市场逐渐集中到一定的程度，产业获得外部市场活力和企业内部经济效率的均衡，这样有助于更好地发展先进的经营形式。与发达国家相比，中国家电流通业长期存在产业集中程度过低的问题，这种现状如果不能得到改善，将不利于建设大市场，发展大贸易，搞活大流通。

第三，产业分工不明晰。由于历史的原因，与家电制造业相比，流通业发展相对滞后，导致家电制造业不得不把大量资源投入到流通业，形成目前多领域重复投入，资源大量浪费的现象。因此，制造业和流通业必须越过产业分工的界线，才能专注于研发、生产等核心环节的经营，渠道供应链价值才有望提升。

第四，同质化竞争造成社会、产业、企业经营资源的大量浪费。大量资源被用于争夺市场，而非创造价值、传递价值，严重阻碍产业效率的提高。

三、陈晓总裁谈未来发展导向

要让我们的家电产业走向强盛和繁荣，提高整体利润水平，就必须提高自主创新能力。这是中国家电产业的发展使命，也是制造业与国美这类流通渠道业的共同责任。因此，实现差异化竞争、优化产业分工机能、适当提高产业集中度、高效整合及使用资源是产业发展的必经之路。

1. 实现差异化竞争。

今天的消费需求日益多元化、个性化。中国目前的同质化竞争不仅代价惨重，同时也不能满足消费者差异化的需求。差异化是摆脱同质化竞争、恶性竞争的必然选择，这就要求将目光更多地投向市场、技术、产品、服务等的深层次开发和经营之中。

2. 优化产业分工机能。

发达国家的经济增长历程表明，经济增长速度越快、技术水平越先进，则社会的分工程度越高，不同的企业越益凭借专业能力、核心竞争能力获得优异的经营能力，企业之间的合作越益紧密和重要。例如，联合库存管理等先进的厂商合作模式显示出非常强大的竞争优势。制造商和零售商在未来会更加相互依赖、紧密合作，提高厂商的合作能力是未来连锁零售企业的重要发展趋势。

3. 适当提高产业集中度。

通过市场竞争，扩大企业规模，能够有效提高产业集中度。目前，中国家电业已经走过了产业发展的初级阶段，迫切需要提高产业集中度，遏制恶性竞争，要求企业能够运用较大规模的资金，使用较先进的技术等提高企业的管理水平、服务能力，在经营理念、管理手段等多个方面有所提高。

4. 高效整合及使用资源。

大规模企业最主要的优势之一就是集聚资源，只要资源集聚，方可放大使用效能。

四、新国美电器集团职能构架

陈晓介绍道：具体地说，我们将把国美、永乐、鹏润三大品牌纳入新国美集团统一管理，成为新集团所辖独立运营的家电零售品牌。

在新集团职能架构中，国美、永乐以及鹏润在集团发展规划的领导下，按照统一战略、统一企业文化、统一集团采购、统一选址、统一物流仓储、统一信息管理、统一资金管理和统一制度管理的原则，在经营层面实现门店形象、目标消费者、营销策略和产品结构的差异化，提高新集团多品牌的核心竞争力。

从这之中，我们都可以清楚地了解到，国美永乐整合后，新国美集团如何进行多品牌经营差异化和互补性，怎样进行资源共享，集团对于品牌投入的具体资源分配比例等。

由此，我们完全可以肯定，合并后的国美集团正走上一条成功之路。

五、国美永乐并购回放及思考——大摩的驱动

中国家电连锁企业的飞速扩张一直依靠外部输血完成，这些外部资金或来自各企业的关联企业或来自资本市场。早在香港与国内上市的国美与苏宁因为有房地产行业的关联公司，资金雄厚，门店快速扩张。而偏安于上海及华东地区精耕细作的永乐，在资金和跨区开拓的经验及人力准备不足。在资金、经验、人才等内生资源无法满足企业快速扩张需求的情况下，为了在 2007 年业绩大限前达成目标，永乐不得不选择再并购扩张。在资本意志的驱动下，永乐 2005 年先后并购了广东东泽、四川成百、厦门灿坤、厦门思文、河南通利等，以达到协议的净利润要求。门店数从 2004 年的 92 家增加至 193 家，开店的城市从 34 个扩张到 72 个。但是，2005 年永乐每平方米收入从 2004 年的 40472 元下降至 25482 元，下降幅度高达 37%；毛利率方面，永乐也下降了 0.6%。离 7.5 亿元净利润的目标却更远了。

大摩“市场化”操作左右国美永乐并购案，在股市“增持减持”逼迫，结局——大摩投资永乐的回报率大幅提升。

大摩通过出售永乐股票共套现7.2369亿港元，其配售后仍持有永乐约2.244亿股股份，收购后大摩获得国美电器约7286万股股份，未计入得到的3895万港元现金。按照7月25日国美复牌至9月19日的平均收市价约6.3港元计算，大摩持有国美股份市值为4.59亿港元，大摩投资总收益约达12.22亿港元，投资回报率达262%。如果国美没有并购永乐，按照永乐2006年上半年总利润1551.7万元、总股本约23亿股，再以5只在港上市内地经营的零售企业2006年全年平均市盈率23.16倍计算，大摩在永乐的投资收益将只有170%。因此，国美与永乐的成功并购，避免了因永乐业绩下滑使大摩投资回报率大幅下降的可能。

美国华平基金也在国美收购永乐案例中“坐收渔利”。2006年2月2日，华平基金通过认购国美电器发行的1.25亿美元可转换债券及2500万美元认股权证，摇身成为国美的战略投资者。一旦行使了债券及认股权证，华平将持有1.7668亿股普通股，占国美电器总发行股本约9.71%。

任何资本操作者所追求的唯一目的就是投资收益最大化，将外来资本视作企业的救星或夺权的杀手都有失偏颇。资本市场没有道德之争，只有理性博弈。对赌协议就是这样一个博弈的利器。它让企业不必与投资者纠缠于未来预期的合理性的争论，同时企业家要承担夸下海口的后果。这给处于快速发展期具有强烈融资渴望的中国企业家们也上了生动的一课。

第 8 篇　当一个做善事的企业家

今天讲的是两个企业家们做善事的故事。两个组织分别叫“远东慈善基金会”和“阿拉善 SEE 生态协会”。前者名字与主要发起者“远东控股”有关；后者来自于内蒙古“阿拉善盟”的地名。这个“阿拉善”的名字取得很巧，可以理解成“阿拉（上海话‘我们’的意思）做善事”，也就是“企业家们做善事”了。

读过这样的报道，人们自然地会联想到以下一些问题：

第一，政府干什么去了？

显然，无论是治理沙漠也好，还是救助残疾人也好，当然应该主要是政府的职能。在人们的想象中，政府通过税收等手段，调节贫富差距，弥补市场空缺，维护社会公平。政府的确做了许多事，但是，还差得很远，有的事让人非常想不通。比如住房，喊了那么多年的“经济适用房”，为什么收效十分有限或者说严重地跑了样呢？难道居高不下的房价不就是席卷而来的“经济沙漠”吗？一些普通老百姓看见铺天盖地的豪宅广告难道不感觉到自己是一个“经济残疾人”吗？

当然，人们能理解，尽管政府税收连年增加，但是，再逐步增加投入，钱也总是不够用的。人们难以明白的问题是，政府是否干了一些不应该自己干的或者说应该由企业干的事呢？把某些“首长工程”、“面子工程”压缩一点投到慈善事业中不就很有力量吗？把那些官员贪污受贿的钱留下一点点不就够用了吗？更为极端地讲，把那么多的公车压缩压缩不就能解决问题了吗？

第二，企业家为什么要做善事？

实际上，不只政府，普通老百姓也都经常在做善事，比如，时不时的捐款、捐献，赞助“希望工程”（人们认为那应该是政府的职责），等等。在市场经济中，企业家是主角。企业是为了挣钱的，比如有的房地产企业认为自己的定位是为“富人造房子”，这无可非议，因为市场就要分层，企业家不是政府官员。现在企业家要帮政府的忙了，而且是联合起来，就代表了新的强者的崛起。对此，政府可能是又爱又恨，爱的是有了帮手，恨的是为什么不把钱直接交给我花。

其实，与国外相比，我们的企业家只是小菜一碟。看人家巴菲特一甩手，370亿美元扔出去了，实在超出一般人的想象；再看比尔·盖茨，准备退出技术“主业”要干专职花钱的基金会了。因此，可以感觉到，我们的企业家完成“从挣钱到花钱”的转变，专职干慈善事业还有很大的空间，在这方面还大有作为。

第三，NGO是什么组织？

NGO的概念在国外已经很普及了，但在中国还较新颖。从字面解释，似乎应该叫“非政府机构”，而一般人解释为“非营利组织”。如果把企业看做是“营利性组织”，把政府看做“公共服务组织”的话，那么，NGO就既不具有企业的营利性，也不具备政府的公共性，因为没有税收能力。NGO比较接近的使命是，“用民间的钱干公益事业”。既然政府能干一些本应该由企业干的事（就是多挣钱），那么，企业也可以干一些本应该由政府干的事。因此，某些民间慈善事业组织NGO就应运而生了。

第四，机构法人的运作。

NGO属于事业单位或机构。如前所述，它们往往采取了“协会”或“基金会”的组织形式。中国处于改革开放的历史阶段，主要精力都放在了改革政企关系、塑造市场主体的方面了，大家特别关心公司法的修改，还有合伙企业、一人公司等，就连非常重要的合作社法都还没有着落。所以，协会、基金会等组织的法律形态就更不规范了。

在国外，企业特别是公司为营利性质的为“社团法人”；非营利性的基金会等为“财团法人”。在中国，一些人从字面上理解，把大企业、大财团当成了“财团法人”，把“协会”等当成了“社团法人”，正好是180°的大转弯。我们需要加强各类市场经济主体法人体系的建设。

基金会、协会的具体运作在理事会，它好比是公司中的董事会。董事会管挣钱、有责任，理事会管花钱，责任不那么重，岂不是又一个“养大爷”的好地方？不必担心，中国大概总能把“好经给念歪了”。所以，假如人们怀疑其中又会出现一些“猫腻”也是很正常的。

一路走好，慈善基金会。

SEE：中国企业家的环保试验

2004 年春，应朋友之邀，杨平来到刚刚成立的阿拉善 SEE 生态协会（以下简称 SEE）暂时“帮忙”。

三年后，身为 SEE 协会秘书长的杨平坐在 SEE 北京办事处宽敞明亮的会议室里，目光凝视着窗外，大风扑打在玻璃上，呜呜作响。

这风里夹带的沙尘有可能就来自于遥远的阿拉善盟，那是位于内蒙古西北边陲的一块广袤之地，数百位中国企业家的环保试验就是从这里开始的。

一、遏制沙尘暴

阿拉善盟是全国沙尘暴四大发源地之一。现在，沙漠正从阿拉善出发，以每年 1000 平方公里的速度向华北逼近。这里也是传说中京津地区沙尘暴的源头。

2004 年 6 月 5 日是“世界环保日”。在这一天，中国近百名企业家齐集阿拉善沙漠，在这共同发表《阿拉善宣言》，联手出资成立“阿拉善 SEE 生态协会”，全方位综合治理阿拉善沙漠。他们希望以集体之力遏制沙漠扩张的速度。

这个绿色集体包括一批赫赫有名的企业家，如柳传志、王石、张树新、张醒生、冯仑、史玉柱和刘晓光等。

“恶劣的自然生态环境是我们选择阿拉善的主要原因之一。”三年后的今天，杨平向《经济》记者介绍阿拉善协会的成因。

巴丹吉林、腾格里、乌兰布三大沙漠横贯阿拉善全境，沙漠、戈壁、荒漠化草原的面积占全区土地总面积的 90%以上。

另一个具有关键意义的偶然因素是，2001 年，企业家宋军在内蒙古阿拉善盟投资 5000 万元建成月亮湖生态旅游景区。之后三年多，这座沙漠生态景区吸引了国内诸多著名企业家陆续到访，茫茫沙漠中的亲身体验，使企业家们深感中国西北荒漠化的严重程度。

作为 SEE 发起人的企业家们承诺：他们将在未来十年里，连续每年投资 10 万元人民币，以减缓阿拉善的沙尘暴为起点，致力于保护中国的生态环境，促进人与自然的和谐。

“我们以防沙尘暴为宗旨，目前有序地开展工作。我们意识到这些企业家是靠激情和责任走到一起的，这是一个阶层的崛起，但是我们也感觉到我们在治理沙漠的同时，也在治理我们企业家心灵上的沙漠。”SEE 的一位负责人说。

“这是一项庞大的公益事业，艰难而有意义。目前的投入只是一个种子基金，它今后会吸引越来越多的善款投入到人类的环保事业中。”

二、阿拉善的治沙效应

历经两年时间，SEE 组织 9 次专家考察，初步认定导致当地沙尘和荒漠化的原因主要是自然成因和人为成因两个方面。

自然成因包括全球气候变暖导致降雨量持续减少，阿拉善地处风口。人为成因则比较复杂，包括第一，牲畜养殖过多，70%草场放牧严重过载，造成草场退化；第二，柴薪砍伐过多，50 年间当地居民将 800 公里长、300 公里宽的梭梭林保护带全部砍伐殆尽，造成灌木林锐减；第三，耕地膨胀过快，漫灌造成地下水过度抽取及地下水的下移，土地下沉，最终形成大量废弃的荒漠化土地；第四，工商业发展不足，仍有许多农牧业人口没有转移成工商业人口。

正如沙漠不是一天形成的一样，改善阿拉善地区的生态环境也需要更多的耐心。SEE 成立不到三年，已经陆续推进了 20 个项目。

“阿拉善地区的生态问题从根本上说还是发展和环境保护的问题。”杨平表示。

协会的项目目标是引导当地人权利和责任关系的变化，从而使人与自然的关系逐渐达到平衡的状态，实现“内生式发展”。即使在协会项目结束后，当地人在有效的公共管理机制的作用下，仍然能够自我管理，自我保护，自我发展，实现人与自然的和谐发展。

百姓自己的切身需求就是 SEE 项目选择和资金投入的方向。SEE 把资金交到农牧民手中，由农牧民自己来组织项目建设。政府、SEE 和农牧民三方各按照一定比例投入资金，放在一个公共账户上，由农牧民民主选举产生的“村民项目委员会”负责管理，资金决策由委员会成员表决决定。

杨平介绍说，SEE 社区发展模式，以农牧民为主体，自下而上，以农牧民集体自主选择为本，融农牧民、项目管理委员会、SEE、政府和专家为一体，对提高社会公共事物能力和调动基层村民的参与积极性，具有十分积极的作用。

具体而言，SEE 的项目主要有四大类别，分别是社区综合发展、农业产业化、调查与科研、培训。这些项目极大地提高了当地居民的生活水平，遏制了自然环境的进一步恶化趋势。

在阿拉善，很多农牧民因为生态环境恶化被迫搬过三次家，如果继续沿用传统的粗放型农牧业方式，势必会造成重复破坏，不断搬迁的恶性循环，而且，被破坏掉的区域大多是难以恢复的。因此，如何合理利用自然资源，减缓对现有土地和水资源的压力，把稳定的生活与可持续发展融合为一也是 SEE 的重要目标。

在这类区域，SEE 主要是通过介入生态农业项目，有效地对地下水及土地资源加大管理和利用，减缓对栖居地自然资源的压力，探索沙漠化地区开展生态农业的模式。

通过生态农业、资源节约、现代生产技术等项目载体的介入，适当地调整适合于当地生态规律的生产方式，使他们在现有的生存区域里合理的生活。2006 年，SEE 在阿拉善的召素陶勒盖和哈都呼都格两个社区实施能源替代项目，通过发展风力发电、太阳能发电和沼气利用等新技术，有效保护了梭梭原生林。

三、企业家背景的 NGO

三年来，20 个项目陆续推进，在当地产生了强烈的示范效应。早在成立之初，SEE 为自己订下了目标：用 5~10 年的时间，成为中国社会参与荒漠化、沙尘暴防治的具有专业能力和公信力的环保基金。

现在，SEE 离目标渐行渐近。外界评论 SEE 现已成长为中国目前最大的环保 NGO（非政府组织）之一，阿拉善 SEE 生态协会推动了更多的有责任的企业家关注参与环保公益事业。

SEE 现任会长、万科企业股份有限公司董事长王石认为，SEE 是 NGO 的孵化器。孵化器有三层含义：首先，需要孵化了解并接受 NGO 组织的制度和运作方式的现代企业家；其次，SEE 需要孵化出 NGO 专职工作人员；最后，需要孵化出专门的 NGO 基金，并确立相关制度。

百余名精英会聚于 SEE，这个非同一般的 NGO 组织又是如何运作的呢？

据了解，SEE 的决策机构为理事大会，下设执行理事会和专门委员会，会长、副会长和执行理事均由民主选举产生，并设有监事会进行监督。秘书处为执行机构。理事会每年会同监事会审议秘书处提交的工作报告和财务报告。

作为企业家背景的 NGO，杨平表示，SEE 在阿拉善地区的身份永远应该是政府和企业之外的“第三部门”。在政府关系上，SEE 采取非对抗性的合作原则，在业务上，寻求政府的理解和合作。但同时，作为一个中国企业家民间自治的公益组织，SEE 保持 NGO 应有的独立性，保持自己平等参与、民主决策、权利制衡、公开透明、公众监督的风格。

有别于企业组织和行政组织，NGO 的组织建设中最为复杂之处，在于它有着行使权和管理权的理事会。理事会成员不在现场，对一线了解不多，且多数理事会成员没有专业环保知识背景；与此同时，理事会成员大都掌控大量资源。

NGO 管理运作的艺术在于需要清晰界定理事会与秘书处的分工，包括每一个理事的职责，第一线工作人员的职责等详细内容，并在全体成员内部达成共识。这种特点导致了两种情形，一是信息沟通成为秘书处的最重要工作内容之一，二是秘书长的首要能力是游说能力和说服能力是否称职。

“企业家们看重的是结果，至于如何达成结果，要求并不多。”杨平表示，SEE 三年的实践经验表明，由企业家组成的执行理事会对秘书处是相当放手的。但由于信息不对称，秘书长沟通对象过多，协会在形成决策、高效运作方面花费了相当多的时间成本。

一般而言，NGO 组织的发展主要经历四个阶段才能逐渐成熟，第一是热情参与阶段，第二是风暴阶段，第三是规范阶段，第四是表现阶段。杨平认为，SEE 目前正处在第二阶段向第三阶段的过渡期，即组织成员为了组织更明确的定位与做法产生争议，意见纷呈。此刻，各种问题均已凸现，争论也相当热烈，大家在各抒己见的前提下，均意识到需要通过制度建设来达成规范，凝聚共识。

对于 SEE 在当前表现的不足，杨平毫不讳言，“相形之下，SEE 确实太年轻了。我们在制度建设、操作流程、考核机制等方面刚刚起步，离成熟运作尚有相当距离，需要反复的实践和探索。”

四、《阿拉善宣言》摘选

为什么我们这些企业家要从五湖四海来到阿拉善沙漠？为什么我们要成立一个“阿拉善 SEE 生态协会”并筹建“SEE 生态基金会”来参与中国治理沙尘暴的事业？

因为我们心中有希望和梦想，我们希望中国经济愈来愈发达，人民愈来愈富裕，我们希望人与人之间更加友好和善，我们希望中华大地山清水秀，一片生机勃勃，我们希望世界人民共同生活在一个美丽的地球村上。

空气和水污染、江河湖泊枯竭、洪灾旱灾频繁发生，森林面积缩小、草场退化、生物多样性锐减、土地荒漠化、沙尘暴兴起，这些问题影响到百姓生命财产安全，影响到我们企业经营的环境，影响到社会的稳定，影响到中华民族的生存根基。

我们愿意为本宣言所倡导的愿望和梦想而真诚努力，我们大家将各尽所能，努力使“阿拉善 SEE 生态协会”和“SEE 生态基金会”得到中国社会和世界的认可，使之发展成为中国治理沙尘暴的重要的环境公益机构。

苍天在上，此情可表，此心可证，在阿拉善这个沙尘暴起源之地，我们将自己呈献于世界，让历史检验我们吧！

远东慈善基金会宗旨：

给社会弱势群体和残疾人创造就业的机会，发展社会福利和残疾人事业，支持与推动社会公益和社会文明的进步与发展。

五、任志强：可做不说的公益事业

他是一个喜欢言必称“我们华远”的企业家。他言辞激烈，咄咄逼人，好用一连串排比式反问句，观点尖锐而又充满矛盾。

尽管任志强始终强调，公益事业可做不说。但是在再三声称“不做秀”的前提下，他还是说了很多“我们华远”所做的公益事业。日前，本刊记者采访了阿拉善 SEE 生态协会发起人之一。

《经济》：现在社会上很多人认为一些企业和企业家参与慈善活动主要是做秀，你怎么看待？

任志强：公益事业是可做不可说的事，我从来不认为企业是在做秀。现在大家所看到的阿拉善 SEE 生态协会只是少量的、经过宣传的 NGO 组织。可能企业做过的 90%以上的公益事业公众都不知道。

《经济》：你的准军事化管理思维和阿拉善 SEE 生态协会的 NGO 的管理模式能够兼容吗？

任志强：我们现在参与的公益基金会有 10 多个，我们捐助给在阿拉善的资金并不算多，但因为有很有著名企业家参加，因此影响比较大。NGO 原则在阿拉善 SEE 生态协会中体现得最多的是民主。在协会管理者中大家同股同权，我们的会长和理事会都是选举产生，非常民主。

《经济》：在阿拉善 SEE 生态协会的发起人大多数是民营企业家，如何评价这种现象？

任志强：国有企业属于国家资产，企业家并不拥有产权，所以不能轻易动用国有企业资金从事公益事业。比如捐款，只有政府允许我们捐，我们才能捐，国有企业用的都是政府的钱。

我想，更多的民营企业家从事公益事业的原因主要有两方面：一是他们拥有企业产权，可以自由支配手头上的财产；二是民营企业从事公益事业可以享受税收减免的优惠政策。但国有企业从事的许多具有公益事业的事情是不能折算税收的。

事实上，国有企业做的公益事业比民营企业多得多。打个比方，我们组织企业员工一年多次义务献血，还组织他们去扫大马路，擦栏杆，这些义工算不算公益事业？现在我接受采访，也是用国有企业的上班时间谈工作之外的事情，我在付出我的劳动力呀！这些又算不算公益事业？现在社会上对公益事业的理解都太过狭隘了，以为捐钱就是公益事业，其实完全不是这么回事。

我当企业管理者是政府任命的，那么就应该干我应该干的事情，政府赋予我权限范围内的事情。但是对于公益事业来说，我是作为一个人来做的，而不是以企业管理者的身份来做的，这是两个概念。在完成国资委规定的指标任务之余，我们竭尽所能做更多的公益事业。

《经济》：请解释一下你心目中的公益事业。

任志强：公益事业的内涵很宽泛。严格来说，只要是干企业不应该干的事情，不是为了挣钱，对社会发展产生正面影响的都是公益事业。我们按照微软的企业公民责任书做了一份自己的企业公民责任计划，从职工子女教育到环保项目，范围非常广泛。

我们的公益事业主要有两块，一是政府下派的任务，另外一部分就是我们自发组织的。全资国有企业的资金我们就用于政府下派的公益性捐款，而自发的公益事业部分主要是由股份制公司和合资企业的资金来运作。

最近华远集团办了一个活动——“给盲人当一天眼睛”，集团组织员工在节假日带盲人去参观首都博物馆，我们采用一对一的方式，一个员工陪同一个盲童，向他们介绍博物馆的馆藏，但这个活动我们并没有大肆宣传，我们并没有做秀。这就是公益事业，这比捐钱还有意义。

《经济》：公益事业给华远集团带来了哪些变化？

任志强：最大的变化是改变了我们职工的心态。

没有来华远集团之前是各种各样的心态都有，但是到了华远之后，我们要把他们从精神上塑造为华远人。华远集团刚成立时只有 7 个人，后来的都是外来人，我们会把我们的企业宗旨、精神和原则清楚地告诉员工，进行“洗脑”。

华远的宗旨、精神和原则这三块内容就是三股绳，它们是拧在一起的，是不可分割的。我们华远要服从于政府，服从于国家，服从于社会，这是毫无疑问的。我们追求的不是个体最优，而是总体最优，我们关闭一个企业，合并一个企业都要讲究总体最优。

当国家、政府遇上问题时，我们会优先考虑国家和政府的利益。比如政府要我们投资 6 个亿的资本金去建设北京地铁 4 号线，这个项目根本是没有任何收益的，我们做了股东，可是并没有享受到股东权益。但是我们是国有企业，我们得听政府的安排，我们不是私营企业，我们得摆正心态。

①

远东慈善使命

5 月 17 日晚，平亚丽站在 CCTV-2《对话》栏目的“点亮星空”舞台上，在获得了远东慈善大奖第一个助残疾培训项目评比第一名后，激动地跳起来；在对面，就是他的师兄许海峰，嘘叹不已。

23 年前，在 1984 年 5 月的残奥会上，平亚丽获得中国第一枚残奥金牌；随后的 1 个月，许海峰在美国洛杉矶奥运会上打破零的纪录，夺得中国第一枚奥运金牌。

在获得金牌二十几年后的 2007 年 5 月 17 日，平亚丽再次获得她人生的另一块“金牌”，而颁奖人是远东慈善基金会的发起人蒋锡培。

一、助残点亮星空

时空如此轻易地把一个企业家和一位残奥冠军，把一群企业家和一个残疾人群体联系在一起。

5 月 20 日是中国助残日。远东控股集团（以下简称远东控股）董事长蒋锡培在这个特殊的日子来临之际，选择用这种慈善行为，来表达他对这一特殊群体的关注。

这一天，在远东控股领衔下的江苏投资联盟，包括雨润食品集团、红豆股份、利安达服装集团、月星集团、一德集团等公司，联合蒙牛乳业、复星集团、万通集

① 由《经济》杂志社特约作者其明编写。

团、阿里巴巴、分众传媒等10多家著名民营企业，宣布成立“远东慈善基金会”。

首批到位慈善基金数目将超过1亿元，其中作为发起人之一的远东控股集团出资最多——出资8296万人民币。这个数字耐人寻味，中国目前正好有8296万残疾人。

这一天的晚上，6名经过多轮竞争下来的助残项目再次现场比拼，争夺第一批远东慈善基金会提供的数额不等的善款，其中最高金额为200万元人民币的无偿资金支持。台下端坐的是蒙牛老总牛根生、中科招商基金总裁单祥双等明星企业家评委。

平亚丽的创业计划是准备组建盲人保健有限责任公司，开办连锁经营。一是参与社区服务，与社区卫生站合作经营，从事专业性的治疗、康复工作。二是在北京三环路、四环路旁建立营业点，成立平亚丽保健按摩中心。同时，面对农村残疾妇女开展盲人按摩培训业务。

经过多轮的激烈比拼，在师兄许海峰的助阵下，她拔得头筹。

“这批善款对我们的盲人保健助残项目来说，太重要了，相当于造血干细胞功能。我们可以培训更多的残疾人走向就业的岗位。”平亚丽说。

“二十多年前，我夺得第一块金牌，今天蒋锡培董事长和这些企业家们给了我第二次尊严，给我发了第二块金牌。”平亚丽说。

二、只是一个开始

“这只是一个开始，远东慈善基金会将继续资助残疾人项目，帮助更多的残疾人就业。”蒋锡培说。

远东控股，这家中国残疾员工最多的民营企业，在过去近16年的发展过程中，一直默默从事助残捐赠和慈善事业。蒋锡培的许多管理时间都花费在他的1500名“残疾战士”身上。

“我们现有大学生1400余人，占公司人数的1/3，但我们现有的残疾人员工也有1500多人。他们虽然身残智残，但他们同样有生活的期望，有接受教育、就业和被人尊重的权利。”蒋锡培说。

“但是我个人和单个企业的力量毕竟还小，去年我找了一些企业家朋友们，聊了聊助残慈善基金，没有想到的是，很多朋友都答应资助。所以，我们才萌发了联合许多企业的力量来做助残的慈善事业。”蒋锡培说。

根据中国残疾人联合会公布的数字显示，在8296万残疾人中间，有劳动能力的残疾人约占 3144 万人。中国政府正积极动员各种力量来消化这一数字，但截至 2006 年，有劳动能力的但目前还待业在家的残疾人还有 858 万人之多，而且这个数字还在以每年 30 万的速度递增。

种种迹象显示，单单以官方之力来弥补日益庞大的残疾人就业和助残问题，困难重重。远东慈善基金会集合中国优秀民营企业之合力，成立中国最大规模的定向资助残疾人就业培训的非公募性慈善基金会，推出各类助残项目，被外界称为中国助残一大创新路径。

“在中国助残官方机构组织为 1150 多家，而非公募性慈善基金有 300 多个，这说明助残公益事业的推动重心发生了改变，一批有责任感的企业家正在推动助残公益事业。”民政部民间组织管理局一位官员说。

蒋锡培说，至 2007 年底，远东慈善基金会计划捐出最低目标 2000 万元。同时，捐出款项与年底新捐款基本持平且略有节余，使得基金会捐款现金余额保持约 1 亿元。与其他慈善基金捐赠不同的是，远东慈善基金的捐赠项目主要为残疾人就业项目。

未来，远东慈善基金将首先在全国范围内挑选出一批残疾人职业培训机构，协助这些机构挑选一些能够切实帮助残疾人解决就业问题的项目，实现年度帮助 5000 名甚至更多的残疾人就业的目标。平亚丽及它的盲人保健培训项目将可能是远东第一批助残大项目。

第二部分

研　究

第 9 篇　“001 集团”技术创新模式的主要特征*

浙江 001 集团有限责任公司（以下简称为“001 集团”）最早是从一间电器维修部起家的，到目前为止已有总资产近 4 亿元，员工 2800 余人，公司不断开发出电子、电器、轻工、网络、通讯等高技术产品，其创新与发展之路被人称为“001 模式”。其主要特征有以下几个方面。

一、持续技术开发

中国的一些企业只能从事低技术产品的生产，较好的一些企业也仅仅能在模仿中生存。001 集团则是坚持走技术创新之路，这是“001 模式”最根本的特征。

1. 发明家型企业家。

001 集团董事长项青松先生 1958 年生人，初二时因家境贫寒而不得不中途辍学。项青松年少时便对无线电感兴趣，自己制作电烙铁、变压器等工具和元器件并最终完成了“土收音机”的制作；1984 年冬，他怀揣 374 元钱到浙江龙游县城，开办了“宏声电讯电器维修部”；1988 年发明了有源多方向全频道电视天线（现集团已年产 550 万套，销售额近 5 亿元，他也被人称为“天线大王”）；他还曾研制成一部“土大哥大”，只不过触犯了当时的相关规定而没能生产推广。

项青松每天几乎只睡四五个小时，常常是夜里两三点钟爬起来写写画画算算，或者动手干上一番，就这样保证了发明不断。实际上，项青松的发明随处可见，例如，为了保证电脑长途旅行的电力支持，他配备了一种电瓶；为了汉字输入，他发明了一种用类似于电报码的数字代替笔画的专用软件，等等。挑战电动车的爬坡能力，项青松都是勇敢地第一个带头实验。更让人不可理解的是，项青松家里的客厅

* 中国企业管理研究会南昌 2006 年年会论文集。

看上去就像一间实验室。因此，与一般企业家不同，项青松首先是一位发明家，发明家是一类以灵感为生命的、有特殊气质的人。

2. 国家专利 139 项。

在项青松带领下，001 集团不断创造和生产出新产品，目前已拥有国家专利 139 项，涉及电视天线、电缆线、画字板、洗衣机、电话录音机、电池、可视电话、电动车等许多方面，仅自发电电动车就有 37 项之多。001 集团是高科技开发型企业，其主要依据就是用专利说话。

3. 发明来源于需求。

一般来说，技术发明的来源主要有供给与需求两个大的方面，项青松与 001 集团的技术发明大都来自于市场需求，比如想做收音机是应他家人的需求；农村单频道、单方向的电视天线接收频道少，使用时要到室外去转动摇杆，电视屏幕上雪花多，这些促使他发明出全频道电视接收天线；村里人外出治病与家人联系不方便促使他发明远距离通话装置“土大哥大”。关心改善人民大众的生活，是项青松与 001 集团发明创新永久的动力源泉。

4. 持续创新上台阶。

电视天线可以说是项青松与 001 集团技术发明的“第一个台阶”。尽管该产品销售势头良好，但是项青松与 001 集团并没有止步不前。2002 年，项青松看到国际互联网的普及，企业、政府、家庭的上网工程全方位推进，他们决定进军 IT 业，集团先后开发出 GPS 卫星定位系统、网络可视电话、高速摄像机、远程监控、多媒体教育软件等电子网络产品，其中，适于软交换的网络可视电话可以说是“将人类带入了无费通话时代”。2006 年初，在杭州成立了“杭州零零壹电动车有限公司”。如果说项青松与 001 集团进军 IT 业是使公司产品上了“第二个台阶”的话，那么，电动车的开发便可以算是公司开发的“第三个台阶”了。

实际上，电动车的发明也完全是来源于实际。项青松与 001 集团看到，随着城镇化与人民生活水平的提高，人们生活半径扩大了，但城市里交通拥堵、能源消耗大、污染严重；在农村骑车费力，需要能爬坡和载重的交通工具；现在的电动自行车充一次电只能跑几十公里，等等。项青松与 001 集团决心开发在骑车、刹车、减速时能自己发电的电动车。这种电动车与汽车相比便宜、占地少、省能源；与公交车相比自由、便利；与自行车相比省力、骑行距离远，是一种很有前途的新型交通工具。如今，多种型号的自发电动车已经陆续投放市场，受到广大民众的热情欢迎。就这样，项青松与 001 集团又步入了交通工具的产业。而项青松与 001 集团还没有满足于此，他们还在思考和寻找新的领域、新的产品，永不止步。

5. 抢占品牌制高点。

自主知识产权在技术层面为申请专利，在产品层面则是自主品牌。项青松与 001 集团不甘心盲目模仿，替人打工，在自主开发的基础上，主要生产有自主品牌的产品。到 2005 年，集团在国内注册商标达 65 件，在国外注册的商标达 33 件。近年来，为与假冒产品作斗争，每年都要投入专项费用 60 多万元。

本来，所谓“001”的含义是不服美国、日本等强国，要进入世界强列；最早他们开发的电视天线从外观上看也是两个圈和一个杠的样子。现在，“001”品牌的电视天线已经遍布全国，走出国门，电动车上的“001”标志也很醒目。项青松曾看过一份材料，说日本三洋公司的自发电系统是时速 13 公里/小时以上才能实现能源的回收，但在中国最高限速 20 公里/小时，因此，只有从 13 公里/小时~20 公里/小时这个区间才能回收，项青松认为回收区间太窄了，他们要探索从 6 公里/小时、8 公里/小时或 10 公里/小时开始就能回收的装置。这就是决不盲目崇洋媚外的 001 精神。目前，001 品牌价值已达 10 亿元人民币以上，而 001 的精神则是民族之魂，是无价之宝。

二、拓展营销渠道

项青松与 001 集团不仅自己开发、研制产品，还自己生产和销售自己的产品，其营销模式与市场范围也在不断创新和扩大。

1. 降低生产成本。

与技术开发不同，自己生产要保证质量、降低成本。特别是简单技术产品容易被仿冒，001 天线就遇到了这种情况。为此，集团决定在不断提高产品技术含量的同时，要尽力降低成本，将高成本的高科技产品嫁接到关乎生命的直接消费品上。通过艰苦的努力，他们终于将产品成本降低到难以想象的低廉，一项改进使得一种器件从进口的几十元降低到自主生产的几元钱。他们记得日本松下的一句格言：“要让家电产品像自来水一样流向百姓”。

2. 网络营销。

在电视天线推广初期，项青松曾带领队伍沿街叫卖，摆地摊，上门推销。后来，他们想出了新的办法——写信寄给全国各地的电子爱好者，对于需要者通过邮局邮去。结果，广大电子爱好者成为了该产品的代理，很快地形成了近 1000 人的直销大军，其中不少人发展成省级总代理。就是通过这种营销模式，一些原来的天线的经销商，现在又改为电动车的经销商了。目前全国已有省级营销机构 27 家，销售服务网点 2000 多个。

3. 市场分层。

当电视有线天线逐步普及后，001 集团必须继续寻找新的市场，他们集中开拓了三类市场：一是西部、周边、落后地区；二是卫星天线、微波天线、移动电视等新兴领域；三是拆迁户市场。正是由于进行了市场分层，才使得传统产品继续焕发出活力，这也就是市场创新的重要方面。

4. 开拓国际市场。

001 集团不仅日益巩固国内市场，还十分注重开发国际市场。目前，001 集团自主品牌的出口量已占同行业出口市场份额的 15%。每到一个国家去，必须了解当地的风俗习惯，比如包装的色彩在中国大家都喜欢红色，而俄罗斯认为红色不吉利而喜欢白色；当地的频道、频点有什么要求；当地经济发展水平、什么样的价位可以被接受，等等。当初为了打开电视天线在俄罗斯的市场，企业采取了免费赠送使用的办法，效果很好。

他们感到在国外不能完全照搬在国内开拓市场的办法，特别注意到与当地熟悉环境的大分销商进行合作，因而迅速地打开了市场。在这之中的一个关键问题是与分销商的利益分配。001 集团针对不同国家、不同伙伴妥善地加以解决。目前，带自发电控制器的电动车已成功地销往日本、美国和欧洲。

集团崇尚稳健经营，款到发货，由于产品供不应求，所以用户需要先交押金、排队等候。就这样，001 集团形成了遍布全国 30 多个省（市、自治区）的营销网络，产品还远销东南亚、东欧、非洲、中东、澳大利亚、俄罗斯等国外市场。2000 年实现外汇出口额 300 万美元，2005 年实现外汇出口额 550 万美元。

三、构造策略联盟

001 集团的核心竞争力表现在对于内部资源的有效利用上，而且还表现在对于外部单位的协作能力上，无论是科技开发、生产、营销，还是管理等许多方面，001 集团都是借助“外力”的高手。

1. 技术开发。

001 集团是科技开发型企业，集团已成立有“浙江省天线技术研究中心”、“浙江省企业技术中心”、“杭州 001 电动车研发中心”等机构，还和大专院校联合成立了研究机构，例如，2003 年与浙江大学联合成立了“浙江大学——001 集团新产品研究开发中心”等。具体的合作方式根据项目情况灵活设置。双方分别在企业和学校内设立工作站，对于一些基础性项目，企业舍得先期投入，对于看准的项目则组织团队集中力量攻关。在学校内也是以材料系为牵头，遇到更大范围的项目，由材料系找人跨学科攻关。集团还与清华大学、上海交通大学等单位合作，共同开发几十项产品。

2. 协作加工。

目前，有 20 多个厂家为 001 集团配套生产。001 集团建立的生产制造联盟有两种形式：一是把握核心技术，外协配套生产。他们只用生产具有自主知识产权的关键零部件，一般零部件的生产制造都采用外包的形式。通过这种联合生产形式，无需大规模投资建厂，便可以迅速扩大创新产品的生产规模。为防止协作生产厂家移花接木，同一零部件的生产都会选择 2~3 家协作生产单位。二是发挥品牌优势，联合生产制造。001 集团研发的数字卫星电视接收机，以其优越的技术性能，获得社会的认同，被国家信息产业部确认为数字卫星电视接收设备定点生产单位；而有家企业，尽管其专业技术和生产实力较强，但却未拿到数字卫星电视接收设备的生产许可证，双方通过许可证交易生产“001 数字卫星电视接收机”。深圳有家电子通讯公司，在网络、通讯技术产品的研发方面颇有实力，但公司名气不大。双方约定，深圳方面侧重技术开发和产品质量，001 集团则侧重生产和销售，联合推出 001 系列电子产品。通过建立生产制造联盟，使 001 集团的核心技术优势和品牌优势得到了充分发挥。

3. 销售网络。

为了创造市场网络优势，项青松采用“三点式”的营销管理机制，建立了一个强大的营销联盟。一是集团公司直接在各省会城市设立营销分公司，这些分公司的人员被称之为“看市场的自己人”，负责当地的市场信息搜集、市场推广、市场监控和市场管理；二是经过严格筛选考核设立的省级代理商，这些省级代理商代理 001 产品在本省内的销售；三是集团公司自己培养外派的总代理，目的是让这些总代理与当地的代理商形成一定的竞争，以维护集团公司的利益。目前，001 集团公司直接在各省会城市设立营销分公司 20 家，经严格筛选考核设立的省级代理商 25 家，公司自己培养外派的总代理 5 家，基本能根据市场变化形成“001”稳固的市场销售体系。

4. 广交朋友。

集团吸收了一些高层次学者，形成了 001 集团经营管理咨询决策智囊团。在这些专家学者中，既有来自上海专业咨询公司的资深老总，也有专业院校的教授。目前，智囊团人数已近 30 人。有一家企业急需借款而无人愿意担保，项青松和 001

集团经过考虑伸出了友谊之手，使对方深为感动。001 集团甚至对于竞争对手表现得都比较“大度”，有一项专利被一家与本企业有竞争关系的企业看上，希望去做，集团很大气地让出了这项具有 200 万元价值的项目。尽管后来失败了，但是企业认为拓展了人脉资源，提高了自己的社会价值。

四、大胆组织变革

随着企业规模的扩大，企业的组织模式也发生了深刻变革。在这之中最重要的是传统企业的现代化，特别是产权变革、股份化和集团化。

1. 家族成员的“断奶”。

浙江 001 集团早期也是家族制，项青松的亲戚、朋友和徒弟在创立企业时与他一起打天下，立下了汗马功劳。进入 20 世纪 90 年代，随着企业规模的快速扩大，交错复杂的亲情关系、裙带关系逐步制约了企业正常的管理和业务拓展，有些家族成员日夜想着如何扩大个人的财富和权力，还有一些家族成员尽管仍忠心于企业，但其个人素质和能力已无法满足企业的需要。

项青松探索出了一种“断奶”的办法。这与许多民营企业出现的“裂变”模式不同，因为“裂变”通常是家族内部成员间通过分割母体企业的财产而形成若干独立的新企业，母企业不复存在。但所谓的“断奶”是由母体企业拿出部分股份和资金成立新企业，让家族成员直接接管并全权负责，但企业的所有权仍然归母体企业所有，企业也是集团公司的一个子公司或分公司。新企业在开业初期，母体提供必要的运营资金，当企业进入成长期，母体企业就不再供给资金及其他帮助，即“断奶”。例如，他的徒弟郑水木靠生产变压器起家，现已拥有资产上千万元了。

2. 股份制与集团化。

1998 年是 001 集团第二次制度和组织创新的关键时期，项青松决定从企业的产权关系改革入手，果断实行企业的股份制改造。特别是对于新发展的企业全部按照股份制运作。1998 年以来，从母公司划出资金，采用股份制形式，新办了股份合作制企业 7 家，由各企业自主经营、自负盈亏。2000 年在深圳、北京成立的科技股份公司，也全部实行了现代企业制度和管理模式。下属企业还包括杭州数码、电动车、销售公司等。现在，集团运作已经基本步入正轨，并且，还一直有公司股票上市的计划。

3. 完善管理制度。

集团内部各项管理制度逐步完善。1997 年以来，001 集团提出了“有情的领导、无情的管理、绝情的制度”，突出强调组织制度建设在企业成长中的作用。在逐步完善规章制度的基础上，实行定岗、定编、定量、定责的“四定管理”；日清、日核、日析、日报、日高制度；坚持公开、公平、公正原则，制定业绩与报酬挂钩的激励制度。2006 年 3 月，公司对原来的工资制度进行了改革，分成基本工资与浮动工资两大块，其中浮动部分占了 40%。进入 21 世纪，001 集团曾大胆尝试引进职业经理人，集团还特别注意把眼球放在企业内部，从企业内部优秀员工中选拔人才，充实企业的高级管理者。

4. 多总部格局。

为了接轨上海、融入“长三角”，2002 年集团经营管理中心向杭州作战略性转移，在杭州成立了“001 数码通讯有限公司”，电动车的初试、中试等也放在了杭州，再加上与浙江大学的密切合作，形成了“第二次创业基地”。实际上也形成了杭州总部的态势与格局。

五、探索知识管理

项青松提出，001 集团“既是企业，也是学校”。在他的带领下，学习气氛日益浓厚。

1. 示范带头作用。

把企业办成学校，构造学习型组织需要领导带头。项青松对员工说：“只有脑袋里有知识，口袋里才能有财富”。他每天都要抽出两三个小时读书，即使出差乘车也要利用时间啃书本。他善于向专家学习，多次到北京等地参加高级管理研讨班。2000 年，项青松获得了中国社会科学院研究生院硕士学位证书，2006 年又获得了清华大学 MBA 毕业证书。他每周都要给员工上课，这样也逼着自己学习。在他的带领下，员工学习已成风气，每个人都积极上进。有时为了一项技术细节，技术人员常常会展开激烈的辩论，有人说其热烈程度可能超过夏天炎热的天气。

2. 培训费投入。

企业认为，培养一个人才就好比培养一个空军飞机驾驶员一样需要长期的时间，同时，培养人还要有耐心。曾有一位员工原本喜欢打架斗殴，经过教育和大胆地使用，后来成为了工作上独揽一面的好手。为此，培训费逐年上升，1996 年投入 30 万元，2005 年达到 176 万元，近几年平均每年培训费在 100 万元以上。为强化人才培训，集团计划年内再培养 300 名企业管理人才。这样，2005 年企业管理费用约 300 万元，而 2006 年估计要达到 1000 万元以上。

3. 特色学习制度。

集团创造了一些有特色的学习制度，例如：

（1）晨课制度——001 集团每天上午 7 点 40 分到 8 点为“晨课”时间，员工轮流主讲，话题范围比较宽松，如企业运作过程的各种问题、员工的工作心态，等等。

（2）“五 + 一”制度——001 集团还实行了每周五天工作一天学习的制度，即每个星期六为组织专门培训的日子。

（3）记日记制度——集团另一项有特色的学习制度是记工作日记的制度，要求每个人将自己一天的主要工作进行记录，这是企业管理的重要基础工作。项青松自己设计了电子台账，每天不管多忙，也要把自己一天内做了哪些工作、跟哪些人谈过话一一记录下来。

（4）集团出版物——集团的宣传科每 10 天出版一期《001 信息报》。

（5）开办职业学校——集团还与其他单位联合开办了 001 职业学校。

除了上述几个方面外，001 集团还有一个很鲜明的特点，那就是牢记社会责任，特别表现在以下几个方面：

（1）事业理念——001 集团信奉这样的原则，“001 不仅是一个企业，更是一种事业”，因此，他们才更加专注自己的核心专长，排除社会上的种种干扰和诱惑。例如，001 集团坚持没有参与所谓的“炒房”行动，他们认为，赚多少钱不是最重要的，最重要的是经历一段奋斗，得到了什么有意义的经验。

（2）依法纳税——1997 年企业纳税 960 万元，2005 年 1044 万元，排全省私营企业第一名。

（3）关心下岗工人——集团先后吸纳了 200 多名下岗工人。尽管社会把有些不好教育的子女推给了民营企业，但 001 集团还是尽自己的努力把他们培养成优秀技工。

（4）捐助社会——集团先后多次捐助光彩基金、出资赞学、为家乡修路、捐助灾区，等等。

总之，与一般“浙商”不同，001 集团创出了一条发展的新路。因此，001 现象以及“001 模式”值得我们认真研究、总结和借鉴。

第 10 篇　企业成长的"另类模式"

——《小巨人企业》读后感

中信出版社 2007 年 8 月出版了一本名为《小巨人企业》的书。该书原作者是美国《有限公司》杂志社资深编辑保·柏林翰，译者娄丽娜。书中详细介绍了 14 家美国企业的情况，把他们概括成"小巨人企业"。

在中国人看来，所谓的"小巨人"的典型代表是姚明：说他"小"是年纪轻；说"巨人"是身材高和技能强。因此，"小巨人"这一概念充分体现了"小中见大"的辩证法。

同样的道理，在该书中，作者挖掘出了这样一类企业：从某些指标看，企业属于"小"企业，但从业绩特别是成长性看，企业又具有非同一般的活力。因此，可以认为，所谓的"小巨人企业"就是一种"小而强"的企业。

该书提出，美国目前有一大批优秀的企业正悄然兴起，传统的企业分类方法已无法对他们精确定位，这些企业往往并不热衷于追逐利润和规模扩张，而是追求一些在他们看来更为重要的目标，因此，是比较"另类"的。

该书讲述了 14 家美国企业的故事，并在多处总结他们的共同特征。尽管美国企业与中国企业存在一定的环境差异性，但是，认识其共同的本质特征对中国企业也很有参考价值。

下面首先是笔者对这类企业特征的再理解，[①] 然后结合中国的国情进行分析，并列出了其他值得注意的问题。

"小巨人企业"的主要特征可以概括为以下 10 个方面：[②]

---

① 用当下时髦的名词也可以叫做"心得"。

② 以下"小巨人企业"的十大特征的条目是笔者在作者意见的基础上归纳整理提出的，而内容则基本上是对该书的转述。

1. 以服务行业为主。

这 14 家企业主要是从事服务活动的，有零售商、批发商、制造商、服务企业、专业服务公司以及技术类企业等。作者认为，之所以工业行业是个例外，因为在工业企业必须达到一定的规模，才能在激烈的竞争中生存。换句话说，每一家小巨人企业都是“顾客亲密型”企业，但是对制造类企业来说，要想创造这种亲密关系，问题可能就要复杂得多。因为这种亲密关系要求他们必须重新思考企业的方方面面，从雇用的工程师数目，到生产线的组织形式。

下面是 14 家企业的大致情况：

（1）铁锚啤酒公司，位于洛杉矶，是美国最早的啤酒酿造商。

（2）城市文件储备公司，一家较早的独立文件仓储公司，目前公司主要分布在布鲁可林和纽约。

（3）克力夫运动食品公司，总部位于加利福尼亚州西部的伯克利市，是美国天然健康的营养食品行业的领头羊。

（4）宜考公司，位于爱达荷州的博伊西市，美国备用警报器和商务车警告灯的先驱生产者。

（5）金锤电影特技公司，位于加利福尼亚州的数码城，优秀的电脑特技公司。

（6）欧西泰纳公司，位于犹他州盐湖城，为奖赏雇员提供产品和服务的公司。

（7）瑞优精密制造公司，位于明尼苏达州的圣保罗城，主要生产和设计运动控制器，例如，膝上电脑屏幕所用的铰链。

（8）节奏光彩公司，位于洛杉矶，电脑动画制作公司，曾经赢得奥斯卡最佳动画制作奖。

（9）摇滚宝贝唱片公司，位于纽约布法罗市，是一家由写、唱歌手安妮·蒂弗兰柯创建的唱片公司。

（10）沙丽玛公司，位于佛罗里达州迈阿密海湾，是专业的时装设计和成衣定做公司。

（11）高尔兹集团，位于伊里诺伊州的芝加哥市，公司业务包括相框艺术装帧加工等。

（12）联合广场接待集团，位于纽约市，丹尼·梅耶的集团公司。

（13）巴特勒建筑公司，位于加利福尼亚州红杉城，主要承包大型商业工程。

（14）金爵曼集团，位于密歇根州，旗下包括全球著名的金爵曼美食坊及其他七家食品公司。

2. 行业领先。

“小巨人企业”是行业内的优秀企业，具体来说有以下一些表现：

（1）他们都立志成为本行业内的佼佼者，并且大多数都曾被业内的核心机构评为优秀企业。

（2）企业由于某方面杰出的成就，而被某些业内知名的中立机构评为优秀企业；事实上，中立机构的赞誉更容易让人们相信这是一个优秀的企业。

（3）企业的运营模式在业内被欣赏、被仿效，赢得了同行竞争者及评论家的认同。

（4）传统的管理可能是一种充满理性化的实践，但是企业管理要求的却是“艺术的灵魂”，在这些企业中，管理企业本身已经成为一种创造性活动。

（5）对大多数的公司来说，可能只有他们的合作伙伴和竞争对手才了解他们，而这14家公司在社会上已经小有名气，其中有的可能是因为他们的顾客很有名。

换句话说，“小巨人企业”在某些方面算得上是“明星企业”。

3. 非上市公司。

股票上市的股份公司即公众公司具有相当的公开性；反之，非上市公司就没有那么大的公开性，所以也被称为“封闭公司”。[①] 这14家企业大都选择了不上市的模式。[②] 他们作出这种决定的理由是：

首先，传统的企业理论一般认为，如果企业不发展壮大就会被市场淘汰，这种观点对上市公司而言无疑是正确的。上市公司是大部分商业杂志和报纸关注的焦点、电视和广播中频频亮相的明星以及著名商学院的经典案例。上市公司的股东看重的是企业的销售额、利润以及市场占有率的平稳增长，而业绩的停滞不前或是企业规模的缩小往往会导致股东撤资，公司只能惨遭市场淘汰。对上市公司而言，“股东权益”具有特殊而重要的含义。上市企业无论从法律还是道德角度都要尽可能使得股东权益最大化。拿了股东的钱就必须给予他们想要的东西作为交换，而股东想要的无非是投资的良好收益。作为上市公司或者风险类企业（这类企业往往风险大，收益高）的法人代表，你的义务就是对外界的股东负责，并为保证他们的良好收益而疲于奔波。换句话说，如果你是一名上市公司的法人代表，并且该公司处

---

① 由于在美国并不区分股份公司和有限公司，因此，这14家企业的形态相当于我国的有限公司和不上市的股份公司。

② 在这14家小巨人企业中，只有4家企业引进了外部股东，但是这些外部股东并不干预企业的运作。对其他的10家小巨人企业来说，他们一直都非常谨慎地，甚至可以说是过分谨慎地保证所有的股权属于公司内部。

于高速发展的阶段，那么，你很可能就会成为新型的商业奴隶，整天为无底洞似的杂事忙碌着。

其次，现实中存在着大量的私有企业，它们没有规模上的扩张，却运营得非常活跃健康，更没有被市场所淘汰。因此，上述观点忽略了一个重要因素：股东究竟想要什么完全取决于股东是谁。私有企业的特点是，没有公开的财务报表，除了税收员、银行家和投资者外，你不需要和其他外部人分享收益。大部分私有企业往往更倾向于将财务报表尽可能地隐藏起来，它们中只有少部分企业会花精力去做财务审计报告。实际上，几乎没有企业会向公众公开财务报表。

最后，大部分人并不想失去自己的公司。如上所述，一旦你从外界融资，你就开始失去独立决策权，即使企业仍然是私有性质的。结果是决策变得越来越难以制定。对任何企业家而言，要想找到一位投资者，允许企业按照企业家的想法，而不是自己的意图自由发展（或者是不发展），这几乎是不可能的。大多数的情况，都是企业家和投资者讨价还价的博弈过程。如果外界的投资者真心想投资企业，那么他们至少必须赞同企业家的经营理念。

总之，如果你想创建自己的小巨人企业，你就不能引进外界的股东。因为这些公司总在寻找不确定的未来和一种金钱不能衡量的东西，一旦屈从于外界的压力，就会失去自己追求的目标，而这已经超越了传统商业对成功的定义，即“企业魅力”。[①]

4. 稳定的股东队伍。

这些公司对于股权结构的共同观点是，不管公司的股权结构如何，所有的公司都要谨慎看待控制权，确保股权被控制在一小群志同道合的人即自然人股东手中。这是因为所有的企业都会反映出它的创始人或共同创始人在改造世界方面的想法，而他们中只有少数会探究企业究竟能在何种程度上改变世界。如果企业主没有想清楚企业在未来10年应该怎么表现，应该给人什么样的感觉，给人们什么样的看法的话，那么当企业面临危机，要挣扎着生存下来时，就更不可能去想这些了。

这些公司的领导者认为，必须能让公司走出的每一步尽在掌控之中，能够有自主决策权。这样，他们才能更加注重企业精神层面的建设，拒绝人们善意但却不合适的建议，为公司的未来发展制定了详细的规划，并且营造一种适合自己的商业氛围，而绝不可以屈从于外界环境。

这些企业股权结构的有关情况是：14家小巨人企业中的5家，创始人和核心管

---

① 关于企业魅力，在后面还有专门的说明。

理人员分享股权，另外两家企业的股权大部分属于员工持股计划。[①]金爵曼联合商业集团公司自有一套独特的体系，分公司的管理合作者都拥有本分公司的股票。欧西泰纳公司是这些公司中历史最悠久的公司，但其主要股权却属于一个信托基金。奥博特·泰纳送给职工的最大的礼物却是在他死后兑现的一个计划。他把自己 65%的股份利润投入运作了一个“百年信赖基金”，其他 35%的股份红利被他的侄子和侄子的家庭所获得。在他的明确要求下，公司的股份是不能卖的，也不能被兼并，或者是上市。泰纳的目标就是保护职工利益，通过保证“百年信赖基金”的有效运行，他们的工作就不会受外部股东的财务利益所驱使。

5. 最佳员工规模。

对于企业规模，这些企业有着独到的认识。他们的主要观点和做法是：

首先，必须控制规模。它们有些规模很小，有些却拥有相当大的规模，并且大多数正以非常规的方式扩张。但也有那么几个企业却情愿保持现有的规模，甚至还有意缩减运营规模。这些企业都曾获得资本扩张、快速发展、企业兼并等良好的机遇，并能够像其他成功企业那样做大做强，然而这些企业并没有把目光过多地停留在利润增长、规模扩张等目标上；相反，它们更为关注的是那些比企业规模扩张更重要的目标。在现实中，“规模陷阱”到处存在，没有人会给你警告，也没有人会为此替你做好准备，更不会有人在关键时刻到来时提醒你一声。唯一可能给你建议的是你所交往的银行家、律师、会计或者任何你所找的咨询师，但是他们建议可能无一例外的是鼓励你“做大做强”。

其次，雇员规模才是界定企业规模大或小的本质标准。他们认为，较好的衡量标准应该不是年收入额，而是企业所拥有的雇员数量。同时，雇员规模也对企业的经营状况起到举足轻重的作用。[②]

最后，每个企业都有各自的最佳雇员规模。具体来说，规模最小的企业是具有 60 年历史的沙丽玛公司，这是一家两人合作的服装设计和礼服制作企业，该企业位于迈阿密海滩；而最大的公司是位于盐湖城的欧西泰纳公司，该公司拥有 79 年的悠久历史，雇员数量达到 1900 人，年收入可达 35 亿美元。公司的主要业务是为各个公司提供奖赏雇员的奖品，并提供相应的售后服务。

作者认为，一个企业处于最佳雇员规模状态的判断依据是：

---

① 我们称之为 ESOP。在该计划中，所有的雇员都是股东。

② 当然，作者也放弃了对传统夫妻店的研究，因为这些店的规模都很小，而且创立的初衷是为家庭成员提供就业机会。

(1) 企业内的雇员彼此之间能相互认识。

(2) 即使企业的雇员规模再扩大一些，企业也不至于马上倒闭。

(3) 企业内雇员有归属感，对企业较为忠诚。

6. 灵活的组织结构。

由于这些公司都是私有性质的，并且其控股权牢牢地掌握在所有者手中，因此企业能够自由地建立管理体系并将其付诸于实践。公司的组织结构以及管理方式的多样性表现在许多方面，例如：

(1) 金爵曼集团创立了包括“金爵曼大学”在内的培训公司，并且“金爵曼大学”的教育模式帮助企业找到了自己的经营之道。

(2) 金锤电影特技公司创立了折叠式的组织结构——当运作新的项目时，组织结构就会扩展开，而项目结束时，组织结构又会自动收缩。

(3) 瑞优精密制造公司具备我所见过的最民主的管理方式——公司有两个总裁，这本身已经够惊奇的了，更令人惊奇的是，这种方式竟然运作良好。

(4) 更有许多公司自身就转变成了培训机构，为员工培训财务、服务、管理以及其他创立成功企业所需的任何知识，等等。

7. 非财务目标价值观。

所有的成功企业都会面临增长的压力，并且压力可能来自各方——顾客、员工、投资者、供应商、竞争者等所有你能想到的人。如果你屈从于这些力量，它们就会替你作出决策，而你则会从此失去实现自己理想的机会。

一些新兴企业往往重视非财务收益更甚于财务收益。这并不是说股东不想从投资中获得良好的收益，而是投资收益并非他们的唯一目标。他们或许更想在所从事的行业中另有一番作为：为员工创造更舒适的工作环境，向顾客提供更优质的服务，与供应商维持更良好的合作关系，为生活或工作所在社区作出更大的贡献以及为自身找到更合适的发展道路。

这 14 家公司的创始人有很多共性，其中很重要的一点就是，在做决策时，坚定地将公司更好发展的目标摆在财务指标和规模扩张之上，例如：

(1) 联合广场接待集团的老板，丹尼·梅耶这样说道：“如果我拒绝做一些在别人看来无关紧要的事情的话，结果是我会赚到更多的钱，而我也获得了更优品质的产品和更好的名声。”

(2) 节奏光彩公司的创办目标是：“创造一种人们乐于工作的环境，并且每个员工都能享受到公平、诚实、尊敬的待遇。”

(3) 瑞优精密制造公司创办的意图很简单，就是为他们的工作和生活添加更多的和谐，并且创立世界上运作最民主的公司。

显然，这些公司的创始人和领导者对公司的性质、决策选择的范围有着很清醒的认识。而且他们几乎没有按照常理来出牌。他们质疑传统的关于所谓“成功”的定义，对公司发展的各种可能性有着自己独特的见解，而不是人云亦云。

8. 员工自豪感。

雇员和企业之间的关系是小巨人企业所关注的企业魅力的基础。如果企业里的大多数人不喜欢他们工作的地方，如果他们感觉不到重视、欣赏、信任，如果他们看不到自己日后发展、升迁的机会，他们对他们手中的工作，和自己一起工作的同事以及工作的地方感觉不满意，企业就不可能有魅力。

在这些公司中，每个职员都会感到需求得到了很好的满足，领导者总是希望员工能得到人性化的待遇：充满尊严、正直、公平、友善以及慷慨。因此，从某种意义上说，这些企业实际上执行了政府机构应当担负的职责。

这些公司能把握新机会，为所有人开拓新的商业领域提供平台。新项目的引进往往会给优秀的员工提供新的机遇和挑战，并且免去他们寻找其他工作的烦恼；在大部分的案例中，这也是员工分流的途径之一。

小巨人企业的魅力部分来自于员工对企业潜力的由衷欣赏。正是由于这种欣赏，才使得公司能够对周围人的生活起到积极的作用，它使得公司与员工、供应商、顾客之间产生亲密关系成为可能。而这种亲密关系对公司来说，就是最大的回报，也是公司魅力的核心体现之一。

例如，文件存储公司一直都很努力地为员工创造一个亲密融洽的工作场所，每一位管理者都不停地为此出谋划策，或者参考其他公司的一些做法。文件存储公司的目标不仅仅是要创造一个让雇员感到自己有价值而且受到他人尊敬的氛围那么简单，更重要的是，也要员工感受到工作的乐趣。比如说公司一直都在进行一项比赛，如果在某一段时间后存储录音文件的箱子达到一定数量的话，公司就会给所有的员工发奖金。如果箱子的数目达到一个重要的里程碑时，公司就开始下一场比赛，让员工猜一猜下一个目标会何时实现，而猜中的员工会有丰厚的奖品。

公司也会开展其他的比赛，有时仅仅是为了好玩而已，比如说看看哪个部门会有最多的女同事；有时是为了健康，比如看看哪个人会减掉最多的体重。除此之外，文件存储公司为员工提供更多的福利措施，包括健康保险、退休养老金计划以及教育工程，不管员工参加的是哪种课程班，只要员工的成绩能达到 B 及 B 以上，公司就会为员工提供学费。

再如，城市文件储备公司总裁在每当有机会奖赏雇员的时候，就希望这奖赏能让他们窒息。这也就意味着，在出乎意料的时候，做出乎意料的事。它要表明的是，公司很欣赏员工，很在乎员工的贡献。员工活动环境很宽松：如果你岳母突然来做客，你想告诉我们你不能来上班了，没事；如果你病了，想请假几天，没事。因为没有什么政策规定你可以得多少天的病，或者这类相关的事情。总之，不切合实际的明文规定，越少越好。

9. 企业的魅力。

通常我们说某人有“人格魅力”，是讲该人有独特的气质和吸引力。同样的道理，小巨人企业也有一种独特的魅力。比如，从公司公告栏的语句中、从员工们神采奕奕的表情里，我可以感受到这种企业魅力。如前所述，雇员和企业之间的关系是他们所关注的企业魅力的基础。没有了这个基础，企业就不可能大展宏图，魅力四射。当然，从这些企业与其他企业、顾客以及陌生者之间的交流中，人们也能感受到这种魅力。在这里，特别重要的是与顾客的亲密性。

这些小巨人企业认为，真正成功的企业，必须集中为顾客提供三种类型的价值：最合适的价格、最优质的产品、最有力的解决问题的方式。每一种类型的价值都需要完全不同的组织形式、企业文化以及价值取向。如果要想有公司能为顾客提供最合适的价格，你就需要把注意力集中于公司的“有效经营”，争取把每一件事情都做得很好，尽量节省日常开支，从而尽可能地保证生产成本较低。而要实现最优质的产品这一目标的话，则要求公司将注意力集中于不同的地方——集中于创新，而不是效率。这就要求公司比顾客提前很多步，在顾客知道他们需要这种产品之前就把它生产出来，而且主要是受技术进步的推动而不是现有的市场需求。

企业应该争取成为“顾客的密友”。也就是说，不仅要生产各种产品来满足顾客的各种需求，同时也要和顾客一起紧密合作，尽一切可能来满足他们的要求。要实现这一目标并且还要保持公司盈利的话，你就要围绕保持与顾客之间的亲密关系这一原则，对整个企业进行重组改革。那时你的奋斗目标就不仅仅是足够的高效和创新，你要做的是密切关注自身能力的提升，保证能够为顾客提供产品和服务，从而用成本最小的方式，满足每一个顾客的独特要求。

企业必须完成从顾客友好型企业向顾客亲密型企业的转变。例如，宜考公司的工程师们开发了一项软件系统，叫做“金库”系统（The Vault)，该系统允许顾客通过互联网来访问公司从事的设计工作。因此，宜考公司的工程师们将修改的产品设计发到网上去，顾客再来审查设计是否已经达标，然后再做反馈。顾客可以很方便地利用该系统。宜考公司的主顾——世界上最大的警示器消费商——凯特皮勒公司的设计师们，就一直在使用金库系统。往往在宜考公司开发的每项新软件投放到网上 5 分钟后，他们就会做出反应，给出相应的反馈意见。

教育也是许多公司用来培养顾客亲密关系的重要工具之一。但对温兹恩威格来说，这也是联系顾客和食品、食品供应商和食品消费者的有效工具。而这种联系的方式既是独出心裁，又是意义重大的，并且在这个过程中，能够充分反映出每个人的激情和利益。

这些公司总是避开单纯的商业关系，和顾客、供应商发展一种私人朋友关系，并且一起分享一个共同的理想。他们认为，能够成功地与顾客、供应商一起创造出这种团队合作感觉的企业，很快就会发现自己拥有了世界上最成功的商业工具。

10. 和谐的社区关系。

企业的社会责任是非常时髦的话题。其中，特别重要的一点是企业与地区的关系。小巨人企业都和所处的社区之间有着良好的亲密关系。所有这些公司都和所处的社区有着密切联系，但是这种亲密关系却是双向的：企业所在社区帮助塑造了企业特质，而企业又反过来影响了社区文化。例如，金爵曼集团是安阿尔伯地区最为典型的代表；铁锚啤酒则是旧金山的代表企业；城市文件储备公司则是彻底的布鲁可林化了；瑞优精密制造公司和双子城的关系就像骏马和马厩一样密不可分；同样的比喻也适用于克力夫运动食品公司和伯克立区、宜考公司和博伊西市、欧西泰纳公司和盐湖城，以及铁锤公司和环球影城等之间的关系。二者之间是双向的联系，企业提升了社区的生活水准，而社区也烘托了企业的成功。

小巨人企业提出的口号是“创建社区理想”，也就是在企业、雇员、顾客和供应商之间建立一种共同理想。他们认为，社区理想有三个支柱：

第一，诚实——企业必须要弄清楚，现状是什么样子的，有什么样的追求，又将要成为怎么样的企业。企业不能对外界抱着错误的幻想。

第二，专业性——企业要做他承诺过的事情，并且能够很好地执行他所许诺的事情，这对企业来说非常重要。

第三，人们之间的联系——亲密联系的影响就是在互相照应的基础上，创造出精神上的融和。

显然，他们的做法与 20 世纪 90 年代初崇尚社会责任的那些大公司不同，因为小巨人相对而言不大对外宣传公司这方面的行为，他们并不把这种社会责任当做是市场营销的手段。

需要指出的是，上述 10 项特征是分别列出的，但是实际上各个特征之间都有着密切的联系。如果我们画出一个 10×10 的矩阵的话，那么，两两项目之间都有相互的渗透，比如，一旦企业股票上市，股东构成就会发生改变，企业规模也就会迅速扩大；再如，企业价值观、企业魅力都涉及对员工以及对顾客的态度等。

“他山之石，可以攻玉”。在介绍了美国小巨人企业的主要特征之后，需要思考一下对中国企业的发展有什么启示。在这里，首先需要分析一下目前中国企业发展的趋势性或者“惯性”问题。总的来说，就是有很大的偏斜，重视大的，忽视小的。具体有以下一些表现：

(1) 长期以来，主要发展国有企业，对于民营企业有所轻视，在入世后，情况才逐步发生转变。

(2) 国有企业改革的基本思路是“抓大放小”，总是认为小企业“没意思”，在一些地方出现“一放了之”的现象。

(3) 把“做大做强”当成是企业发展的最重要目标，具体来说就是冲击“世界500强”。

(4) 在“国有企业情节”中，行政级别依然是无法褪去的根基，一些企业处于垄断行业地位，对员工、顾客、社区没有什么亲和力。

(5) 以某些国有企业为代表的“上市情节”，其核心理念是圈钱，有的陷入了上市陷阱，企业成为了资本的奴隶。

(6) 盲目合资。有的地方引进外资成为官员晋升的工具，似乎有“现代卖国主义”的嫌疑。有的企业陷入了与外资的“反目”之中。[①]

因此，我们必须彻底转变观念，高度重视和挖掘中国的小巨人企业。

另外，在研究小巨人企业的时候，还有其他一些值得注意的问题，例如：

(1) 职工人数的统计——有些企业分固定职工与流动职工，甚至于一些企业的临时工比固定工还多。

(2) 虚拟企业——企业之间形成密切配合，如山西的虚拟联合体，国有、集体、民营企业一起做事情，企业边界不清晰。集群也是这个问题。

(3) 制造业企业——制造业企业有大型化趋势，但是也有许多为之配套的中小企业，有的成为了强有力的零部件供应商，也值得关注。

(4) 高科技企业——有技术的员工如何考虑特殊的激励措施？单纯的“技术入股”可能不一定能奏效。

(5) 企业集团——一个整体的大企业可能会犯“大企业病”，但是也有这样的结构，上边一个控股公司，下边一群企业，各自都有活力。

(6)“哑巴大股东”——引进大股东可能丧失控制权，但是日本东京中小企业

① 这种例子从改革开放开始的哈轴到现在的娃哈哈有很多很多。

投资育成股份公司愿意为优秀的小企业投资，但不派董事，不干预企业经营。可问题是中国没有这样的投资主体。

（7）资本柜台交易——作为前提，日本东京中小企业投资育成股份公司买了好企业之后，是为了今后把其股票卖掉，这就需要资本市场的支持，一下子上市又台阶太大，柜台交易是很好的选择，地区对企业也了解，避免欺诈的行为。

总之，我们并不应该排斥资本市场，而应该寻找巧妙的结合点。

第11篇 打造高信任的企业组织*

尊敬的主持人、各位朋友：

非常高兴能来参加今天的“信任创造绩效”的管理论坛。刚才听了姚丹林副社长关于本次论坛的背景意义的介绍，又聆听了卢伟文总经理关于南方李锦记“自动波领导模式”的报告，感到很受教育和鼓舞。

应该说南方李锦记的实践在一定程度上是借鉴吸收了《大雁的力量——信任创造绩效》一书（以下简称为“该书”）的理念与方法，在公司中高层进行了学习和推广，并创立出了自己的“自动波”管理理论。十分明显，在这之中的一个核心概念就是“信任”。

下面，请允许我就“打造高信任企业组织”的有关问题谈几点想法。

一、企业组织信任缺失的现状

该书列举了破坏信任的表现，例如，美国大公司裁员导致的后果是企业在很大程度上失掉了信任。这不仅仅是对那些丢了工作的员工，更重要的是对于那些还保留在企业中的员工而言的。因此，信任会成为越来越稀缺的物品，诚信成为短缺资源。

在这里值得注意的是，我们今天讨论这个话题有着现实的背景问题。所谓背景既包括实践中的问题，也包括理论上的问题。

1. 实践方面的不和谐音。

所谓实践中的问题是指中国企业目前存在的不和谐音，一些企业成为了“短命企业”。就是在广东，某些矛盾也很突出。例如，最近有关珠三角民工荒的报道屡见报端，劳资关系非常紧张。这种劳资关系的变化在一定程度上反映的就是信任缺

* 本文原是作者2006年5月27日的讲话稿，参见《中国企业报》2006年8月9日。

失的问题。

当然，企业组织信任缺失的问题不仅仅表现在企业内部劳资关系，还表现在其他一些方面，换句话说，是否信任以及信任程度的高低问题，对于其他组织也很适用。

引用该书中的一个例子——在美国，由于医生和病人之间信任程度的降低，诉讼和医疗保险的成本不断攀升，其结果是美国整个的医疗支出中大约 40%是花费在保险和医疗机构的管理上。

在中国，这一问题也具有普遍性，例如：

（1）虚假不实的广告——商家构思出种种促销措施，提出有诱惑力的条件，吸引消费者购买，许多消费者大呼上当受骗，久而久之失去了对商家的信任，企业也就失去了客户。

（2）基础管理的退步——有的煤矿出事故了，矿井下面有多少个人都统计不上来；在制造假药的工厂里，有的一线工人连什么叫图谱都不懂，等等。这让人们感到某些企业的管理水平比以前不是进步了而是退步了。

（3）对听证会的质疑——信任缺失还波及政府对垄断行业的管理方面，比如，一些“听证会”变成了“涨价会”；出租车提价、手机套餐等做法引起用户的不满，等等。

2. 理论宣传的偏差。

所谓理论上的问题是指某些理论研究确实有意无意地宣扬了垂直领导、下级服从上级的军事化管理，下级就是服从的工具，无条件执行。近年来，一些“老板式”的书籍很受市场欢迎，使得一些企业的老板和高层领导对决策力、执行力、服从力特别感兴趣，而绝口不讲信任。

在一些企业，对于企业文化的理解存在误区，以为所谓的企业文化就是要强调企业组织的价值观，就是个人对组织的服从。实际上，这个组织的价值观有可能与个人的价值观相矛盾，而优秀企业的企业文化不是单纯地泯灭个性，而是致力寻找价值观的一致性。

因此，目前中国的一些企业无论是所有者、经营者还是员工，都在不同程度上存在着短期行为，在“雇佣”与“被雇佣”的“基本不信任”的关系下，员工不能自发地为企业工作，而只是把企业当成“骑马找马”的一站，同时，企业想成为“百年企业”的愿望也根本无法实现。

3. 对中国文化的反思。

该书认为，不同的文化背景对信任的理解也有所不同：日本人会希望首先建立一种信任的关系，首先想要知道的是，我们可以信任这些外国人吗？而美国人则更希望直接讨论工作问题，因为信任就在合同当中，美国人期望的是从权利关系开始。

那么，中国企业缺乏信任的根源在哪里？如果追溯历史的原因，我们可以分析一下中华文化的优劣。从积极的方面讲，我们主张“万事不求人”，这有好的一面，鼓励自力更生，自强不息。我们中华民族要立足于世界之林，就需要这种独立自主的精神。

但是，还有消极的一面。有人说中华文化是就“鸡头文化”、“麻将文化”。所谓“鸡头文化”就是“宁为鸡头，勿为凤尾”；所谓“麻将文化”就是各顾各，“看着上家、防着下家，我不胡你也胡不成”。因此，这些都讲的是一种思维倾向：只信得过自己而信不过别人。

在中国几千年的封建历史中，又表现出对皇上唯命是从的“奴性文化”或者叫做“喳文化”。看上去恭恭敬敬的，不是百分之百的服从吗？但是，口头的顺从并不代表内心的赞成，也许只是“口是心非”的表演而已。应该说，这种表面服从、骨子里反叛的二重性在当前企业组织中也有一定的影响。

4. 简短的小结。

该书认为，我们处于一个竞争非常激烈的环境下，由于经济全球化的原因，组织结构扁平化、团队合作十分普遍，除了企业的核心业务，其他部分都以合同的形式外包给供应商或者合伙人；权利关系不再适用，以信任为基础的关系成为主要的选择。

该书还认为，信任是企业“必须拥有”的东西，如果你不利用信任来有效地完成你的工作和降低成本，而你所在的行业内的其他人却这么做的话，其结果是你将被赶出这个行业。因此，信任可能决定企业的存亡。

所有这些使得我们不得不探讨企业中相互信任的重要性。为了适应市场经济的发展和国际竞争的需要，我们应该认识到建立高信任企业组织的必要性和打造高信任组织的紧迫性。

二、高信任组织与低信任组织的对比

在该书中，将组织分成“高信任组织”与“低信任组织”两大类，高信任组织就像一群迁徙飞行的大雁，相互默契调整，始终保持阵形优美，最终完成上千公里的飞行；而低信任组织则像被赶往牧场的羊群一样，如果没有牧羊人的驱赶，队伍乱七八糟，行进得很慢。

1. 组织的关系与信任的范围。

该书认为，信任反映的是组织中人与人的关系。组织中存在着三种基本关系：第一种是权利关系，双方建立在权利基础上，权利明确规定；第二种是希望，其代表是授权，以希望为基础关系的组织让人们不断地受到鼓舞，又可能不断遭受挫败；第三种是信任，员工按照你的要求做某件事，是他们真正地想这样做，他们认同你的价值观，相信你会为他们着想。

不同组织对于承担风险的态度存在很大差异：低信任的组织像一部机械，它一成不变地用相同的部分来解决不同的问题；而高信任的组织就像一个有机体，它能很快地适应变化的环境。这是因为高信任的组织非常愿意承担风险，他们对风险的态度是去尝试一些新东西，看看能不能成功。所以，企业的价值观永远比短期的结果更重要，因为价值观会产生长期的结果。

另外，从信任的范围看，信任包括以下一些方面：管理者和员工之间的上下级关系，团队和部门之间的横向关系，供应商和其他合作伙伴的关系，客户之间的关系，等等。总之，信任表现在组织内外的各个方面，包括企业与职工、职工与职工、企业与消费者、企业与供应商、企业与政府等，都会遇到信任与否的问题。

2. 契约的不完备性。

下面让我们从经济学和管理学的不同角度进行分析。经济学研究的是市场，是契约。应该说，市场组织是横向的、水平的、松散的组织。交易双方通过契约来约束彼此的权利和义务。在这中间主要考虑的是交换物的价值与价格。双方的关系是临时的、短期的，为了平衡彼此利益关系，就要使契约尽可能地完备，而实际上，彻底的完备是不可能的。这也可以被称为“契约不完备性定理”。另外，在企业内部，在股东与经理人之间存在着“信息不对称”；同样，在经理人与职工之间也存在着“信息不对称”。这归根结底是由于别人大脑中怎么想的外人不可能完全知道。

3. 管理学的解释。

管理学研究的对象是组织，是共同劳动以达到组织目标的集合体。管理就是要一些人限制另外一些人的行为。我们可以有以下一些认识：

（1）组织的要素——组织的要素有成员、关系、名称、功能、法人性等许多方面，其中成员与关系最为根本。组织既有自己组织内部的成员，同时其本身也是外部组织的一个组成分子。

（2）人本性假设——X 理论的基点是人性本恶，Y 理论的基点是人性本善。关系是相互的，你不信任别人，别人也反过来不信任你。信任是镜子，照出的是你自己。改变别人难，改变自己容易，所以应从改变自己做起。

(3) 制度是苍白的——管理不能没有制度，但是又不能只靠制度，条文写得再好，也有规定不到的、空白的地方，外人永远也不可能知道别人心中的真实想法。人不是螺丝钉，最难能可贵的是主动与自觉。

(4) 家族企业的天然合理性——企业经营有风险，共同劳动需要监督，彼此信任可以减少监督成本。一般来说，家庭成员之间的包容而非斤斤计较的关系正好与这种克服风险性相适应，因此，家族企业有生命力。

4. 对其他组织的适用性。

凡是有人群的地方就有组织，企业、学校、医院、政府机关都是组织，家庭也是组织。组织可以分成营利性组织与非营利性组织，也可以分成纵向的层级组织、横向的市场组织以及介于二者之间的半层级、半市场的组织。因此，信任与否也是一切组织中都面临的问题。

就拿家庭来说，现在离婚的多了，社会上对离婚的容忍度也大大提高了，这可以说是一种进步。本来，两个人从认识到结婚的时间有限，彼此了解也很有限。结婚后会遇到种种新问题，生小孩、老人问题、上学问题等不一而足。再加上你的配偶不可能是完美无缺的人，不可能包含异性的全部，因此，结婚后也会遇到各种的机遇甚至是诱惑。在这种情况下，彼此之间是否具有起码的信任便成为了问题的关键。尽管离婚的原因林林总总，千奇百怪，但是，丧失了信任的基础则是最根本的原因。

5. 简短的小结。

通过上述讨论，我们可以得到以下印象：

(1) 关系的纵横属性——从理论抽象上讲，成员之间的关系有垂直纵向的关系与水平横向的两种极端，前者是领导与服从、上下分明的主仆关系，后者是完全平等的伙伴关系。

(2) 关系的本质是信任度——垂直纵向关系的基础是不信任的关系，水平横向关系的基础是彼此信任的关系；垂直纵向关系的维持靠监督，水平横向关系的维持靠自觉。

(3) 信任的本质——信任的本质是相信，正如亲密的伙伴朋友一样，彼此像相信自己一样相信对方，就是暂时不在一起也知道彼此在想什么，而信任的反面是猜忌。

(4) 以信任度划分组织——组织的本质是关系，关系分信任与不信任或高信任关系与低信任关系，因此，可以将组织划分成高信任关系组织与低信任关系组织。

三、打造高信任企业并不是幻想

尽管建立高信任组织的任务艰巨，但是也不是完全没有可能。在这个问题上，该书给予了宝贵的理论支持。值得注意的有以下几点：

(1) 建立信任关系的条件——首先，信任需要时间，好比投资在先，回报在后；其次，信任需要严格的要求，高信任组织尽量使员工可以达到高的标准，而低信任组织通常都可以容忍低效率的表现；此外，信任需要训练，这里需要很多的技巧、练习，要凭借坚定的意志力才能取得成功。

(2) 信任关系的四种原则——有能力、公开、可靠和公平。有能力就是相信别人能行；公开就是尽可能地增加透明度，确保员工了解真实的情况；可靠就是值得信赖和言行一致，经得起考验；公平就是处理事情的公正和平等性。

(3) 信任的开始——有能力从选择合适的人开始，将不合适的人从组织中剔除；公开从告诉他们数字分值开始，不要以“秘密”为借口封锁消息；可靠从使他们负责开始，重视结果忽略过程；公平从了解他们关心什么开始，应该努力发现员工、客户、供应商和合作伙伴到底需要什么。

(4) 获得他人信任的要件——行动胜过言语。获得信任必须做到的是：公平即果断地领导；可靠即行为正直；公开即及时诚恳的反馈；有能力即不断学习。

(5) 选择人的三种技能——首先，从技术能力、人际能力和价值观这三个方面进行考察；其次，设计一个高效的过程来识别应聘者是否具备你需要的技能，给应聘者一个机会来显示他们的能力；此外，理解性倾听，包括建立共感，激发他们讲故事和寻找一致性。

(6) 企业价值观的制度化——成功的组织并不依赖于一个有魅力的领导者，因为组织中所有的人都有共同的价值观。如果哪个人的行为与组织的价值观背道而驰，其他人就会一起去帮助这个人改变，或者让他离开。

(7) 企业的社会责任——公司传统的目标是强调短期财务业绩和股东回报率，但是，必须关心对客户、供应商、资金支持者、员工和当地社区成员等“利益相关人”的影响。企业在完成经济（财务）目标的同时还要注意社会目标。

(8) 共享信息与知识——如果组织不告诉员工商业信息，那么员工就不能有效地决策，员工只有猜测或是将决策推给上级管理层，产生一种不确定及不信任的气氛，拉长时间、增加成本。高层管理者面对谣言拒绝透露任何信息的破坏性更大。因此，必须向员工传授关于财务方面的知识。

(9) 让员工负责——高信任组织没有繁文缛节，摒弃了正规手册和组织层次制度，让员工自己制定目标，每个员工都处于团队之中，不是按指示行事，而是共同承担工作，对结果负责。

(10) 倾听的艺术——必须规定到现场倾听的时间，了解员工真正关心什么的最有效途径是与他们一道工作。与员工的对话应该是双向、坦诚的。倾听的四个要素是：建立共感、追问细节、得出结论、寻求一致性。

(11) 倾听顾客的重要性——高信任组织通过电话、邮件、面对面交谈作顾客满意度调查，他们还鼓励顾客通过意见卡和帮助热线提供反馈意见。他们强调一线员工要花时间倾听顾客反馈，并有责任就所听到的作出相应行动。

(12) 公平的两种形式——公平包括分配公平与程序公平两种形式：分配公平指的是结果，即谁得到什么；程序公平指的是作决定的方式，即导致最终分配的过程。

(13) 创造双赢的结局——例如，有些组织不是将环保规定看成威胁，而是看成机遇，他们努力寻找既符合规定又能降低成本的方法。有时这种引起双赢的创造并不一定非得依靠技术，而只要了解对方的真正兴趣是什么。

四、建立高信任组织的操作方法

在建立高信任组织的操作方法上，该书也给出了有力的指导。值得注意的有以下几点：

(1) 减少组织层级——管理架构层级越多越僵硬，其决策过程就越不灵活，越低效；相反，减少组织层级不光可以节约很多资金，还能加快沟通，迫使经理让员工真正负责，最重要的是，能使组织更灵活地决策。

(2) 遵守诺言——让别人信赖最起码的条件是遵守诺言，即做你许诺过的事，必须按最高的道德标准要求自已，必须始终如一地以一种可为人信赖的方式做事。反之，违背诺言则是一种迅速破坏信任的方法。

(3) 处理错误的六个步骤——出现错误应该立即做出反应，包括承认个人有责任改善这些不足，承认错误的确发生了，为错误所带来的不便向顾客道歉，立即做些力所能及的事寻找弥补方案，提供某些补偿来补救，注意趁势而建立长期联系。

(4) 及时反馈——人的性格中最深层的东西是渴望得到赞赏。通常应该私下给别人反馈，而不是当着其他人的面给予反馈；如果反馈的内容是负面的，尤其要注意这一点；给予反馈与所反馈的事件之间的时间间隔越短越好。

(5) 第三代绩效评估体系——第一代的绩效评估体系是管理者对于其下属的领导技能等方面做一些肯定或否定的评判；第二代的绩效评估体系的特点是强调双方面的沟通；第三代绩效评估体系是“360°绩效评估体系”。

(6) 对学习的认同——没有学习，就没有能力；没有能力，就没有信任。在某些情况下，没有了能力可能导致公司的消亡，因为它可能会被竞争对手消灭。因此，你所学到的和教给他人的是建立高信任组织的关键。

(7) 学习的周期——学习周期包括做、看、想及计划四个阶段：必须做与我们想得到的能力有关的活动，必须看我们做得怎么样，必须想怎样可以做得更好，必须计划下一次怎样能够做得不一样。

(8) 正式培训的价值——高信任组织都给新员工提供一个星期甚至更长时间的培训，帮助新员工理解公司的核心价值。一些组织还拥有自己的“大学”。

(9) 团队建设——强的团队精神是高信任组织普遍存在的特征，组织特别的团队合作活动是提升团队绩效的有效途径。将一些人组成一个临时的工作小组也是一种有效的学习方法。

(10) 专题研究和轮岗——参与超越你日常工作的专门的研究项目是一种很好的学习方式，从事一个全新的工作岗位也是一种学习方式，很多大公司都对员工实行轮岗制。

(11) 教练和自主学习——优秀公司的每个新员工都被指定一个导师，导师对新员工的贡献、目标和问题等方面进行咨询。自主学习是一种更系统的方法，很多公司在开放的学习中心为他们的员工提供各种学习资源。

(12) 鼓励好奇心——有好奇心是在学习时最有帮助的一种心态。好奇心创造了最成功的商人，有好奇心不仅对学习有帮助，同时对信任也有促进作用。如果将生活建立在权利关系上，就根本不会有好奇心。

五、实践的榜样

可喜的是，包括南方李锦记在内的一些企业的实践也给我们提供了很好的榜样。

1.“自动波”领导模式的探索。

2000 年，李惠森先生看到了今天的这本被译为《大雁的力量——信任创造绩效》的书。这对他们长期以来关于“自动波”领导模式的思考帮助不小。他们认为，也许企业很容易做到一定规模，但到了一定规模后也就遇到了一个瓶颈——企业创业者或拥有者不能授权，其原因在于对下属的不信任——既包括道德与操守的不信任，更多的是能力上的不信任。高度集权的结果就造成老板很累，下属感觉也不爽。

他们开始尝试在公司内开展搭建以建立信任为目的的团队建设的平台，还有其他有关建立信任的努力。几年来的实践，让他们看到了“自动波”的效果，更深刻地体会到信任是一个组织快速高效发展的关键。他们认为，如果套用今天流行的句子，就是说“信任决定成败”也一点不为过。

这样，李惠森大量地借鉴、吸收了《大雁的力量——信任创造绩效》一书的理念与方法，开始在公司中高层进行学习推广，搭建高信任、高绩效组织的平台，并创立出了“自动波”的管理理论。

所谓“自动波”领导模式有六个方面的内容：教练的心态和技术、高信任的氛围、选对人才、充分授权、高效的团队和共同目标。这六个方面互相联系，环环相扣，缺一不可。具体来说，有以下一些方面：

（1）“教练的心态和技术”，是指领导应该指导下属工作，而不是替代下属工作。

（2）“高信任的氛围”，是指要在公司创造互相信任的氛围。南方李锦记不像现在很多的公司那样，希望员工长时间加班，而是强调公司对员工的信任，只要能高效地完成工作，你完全可以按时下班。

（3）经理们也从来不需要考勤。但整个公司紧张而有序的运转一点也不会受到影响，到公司应聘、参观，还有媒体的采访者都对这种氛围有着深切地感受。

（4）南方李锦记对领导的考核，不仅是考核他本人的绩效，而且有一个“点将分”，就是要看其下属的绩效，从制度上要求领导要选对人才。

（5）南方李锦记很多权力都放在最前线，充分授权提高了公司的效率，也更好地激励了一线员工。

（6）公司发展这么快，但在公司却很少见到董事长李惠森的影子，下属的总经理，甚至总监也经常不在办公室——他们不是出差就是开会。

（7）南方李锦记一个新鲜词叫“爽指数”！“‘爽’是一种感觉，如果大家都爽了，那么工作的氛围就很不一样。”“要让员工爽”正是推行这套领导模式的重要原因之一。

（8）李锦记集团“思利及人”的文化非常有名，所谓思利及人，即首先站在对方的立场和角度思考和处理问题，换位思考，为对方着想，不仅在处理利益关系时，而且在沟通和决策时都应本着这种心态和原则。

（9）每次李惠森给任何一个员工打电话的第一句话就是“打不打扰你？”而从来不问对方在哪里，也不问你正在干什么？

（10）关注目标，放弃对过程的干扰，让李惠森和管理层从烦琐的事务性工作中解脱出来，将时间与精力放在公司方向、策略、长远目标及关注外界环境变化等方面。

（11）对伙伴的信任，贯彻在“自动波”的实践中，更落实在李惠森的一言一行之中。

现在，“自动波”领导模式在南方李锦记已经深入人心。很多员工不仅用在工作上，而且也能用在生活上。“自动波”的核心是授权，授权的基础是信任，因此信任便成了“自动波”理论中基础的基础、核心的核心。

总之，在学习《大雁的力量——信任创造绩效》一书的基础上，李惠森先生进而提出了“自动波”管理模式。作为高信任型企业的典型代表，南方李锦记公司的现身说法可以给广大希望建立“高信任”关系的企业带来有益的启示。

2. 其他优秀企业的例子。

其他许多优秀企业也是这样做的。在该书序言中就有一些很好的例子：

（1）王石认为，应该大胆培养年轻人，你明明知道他们有缺点，你明明知道他们经验不够，但是你必须得信任他们，放手让他们去做。万科成功不成功不是看我王石在的时候，而是要看我王石不在的时候。因此，在王石登上珠穆朗玛峰时，公司业绩增长了 40%。

（2）蒙牛之所以取得这样惊人的成就，是与其掌门人牛根生的“散权集人”、“散财聚人”的双重努力分不开的。2004 年牛根生将市值 10 亿人民币的自己的个人股份全部捐出来成立“老牛专项基金”，又在筹划让出总裁位置，并准备到 2008 年连董事长的宝座也不要了。散权与散财的结果，带来的是人才的集聚，员工潜力的极大发挥。特别是蒙牛整合营销传播“超级女声”，牛根生居然事后才知道。老牛对员工的信任，回报给他的当然是工作绩效上的惊喜。

（3）在这里我还想举一个民营百货企业河北黄骅信誉楼的例子。张洪瑞董事长认为，应该正确理解“授权”二字，有的权力不是什么“授予”，而是根本不应该拥有。比如，一次他出差看见一件皮衣不错，买回来结果卖得并不好。他认为，自己这方面就完全不如柜台第一线的员工。因此，某些“授权”是表面的信任而骨子里的不信任，似乎上级就是比下级高明。应该承认在某些方面一线员工是专家，其他人是外行。应该由员工自己制定目标，自我管理。该企业其他的做法也很有特色，比如各个柜台自主进货，上班容忍迟到但是必须打卡，实行轮流代理班长制等。

3. 反面的例子。

该书指出，曾经在世界 500 强中排名第 6 位的安然为什么会崩溃？贝瑟尼·麦克莱恩结论是，安然的崩溃源于自负、贪婪与欺诈。例如，雇员们不仅欺负外人，同时也相互倾轧……安然公司的交易员害怕上洗手间，因为坐在他身边的家伙可能会偷看他的电脑，通过电脑屏幕上的信息来抢走他的生意。另外，由于坏消息有可能砸掉饭碗，所以所有问题都被掩盖起来了。

六、结束语

通过以上讨论，我们还可以得到以下一些印象：

（1）纵向关系与横向关系的对决——从企业内部法律地位看，是出资者—经营者—职工的支配/被支配关系；从企业外部市场地位看，是与消费者、客户的平等交换关系。究竟哪个关系更为强烈、更占主导地位，因企业而异。

（2）满意的顺序——本来，没有出资者即股东就没有企业，但是，不能将这种利益关系与其他主体相对立，实际上，满意的顺序好像是"颠倒"了过来：没有消费者满意、没有员工满意，就没有股东满意。

（3）管理的精髓——说到决策力、发展战略也好，说到执行力、细节决定成败也好，管理的关键在于建立内部与外部的信任关系。这一道理对各类组织都是一样的。

（4）信任是长期伙伴关系的基础——从时间特征看，有短期关系与长期关系，短期关系就是"一把一利索"，追求平等但不一定能平等，信用的意义不大；长期关系要靠培养，每次交易看上去似乎都是"不平等"，但是换来的却是长期关系的稳定。

（5）是否存在"信任力"——套用流行的概念，假如有决策力、执行力、文化力、凝聚力等的话，那么，这个"凝聚力"的根本是否就是信任？换句话说，是否存在着"信任力"？能否说"信任也是生产力"？

（6）信任就是幸福——朋友关系的本质是信任。办企业与做人一样。"人生得一知己足矣"，企业又何尝不是如此？人生最大的幸福是得到知己，企业最大的幸福是有信任自己的客户和员工。

企业与人一样，因信任而幸福，因朋友而长久。

第 12 篇　万向集团的企业文化*

一、万向企业文化的历史沿革

万向创立于 1969 年，从 4000 元资金的铁匠铺起家，经过 38 年的发展，现已成为一家拥有员工 2 万余人、资产超百亿元的现代企业集团，是国务院 120 家试点企业集团和国家 520 户重点企业中唯一的汽车零部件企业。万向企业文化经过 38 年的持续实践，随着万向的发展在不断地丰富、提炼、升华，逐步形成了以“廉洁”、“诚信”、“敬业”为重要内容的万向文化，形成了万向的新型生产力。

总的来说，万向文化的形成经过了经验（人治）—流程（法治）—文化（心治）的三个大的管理发展阶段。

1. 初创时期万向文化的萌芽。

早在 20 世纪 70 年代（1969~1979），当时完全是半机械、半手工化生产情况下，采取“工场作坊式管理”、“多角化经营”，企业主要凭创始人个人经验探索发展，凭精神、凭体力、凭苦干，在计划经济的夹缝里生存下来，并呈滚雪球之势慢慢发展壮大，实现了日创利润 1 万元，员工最高年收入超过 1 万元。1979 年战略调整，把年产值 70 多万元的“多角”产品调整掉，集中力量专业化生产汽车万向节。因此，虽然那时已经提出了“求实、图新”的企业精神，但是，那时基本上属于经验（人治）管理的阶段，企业文化仅仅处于萌芽状态。

2. 发展时期万向文化的成形。

到了 20 世纪 80 年代（1980~1989），企业明确了“立足国内创业，面向国际创汇，扎根企业内部，脚踏实地工作”的战略方针，按照“四高 × 国际市场”的发展思路（高起点投入获得高精尖设备，高素质人才创造高档次产品，目标是进入国

---

* 本文是参加对万向企业集团调查所写的研究报告中的一部分。

际化市场），依靠技术进步走生产专业化、管理现代化的发展道路，企业开始积极推行“两袋”投入（口袋和脑袋），激励员工“想主人事，干主人活，尽主人责，享主人乐”，实现了日创利润10万元，员工最高年收入突破10万元。

20世纪90年代（1990~2000）期间，制定了“大集团战略、小核算体系、资本式运作、国际化市场”的战略方针，提出实现两个“三级跳”的长远目标，进入了企业集团化、经营国际化的发展阶段。集团对下属企业行使“控制、组织、发展”三大职能，推行“三管三不管”（管宏观不管微观、管外部不管内部、管结果不管过程），形成了“外大内小”的特色，达到了缩小管理幅度、增强对外开拓能力的目的，实现日创利润100万元，员工最高年收入突破100万元。

在1999年，企业提出了“奋斗十年添个‘零’”的目标（到2009年，实现日创利润1000万元，员工最高年收入超过1000万元）。

而到了2000年，企业系统总结、提炼出了《万向集团企业文化手册》，内容涵盖了企业宗旨、企业目标、企业哲学、企业道德、企业作风等理念。这是万向文化成形的标志，也反映出企业管理实现了从经验（人治）到流程（法治）的转变。

3. 转型时期万向文化的变革。

进入新世纪，万向将发展战略调整为“大集团战略、小核算体系、资本式经营、国际化运作”，积极推行文化管理，不断充实、完善、提升万向企业文化理念。

2003年，新增企业精神“讲真话，干实事”和“三个一切”的战略举措（联合一切可以联合的力量，利用一切可以利用的资源，调动一切可以调动的积极因素），充实了“务实、创新、卓越”，“思路决定出路，作为决定地位，一切都是人为，时间检验行为”等企业作风，并将企业战略目标由“成长为拥有核心竞争能力和核心价值的现代大公司”调整为“成长为拥有核心竞争能力和核心价值的现代公司”，将企业道德由“外树企业形象，内育职业忠诚”调整为“外树诚信形象，内育职业忠诚”。在这一年，推出了2003年版本的《万向集团企业文化手册》。

在2005年的《万向集团企业文化手册》（参见附件1）中，还新增了万向投资文化内容，强调万向投资合作的前提在“谨慎”，基础在“多赢”，核心在“服务”，回报在“增值”。2005年，万向还在原有“廉洁”、“诚信”理念基础上，又围绕“廉洁诚信、依法经营、提高素质、发展生产”主题进一步拓展了企业廉洁文化建设工作，并编纂《万向诚信手册》（参见附件2），作为每位万向员工在各自工作岗位的诚信规范和行为准则。这些也标志着企业管理完成了从流程（法治）到文化（心治）的阶段。

总之，万向在过去的发展历程中，就是靠务实的文化和廉洁的组织来统领和管理企业，凝聚员工，促使企业不断发展壮大，从而实现了历史的跨越。

二、万向集团企业文化现状

万向文化是全体万向人 38 年实践的积累，揭示了万向企业成功的奥秘，更是万向未来发展的依托。万向文化建设的总体目标是让文化也成为生产力，以万向开放的、有生命力的企业文化来凝聚员工，调动员工的主动性、积极性、创造性，培养员工的荣誉感、责任感、使命感，进而促进万向的发展和进步。

万向文化建设中心工作是结合万向实践，做到“古为今用，洋为中用；取其精华，去其糟粕，自成一体”，持续完善、创新和发展万向文化。以“创新、创效”为主线，以贯彻、落实万向党委提出的“三个围绕”为手段，以提高员工综合素质为核心，调动员工积极性，引导员工立足本职，服务企业，回报社会，在企业经济建设中成长成才，为企业生产经营服务。

万向集团企业文化主要体现在物质、行动、制度、精神等几个层面。在物质文化层面，表现为产品结构的转型，例如电动车、太阳能电池等的开发；建筑设施、厂容厂貌的整洁明快；到处都是醒目的企业文化标牌；职工宿舍 周边的花园绿地；职工食堂、学习室的清洁卫生等。企业还准备在新建的职工宿舍区兴建游泳池等文化娱乐设施。

下面主要介绍万向企业文化精神、行为与制度等层面的内容。

1. 万向文化的精神层面。

万向企业文化的精神层面是万向核心理念的文字体现。万向的精神文化主要包括以下八点概括性表述（具体解释请参照附件 1）：

（1）企业精神：讲真话，干实事。

（2）企业道德观：外树诚信形象，内育职业忠诚。

（3）岗位目标：一天做一件实事，一月做一件新事，一年做一件大事，一生做一件有意义的事。

（4）经营哲学：财散则人聚，财聚则人散，取之而有道，用之而同乐 。

（5）管理原则：人人头上一方天，个个争当一把手。

（6）企业操守：以勤砺志，以俭养德，做好“五管”，严字当头；
管好上级，管好下级，管好亲朋，管好子女，管好自己；
严字当头，严格要求，严格管理，一丝不苟，铁面无私。

（7）万向用人观：有德有才者，大胆聘用，可三顾茅庐，高薪礼聘；

有德无才者，委以小用，可培训提高，促其发展；
无德无才者，自食其力，无德有才者，坚决不用；
如伪装混入，后患无穷。

（8）万向公私观：舍己为公，大公无私，公而忘私，是先进的；
先公后私，公私兼顾，是允许的；
先私后公，私字当头，是要教育批评的；
假公济私，损公肥私，是要制止与打击的；
表面为公，暗中为私，乃伪君子，是要防止的。

万向精神文化的上述内容，充分体现了企业诚信经营和对员工廉洁自律、诚实敬业的一贯要求。同时，也为企业造就了一批高素质的职业经理人队伍及具有良好自身素质的员工群体。

2. 万向文化的行动层面。

万向文化不是空洞的口号，万向人通过“虚事实办”，实践着万向文化。2001年6月，万向党委书记、董事局主席鲁冠球提出：群团工作必须切实围绕发展企业生产力、围绕提高员工素质、围绕为社会作贡献来开展。这就是所谓的“三个围绕”。因此，“员工办实事”活动成为了员工行为文化的最主要内容和特色。

（1）围绕发展生产力——通过建立“党员示范岗”、“青年文明岗”、“巾帼建功示范岗”，以及开展劳动竞赛、合理化建议、科技攻关等活动，切实为发展生产力作出贡献。

例如，钱潮公司员工阚海彬针对出口产品的质量及生产成本问题进行调查、试验，提出了解决的办法，每年可为公司节约成本69万元。公司对其进行通报表彰并奖励人民币1万元，不久前还任命其为生产部门经理，体现了万向的“人人头上一方天，个个争当一把手”的管理原则。

（2）围绕提高员工素质——巩固“两袋投入”等优良传统，结合26支专业队伍建设的需要，“教育、奖罚、制约”三管齐下，充分发挥三级培训体系的作用，鼓励员工积极参加不同形式的学习或培训，促进了员工素质的不断提高。

例如，万向总部财务部员工陈学军，通过持续不断地刻苦学习，先后取得了大专和本科学历，并获得了会计师和助理经济师两项职称，万向根据其工作业绩和资格委以重任，聘任其为集团公司财务部总经理助理，并兼任万向西部开发公司财务部总经理。

（3）围绕为社会作贡献——企业奉行“创造财富，回报社会”的理念，关心社会，热心支持各项公益事业，积极开展资助“四个一千”工程、捐建希望学校、扶贫济困等活动，尽最大努力为社会服务。员工自觉向社会献爱心，积极参加结对助学、看望孤寡老人、“送温暖献爱心”、捐款义务献血、青年志愿者等活动（典型模范员工事迹见附件 3）。

3. 万向文化的制度层面。

万向认为，所有工作的关键是在基层，要把工作的重点放在班组上，安排、督促好班组工作的开展，只要基础牢固、工作扎实，整体的工作就能落到实处，达到预期效果。万向文化形成了自己的建设管理机制、运行机制和行之有效的制度保证，主要有以下几个方面：

（1）文化建设队伍——万向规定，经常性地通过内部选拔和招聘，建成一支高素质、负责任的万向文化建设队伍，现有兼职工作人员 120 余人，覆盖了从集团到公司直至车间、班组等各个层级，每个人都各司其职、配合工作。

（2）办好宣传阵地——万向不断创新载体内容，增强企业文化的渗透力，企业充分利用《万向报》、阅览室、广播台等阵地宣传优秀员工事迹，开展合理化建议、书画比赛、专题讲座等活动，吸引广大员工积极参与，在潜移默化中熏陶、培养、引导员工形成清正廉洁的道德素养和敬业奉献的工作生活方式。《万向报》为旬报，每期发行 3 万余份，除了员工人手一份外，还给大专以上员工的家中寄去一份。员工踊跃投稿，一旦发表，除了能从编辑部得到一份稿费，本单位还有对等的奖励。

（3）小故事大道理——企业通过编辑发行生动、鲜活的故事，让员工切身体会到万向的文化理念和价值观 。目前已编辑《万向文化》、《员工手册》、《诚信手册》、《万向殊荣精选》、《万向小故事》等，特别是《万向小故事》看上去像是传统的小人书，图文并茂，便于携带，目前已刊发了 11 册，内容包括企业历史沿革中的主要事件，体现了小册子大理念的功能（各册的目录参见附件 4）。

（4）文化建设考核体系——万向形成了企业文化建设工作月度考核制度，设计了《企业文化建设月报表》（参见附件 5），把企业文化重点工作分解成 22 个考核项目，每月都要进行总结、考核和通报，把“软任务”变成了“硬指标”，并利用例会对重点、热点问题进行交流。

（5）“我的提案”活动——员工把自己的提案交到“我的提案”箱，有关部门按月汇总后交到提案管理事务处，通过各单位组织评审，再经过公示程序，确定提案奖励，包括物质、精神鼓励，在提案实施后，根据实施结果，再进行奖励。

（6）员工例会制度——员工例会是落实企业精神，强化管理人员与基层员工沟通的又一条有效途径，通过员工例会向员工传达公司的生产经营情况，表扬先进员工，开展思想教育，同时认真听取员工的意见和建议，把握员工思想动态，有针对性地开展工作，及时把不安定因素消除在萌芽状态。

(7) 操作技能比武——操作技能比武延续了“两袋投入”的一贯做法，鼓励员工根据公司需要发展自身，在本职岗位上不断进步，在为公司创造效益的同时，也促进了自身水平的提升，一大批优秀的操作、机电维修骨干人员由此脱颖而出。

例如，万向系统公司员工傅凤潮，进入万向工作 16 年来，先后从事过机修、磨加工等岗位，后根据需要从事工装夹具制作。针对进口设备多、产品技术含量高的情况，他知难而上、边干边学，迅速成长为数控机床、进口设备以及加工中心的工装夹具制作专家。在 2005 年萧山区职工十项技能比武中获得第二名的好成绩，被授予“萧山区技术能手”称号。

(8)“员工满意度”调查——每个单位每年至少开展两次“员工满意度”调查，围绕工作回报、团队建设、工作环境、企业管理、生产经营五方面 95 个问题，深入了解员工对公司整体及管理人员的满意度和意见，并有针对性地予以改进，切实体现“善待员工，员工第一”的要求。

(9)“师傅带徒弟”的传统——企业继承了“师傅带徒弟”的优良传统，每年开展“十佳师傅”评选活动，积极从技能和思想两方面做好新员工的传帮带，引导员工学技术、争一流，加快培养和造就高素质的一线操作和机电维修人才队伍。此外，还在技术人员中推广了“科技人员督导师”制度。

(10) 优秀员工评选——每半年开展一次优秀员工评选，从员工办实事和各单位企业文化建设月报情况中进行整理和评选，并在全集团范围内进行表彰和宣传，树立起员工身边可亲可敬的学习榜样。

(11) 丰富多彩的员工业余生活——关心员工，要关心其工作时间，也要关心其业余时间。员工的业余时间不被正确的思想和活动去占领，就要被其他思想占领。因此，要通过组织开展有意义的活动把员工的业余时间充分利用起来，使其成为社会所需要的人。总的来说，要天天有活动，在活动方式上除了以“万向杯”命名的系列比赛外，更重要的是要以小组、小团队形式开展，参与面要广，且多用比赛形式，毕竟人都是有上进心的。

(12) 制度规范保证文化建设的落实——公司完全按现代法人治理结构进行管理，并建立了完善的现代企业管理制度，以规范企业有序运作、促进企业快速稳健发展。万向制度体系包括监督管理制度、企业廉政制度、总监工作制度、内部审计制度等大的方面，具体包括财务管理制度、招投标制度、物资管理制度、人力资源管理制度、薪酬管理制度等许多方面。因此，制度文化是企业文化的保证。

还有其他许多富有人性的规定，例如，集团规定给每位过生日的员工送蛋糕，在单位大门口黑板上写着当天过生日员工的姓名，表示对员工生日的祝福，蛋糕发到基层，由上一级领导发给下一级员工，等等。

万向将在现有工作基础上，巩固已取得的成果，把企业文化建设持续深入地开展下去，不断创新工作思路和方法，继续围绕“为顾客创造价值，为股东创造利益，为员工创造前途，为社会创造繁荣”，为构建和谐社会作出新的贡献！

三、万向企业文化特色

万向创业 38 年来，以年均 25.89%的速度持续稳健增长。万向文化建设不仅提升了员工的整体素质，同时对提升企业的社会美誉度和客户忠诚度也起到了重要的促进作用。企业文化建设是企业快速稳健发展的重要基础，也是企业参与构建和谐社会的重要内容。

总结万向企业文化，无论是在企业文化的内容方面、在企业文化的建设方面，还是在企业文化的形成机制方面都有所创新。特别有以下三个特点值得关注：

1. 从企业文化到集团文化。

在企业文化的内容方面，是从企业文化扩展到集团文化的。

经过几十年的发展历程，万向已经成为了多产业、多层级的复杂组织群体。因此，组织文化也从单个企业文化进化到集团文化。其主要表现是，全集团有着共同的价值观，各个企业又有着自己独到的价值理念。这一点集中表现在文化手册上：集团有统一的“万向文化”手册，而下属二级公司也有自己的文化手册。例如，集团下属上市公司万向钱潮在自己的 2006 年版文化手册（万向钱潮企业文化）中，既涵盖了集团 2005 年文化手册的主要内容，还增加了一些符合制造业特点的内容。即在投资文化的后边又增加了“十二、追求卓越的比较优势管理；十三、整体营销管理；十四、双流工程；十五、三位一体；十六、五/三工作法；十七、技术降成本；十八、三个一切三接轨”等。

集团一方面鼓励下属企业探索除了集团文化规定外的一些内容，同时表示也会吸收其中有广泛意义的内容充实到集团文化中来。比如 2007 年集团文化手册改版时，就有可能吸收万向钱潮 2006 年版中的某些部分。

因此，集团文化与企业文化之间形成了从上到下和从下到上的良性互动关系，保证了既有整体一致性又有个体灵活性的生动活泼、健康发展的局面。

2. 企业文化与党组织。

在企业文化的建设方面最显著的特点是党组织的核心作用。其具体做法有：

（1）机构精简——集团党委由 7 人组成，集团董事长同时为党委书记。集团 5 个部门中设立党委工作室，集团文化由党委直接领导，党委工作室具体负责，工会、妇联、共青团组织共同参与，与人力资源工作、员工思想政治工作有机结合，资源共享、形成合力，提升凝聚力，增强战斗力。

（2）党员带头作用——万向党委自 1996 年开始组织“党员办实事”活动，并于 2002 年 8 月推广为“员工办实事”活动，对提升企业管理水平，提高企业经济效益起到了积极促进作用，大力弘扬了“讲真话，干实事”的企业精神，贯彻了“四个一”的岗位目标要求，以“三个围绕”为主要内容，通过每月办实事总结、评比、表彰，积极引导广大员工立足本职、诚实守信、爱岗敬业、奉献社会，使员工个人发展与企业经济建设紧密结合起来，并产生了良好的经济效益、人才效益和社会效益。

（3）党员、干部队伍梯队建设——党员队伍与干部队伍的建设是完全重合的，具体来说，就是在普通员工中评选优秀员工；在优秀员工中吸收普通党员；在普通党员中评选优秀党员；在优秀党员中选拔企业干部。这样，就形成了普通员工—优秀员工—普通党员—优秀党员—企业干部的梯队。

（4）党员建设月报——如上所述，万向有“员工企业文化建设月报”，党员也有党员建设月报，比普通员工要求更加严格。

（5）“政治生日”制度——每个党员每年要过两个生日，一个是作为普通员工的生日，另一个是作为党员的入党纪念日生日，即“政治生日”。在这一天，党员将会收到一份印制精美的党员政治生日贺卡，上面有提示某年、某月、某日入的党，重温入党誓词，还有企业文化“三个围绕”、“岗位目标”等最核心的内容。同时，党员还需要填写一份专门的党员调查表。在调查表中也特别包括了企业文化的内容（参见附件 6）。

（6）健全的组织生活——党员必须按时参加组织生活会，开会时唱国歌，闭会时唱国际歌。党内一律称同志，即不呼姓只称名。这个传统也扩散到整个集团的一般员工，大家都直接称名，反映了平等、亲近的同事之情。

总之，万向的企业文化由党群工作室负责，体现了党的核心领导作用，实现了党的建设与企业人力资源、企业文化建设与管理的合一，党员先进性高于员工先进性，党员先进性先于员工先进性，这是企业文化健康发展的有力组织保证。

3. 企业文化与企业家。

此外，在企业文化的形成机制方面最重要的一点就是企业家的作用。鲁冠球是最早参与创业 7 名元老中的一员，在企业一直干了近 40 年。他的素质与人格魅力直接关系到企业文化的水平。在万向集团，大家习惯称他为集团董事局的“主席”。

每位员工都有个人的体验和感受，初步归纳，大家对鲁主席的人格有以下一些认识：

（1）学习——大家认为鲁冠球最大的特点就是学习，每天都要学习党的政策文件，对基层党员、职工的报告作出批示。企业文化最核心的内容几乎都是他亲自提出的。

（2）勤奋——鲁冠球一年 365 天几乎每天都到公司，就是除夕或大年初一也会到车间转一转。开人大会等回来也是在第一时间就来到现场，他的务实精神感动了广大员工。

（3）节俭——令人无法相信的是，到现在鲁冠球仍然住在原来农村的房子里，办公室、办公用品都是老的，不仅算不上豪华，就是比一般的也好不了多少。他不去歌厅、不打高尔夫球、不注重穿名牌服装，中午和员工一样就吃份饭，很少陪客户吃，下属也基本上不陪吃。他的勤恳、节俭精神也带动了大家。

（4）创新——企业家的本色是创新。鲁冠球是企业发展各个阶段转型的掌舵人，从最早的承包制、精简其他产品集中万向节主业，到后来的进军美国市场、产业结构调整、股票上市与借助资本市场并购运作，都体现了他的胆量和智慧。

（5）稳健——企业扩张既是机会，也是风险和挑战，甚至可能是陷阱。鲁冠球掌握的舵盘表现得足够稳健。比如进军电动车，当时很不肯定能成功，限制因素太多了。但集团是建立了专门的公司，而且从电池、电控等部件做起，这样就能保证进退自如。

（6）自律——在权力相对集中的组织，有可能会缺乏必要的、有效的监督机制，鲁冠球注意党委会、集团董事局的建设，许多方案就是来源于下面，而不是自己拍脑袋。对于其他反面经验，他们也及时吸取教训。

（7）用人——企业家的功能在于用人。鲁冠球提出要用人之长而不要用人之短，乡镇企业出身的他，深刻知道人才的重要。他认为，与能力相比，道德品质是最重要的，他的知人善任、识人、爱才使得许多人甘心跟他打天下。

（8）平易——鲁冠球虽说是万人之上，但没有一点架子，任何普通员工都可以和他直接交谈，他对员工温和但对干部严格。有的员工生病，他亲自去看望，他以诚待人、平易近人的平民意识赢得了人们的信任。

（9）尊重——对于新来的员工，他都要见面讲话，请员工多看看企业，允许员工双向选择。“人人都是一把手”就能最大限度地调动人的潜能，寻求个人价值与企业价值的一致性正是鲁冠球具有凝聚力的重要表现。

（10）民主——从表面上看，鲁冠球具有很高的决策权。他认为，只有民主没有集中不行，同样，只有集中没有民主更不行。因此，他十分注重科学决策与民主决策，方案来自下面，责任与权力也在下面。这样就保证了企业的稳步发展。

鲁冠球的个人魅力吸引了广大员工，他的超前意识、勇于创新带领着万向不断前进。企业家是企业文化的灵魂，企业家的长期行为也是企业长期行为的基础。

四、万向企业文化研究发现

万向文化是全体万向人 38 年实践的积累，充分体现出独特性和唯一性，揭示了万向企业成功的奥秘，更是万向未来发展的依托。

在万向企业文化的研究中，也发现了一些新的领域和问题，具体到以下三个方面。

1. 关于网站建设。

《万向报》是很成功的，以后也要继续办好，企业网站是新形式，如何协调报纸与网站是一个新的课题。万向网站已经增加了互动的功能，但这还不够。当然，由于万向节不是生活消费品，所以不能搞成一般生活消费品的电子商务模式。不过，现在万向集团的产业结构调整了，也有了生活消费品的内容，所以需要进一步发展。目前网站企业文化方面的内容还不够丰富，有许多内容值得介绍和传播。再就是企业博客，博客在国外已经开始成为企业内部交流以及与外界沟通的重要工具和平台了，万向也有了一个企业博客，但是下级企业方面却说并不了解。

2. 关于知识管理。

万向在信息化管理方面做得很有水平，基本上实现了无纸化操作，同时，在知识管理方面也有了很好的探索。例如，车间负责人将员工机床操作的常见故障变成手册，实现员工知识共享，除编写企业文化手册外，将优秀员工的事迹、体会公开刊登出来，也是使隐性知识转变为显性知识的重要内容。因此，在企业文化建设中，如何将知识管理也有机地结合起来，实现知识的转化和共享也是值得继续深入探讨的课题。

3. 关于文化整合。

万向已经突破了传统的万向节生产，无论是产业还是地域，都在实现扩张。那么，并购之后的文化整合就显得十分重要了。万向已经认真地开展了文化整合，但是制造业与服务业会有所不同，南方与北方也会有所不同。实际上，就是在浙江，所谓的“浙商”也会有所不同，比如萧山文化与温州文化就存在着差异。异地的文化支援与文化冲突才刚刚开始，跨国、跨地区、跨行业的文化整合已经有所收获，万向不仅输出文化，也善于向当地学习。例如，他们感到原来国有企业通讯员的素质就很高。

万向文化在输出的同时也在输入，因此，万向文化的发展走向很值得期待。

附件 1：万向集团企业文化手册（2005 年版）

序

发扬万向文化，首先要学习万向文化。这是全体万向人 30 多年实践的积累，是我们共同意志的结晶，更是万向未来发展的依托，是我们人生价值的体现。

所谓有形的价值有限，无形的价值无限。尽管在未来的岁月中，万向文化仍然需要不断地完善和发展，但是，发展需要继承，融会贯通才会实现新的提升。

希望大家学习万向文化，实践万向文化，共同提升万向文化。

董事局主席：鲁冠球

一、企业宗旨

为顾客创造价值　为股东创造利益

为员工创造前途　为社会创造繁荣

[注解] 企业作为市场经济的主体，要正确处理社会、股东、顾客、员工的相互关系，不可失之偏颇，四者相辅相成，缺一不可。万向要做的，就是让顾客、员工、股东、社会“四满意”。同时，以此作为万向的公开承诺，以体现出万向存在的社会价值。

二、企业目标

战略目标：成长为拥有核心竞争能力和核心价值的现代公司

[注解] 我们追求的目标，更多地应着眼于锤炼企业的核心竞争能力、培育企业创造价值的能力，而不是单纯地以利润最大化为目标。不是在任何一个年代都能创造现代公司，而在中国经济欣欣向荣和万向事业蓬勃发展的今天，完全可以创造的，且机不可失。

经营目标之长远目标：实现两个“三级跳”：

省级集团——国家级集团——跨国集团

省内 10 强——国家 100 强——世界 1000 强

[注解] 在万向创业 25 周年之际提出的跨越两个“三级跳”的长远目标，目前分别已经实现了前“两级”，跨国集团雏形已具。综合实力要跻身于世界 1000 强是万向的不懈追求。

经营目标之近期目标：奋斗十年添个“零”

[注解] 20 世纪 70 年代，企业日创利润 1 万元，员工中最高年收入突破 1 万元；80 年代，企业日创利润 10 万元，员工中最高年收入突破 10 万元；90 年代，企业日创利润 100 万元，员工中最高年收入突破 100 万元。奋斗十年添个“零”，就是要在 2010 年以前实现企业日创利润 1000 万元，员工中最高年收入突破 1000 万元。

管理目标：人尽其才 物尽其用 钱尽其值 各尽其能

[注解] 企业是由人、财、物三要素组成的，企业管理也围绕人、财、物展开。企业管理中容易出现的问题是“有人无事做，有事无人做；有物无用处，需用没有物；有钱无利创，有利无钱投”。对此，万向要达到的目标是“人人有事做，事事有人做；物物有用处，需用都有物；钱钱有利创，利利有钱投”。从而实现“人尽其才，物尽其用，钱尽其值，各尽其能”。

岗位目标：一天做一件实事 一月做一件新事

一年做一件大事 一生做一件有意义的事

[注解] 在万向，不论任何岗位，都必须以“事”、以“作为”来评论贡献、考核价值。针对“一天、一月、一年、一生”，万向提出的岗位目标是对每位员工、每个岗位的基本要求。实事，指实实在在事、日常工作；新事，指创新事，在认识或方法上不同以往；大事，指岗位重点工作，能为企业带来良好效益；有意义的事，指不仅是对企业有效，而且要对社会、对人类有意义。

三、企业哲学

经营哲学：财散则人聚 财聚则人散 取之而有道 用之而同乐

[注解] 从企业的角度理解，财散则人聚，此处“财”是指一切可用的资源，包括利润，“聚”指对资源进行合理配置，整合开发；财聚则人散，此处“财”是指已开发整合的资源或已形成的价值，“散”指将赚取的利润、资源投入到再发展中去。

从员工的角度理解，员工得到了应得的报酬，就会聚在万向事业的周围、献计献力；如果员工的价值实现不合理，员工就会离心离德，弃万向而去。而员工要取得应有的报酬，实现自身价值，靠的是诚实劳动。

无论是企业还是员工，在“财”的聚散上均要体现“有道”，企业讲“得道多助，失道寡助”，员工讲“君子爱财，取之有道”，而“用之同乐”则是共同的目的。

经营理念：大集团战略　小核算体系　资本式经营　国际化运作

[注解] 大集团战略，是指在持续竞争优势、业务发展方向、市场竞合关系、综合管理协同等战略性决策上，由集团统一协调安排，而在战术性行动上由各企业在集团战略指导下自行决策。

小核算体系，是指在集团战略指导下，各企业独立开展日常经营管理运作，对企业业务的经营效果负全责，并根据实际经营业绩实行利益挂钩分享的核算制度。

资本式经营，是指根据资本经营的要求，集团严格按照财务业绩、顾客忠诚、管理潜能、创新学习等方面指标要求，对各企业及各种业务是否同步改善、良性发展，进行长短期业绩评估，最终决定取舍。

国际化运作，是指在管理运作上，适应集团全球发展要求，加强集团内外部资源的整合，探索体现万向自身特色与竞争优势的持续发展之路。

经营原则：利他共生，共创共享

[注解] 国家之间、地区之间、企业之间，甚至人与人之间，要想获得长久的发展，只有通过合作与联合，使自己的存在为他人的发展带来便利，通过利他进而利己，相互促进，共同提高，共同开辟更广阔的生存和发展空间。

世界经济发展到今天，想仅凭个人力量而成功是不现实的，甚至是不可能的。为此，每位员工要结合企业目标制定个人目标，与集体共生；以万向资源为创业平台，与企业共享；帮助别人就是帮助自己，与他人共荣。

管理原则：人人头上一方天　个个争当一把手

[注解] 这是一种机制，一种激励，一种追求精神。每位员工围绕万向事业，在自己的那方“天地”里，都应争当一把手，去施展才华，实现价值。

奖罚原则：奖罚分明　多奖少罚

[注解] 有奖无罚必乱，有罚无奖必怨，无奖无罚既乱且怨；必须奖罚分明，公平合理，同时注重多奖少罚。这是万向的奖罚之道。

人本原则：两袋投入，使员工身心与物质受益

[注解] 两袋，即“口袋”与“脑袋”。“口袋投入”指尊重员工的劳动价值，严格执行按劳、按效、按资分配，按员工贡献来决定报酬的高低。“脑袋投入”是指做好思想政治工作，教育员工爱祖国，爱共同富裕的集体，只有国家富强，企业效益

高，自己勤奋，个人才能逐步富起来，同时不断组织员工学新技术、新知识，从而提高思想文化知识水平。“两袋”相互交融，循环往复，精神的、物质的辩证地统一起来，员工身心、物质双双受益。

四、企业精神

讲真话 干实事

[注解] 对一个人来说，要做到做老实人、说老实话、办老实事。对一个企业来讲，人人都要讲真话、干实事，只有这样才能认识自己、认识他人、认识社会，只有知己知彼，才会明白自己的缺点和短处，也才会虚心学习别人的优点和长处。讲真话难，干实事更难，知难而进，既是我们的传统，更是我们要一以贯之、永久保持的精神。

五、企业道德

万向道德观：外树诚信形象 内育职业忠诚

[注解] 每一位员工，都应做到“企业内——优秀的万向员工，企业外——文明的社会公民”，在作为“自然人”、“企业人”和“社会人”等方面形成有独特行为内涵的“万向人”形象。作为“自然人”时，生活方式讲文明、有修养；有知识、爱学习;身心健康，艰苦奋斗等。作为“企业人”时，干主人活、尽主人责；遵纪守规；有现代企业员工的风采，时时处处体现出一种高素质、高风尚、高品质等。作为“社会人”时，维护万向形象，宣传万向形象；对万向不利的事不做，对万向不利的话不说；体现出对万向的高度自信和作为万向人的荣誉感；利用各种机会收集对万向发展有利的信息资料，尽力促成有关方面与万向的合作；遵守法律法规，维护社会公德等。

不论在企业内还是企业外，“诚信形象”需时刻保持。诚实是做人之本，守信是立事之根。诚实守信，对自己，是一种心灵的开放，是对自己人格的尊重；对他人，是一种交往的道德，是一种气魄和自信；对企业发展，则是一种精神，是无形资产，更是管理价值的有效提升。打造“诚信形象”是长期工程，需从我做起，从身边小事做起。

职业忠诚，是指对自己所从事的职业、事业、岗位忠诚。同时把自己所设计的人生目标与企业目标融于一体，这是最好的效忠企业。

万向用人观：有德有才者，大胆聘用，可三顾茅庐，高薪礼聘；

有德无才者，委以小用，可培训提高，促其发展；

无德无才者，自食其力，无德有才者，坚决不用；

如伪装混入，后患无穷。

［注解］人力资源是企业可持续发展的重要保证。万向以“德”、“才”来衡量如何“用人”。万向希望能聚集一批“有德之才”，成为企业最宝贵的资源。而“无德有才”之人，万向视之为企业“道德风险”的隐患，绝对不可用。

万向公私观：舍己为公，大公无私，公而忘私，是先进的；

先公后私，公私兼顾，是允许的；

先私后公，私字当头，是要教育批评的；

假公济私，损公肥私，是要制止与打击的；

表面为公，暗中为私，乃伪君子，是要防止的。

［注解］每个人都会有“公”与“私”的问题，关键在如何对待、处理。万向提倡舍己为公，大公无私，公而忘私，同时也允许先公后私，公私兼顾。除此之外的公私观念与做法，在万向都行不通。

六、企业作风

信条篇之一：务实　创新　卓越

［注解］从实际出发，创造对社会、企业、员工有益的价值，是我们办企业的根本，故一切行为都需围绕“务实”二字。但要有实效，又必须以“创新”为手段，在组织、制度、决策、管理等各方面创新，形成创新机制，才能使企业获得发展与壮大。“卓越”则是一种永不满足、一种超越自我的精神，只有不断走在时代前列，企业才能有永远的生命力。

信条篇之二：不赶时髦，不搞形式，不讲假话

走自己的路，圆自己的梦

［注解］赶时髦，搞形式，讲假话，最终都不可能达到我们的目标。要去伪存真，认准目标，自己的路自己走，自己的梦自己圆。

信条篇之三：思路决定出路　作为决定地位

一切都是人为　时间检验行为

［注解］怨天尤人没有出路，消极悲观走向死路，世上没有救世主，只有通过发展自己、提高自己，才能自己救自己。对一个人、对一个企业来说，都是这样。

生活中，你怎样对待别人，别人就怎样对待你；工作中，你流了多少汗水，就一定会得到多少回报。

一个人有多大的作为就决定着有什么样的地位，一家企业给社会作出多大的贡献，也同样决定着什么样的地位，这所有的一切都靠人为。而行为的对和错得以时间来检验，反过来，也就因为如此，我们所考虑的事情、所作出的决定即将付诸行动前都要想得长远些，更加负责任些，要经得起时间的检验。

信条篇之四：天上不会掉下馅饼 地上没有免费午餐

从来就没有救世主 一切都靠自己创造

［注解］播种才有收获，付出才有回报，只有不断创造才能更好地生存和发展，世上本来就没有救世主，一切得靠自己创造，一个人是这样，一家企业乃至整个社会同样如此。

信条篇之五：做事：进一步海阔天空 退半步前功尽弃

做人：忍一时风平浪静 退半步海阔天空

［注解］我们的事业不进则退，只有前进，别无选择。干好事业只要我们认定目标，百折不挠，充满信心，齐心协力，尽心尽力，坚韧不拔，勇于学习和改进，努力、努力、再努力，向前一步，就是海阔天空。但是，如果我们有半点投机的想法和懈怠的表现，存在一点侥幸的心理，我们就会前功尽弃，最后是死路一条。

每个人在工作、生活的道路上都会碰到困难与挫折，如何面对？要忍。忍，不能理解成只是佛教中的简单含义。我们所讲的忍，是指一种对思考问题的专注、一种对解决问题的知识的积累及一种等待胜利的耐心，而不是冒进、急躁和冲动，忍过一时，排除困难，自然风平浪静。所谓退半步，是指我们面对成功，不是停滞不前往后退，而强调的是实干在前，享受在后，控制物欲，少考虑享受，因为我们还没有到享受的时候。保持这样的心态，我们的未来必将是海阔天空。

操守篇之一：做好“四管” 严字当头

［注解］四管：把上级管好，对上级负责，把上级布置下来的工作做好，不能阳奉阴违，拖而不办；把下级管好，管理好你的下级，对下级的错误要敢于负责，要想管理严明高效，必须一级一级地管好；把亲戚朋友和子女管好，要一视同仁，一切以能力和企业利益为标准，做到自己问心无愧；把自己管好，以身作则，千万不要贪财、贪色、贪玩、贪权，先管好自己，才能管好别人。做好“四管”标准：严字当头，严格要求，严格管理，一丝不苟，铁面无私。

操守篇之二：多看则清 多听则明 多思则聪 多干则成

［注解］实践是检验真理的标准。多看、多听、多思，都是为了多干，为了实

践。实践出真知，实践出成效。

操守篇之三：读万卷书　行万里路　交万人友　创万年业

［注解］读万卷书，是不可一日不学习，要博览群书，渊博知识；行万里路，是多实践，在实践中开阔视野，增长才干；交万人友，是广交朋友，营造“得道多助”的良好环境，同时也是获取广泛信息的重要渠道；创万年业，是让万向常青不衰，永远不败。

操守篇之四：以勤砺志　以俭养德

［注解］“勤”跟“懒”或“惰”相对，“勤”是不断地去做、尽力多做，长此以往，必能增强一个人的意志，培养其志气，这是一种高尚的作风。“俭”与“奢”或“侈”相对，就是“爱惜”或“不浪费”，这是一种美德，好的品行，良好的习惯。物质上的克勤克俭，表现的不仅是我们做人自尊、自律的态度和方式，而且更是我们做事坚韧不拔、艰苦奋斗、积极进取的作风和品格。

勤俭是一种积极进取的精神状态，是企业加快发展的动力源泉。勤俭不仅是财富的积累，更是良好投资形象的树立，是组合社会资源的前提条件。勤俭是对劳动的尊重，是对一切积极因素的善待，是企业加速发展的根本。

操守篇之五：想主人事　干主人活　尽主人责　享主人乐

［注解］想主人事，时时处处考虑企业的利益，时刻关注企业的发展。干主人活，人生的价值在于奉献，主人翁意识最基本的表现就是要把自己的工作干好。尽主人责，员工作为企业的主人，就是要积极参与企业管理。享主人乐，员工想主人事，干主人活，尽主人责，企业就应该让员工享主人乐。

七、万向投资文化

我们到任何地方去投资，不是去掠夺，而是去播下一颗种子。我们要尊重当地政府，尊重合作企业，尊重项目规律，坚持诚信为本，以平等的心态对待合作者。

投资合作的前提在“谨慎”：谨慎研究发展趋势，谨慎了解企业实情，谨慎对待政府承诺，谨慎掂量自身能力，谨慎把握进入时机，宁可失去投资机会，不可选错投资项目。

基础在“多赢”：

使当地政府——增加税收、解决就业、繁荣社会

使合作企业——降低成本、提高效率、扩大规模

使企业员工——提高收入、拥有前途、实现价值

核心在“服务”：

输出资本是手段，输出服务是核心，要强化服务意识，为合作企业提供发展所需的资源支持。

回报在“增值”：

联合资源，优势互补，价值增值，加快发展是投资合作的目的，投资合作回报，要建立在提高企业资本回报率，做“大蛋糕”的结果上。

八、万向规划

（1）目标：通过市场、管理、资源的创新整合，构建顾客忠诚的万向制造品牌与市场网络体系，实现利润回报、顾客忠诚、管理潜能、创新学习的同步提升。

（2）方针：管理信息化，服务网络化，发展品牌化，合作全球化，资本市场化。

[注解] 管理信息化，是指从以派员直接参与所属企业管理过程运作、事中及事后风险监控与消除，向以健全管理信息搜集与分析制度、以信息整合业务流程、事先掌控预警经营管理风险与帮助所属企业提升管理水平的转变。

服务网络化，是指从以技术、生产、个人营销为核心的市场体系，转化成为以终端服务、快速响应、品牌忠诚为核心的市场网络，为万向相关业务拓展提供市场进入通道。

发展品牌化，是指充分重视技术开发、产品质量、配送便捷、终端服务，积极利用万向已有资源，使其更多地转化为万向的品牌优势，以提高万向产品最终顾客的忠诚度。

合作全球化，是指在处理与产业链上下游及同行关系时，需重视相互之间优势互补、市场共创、利益分享运作机制的建立，通过有选择地建立战略伙伴关系，增强企业的技术、生产、市场优势。

资本市场化，是指创造一个规范的投资环境，加快国际资本与民众资本的进入，使万向资本实现国际化、股份化并最终走向证券化，全面与国际接轨。

（3）措施：“三个一切”，即联合一切可以联合的力量，利用一切可以利用的资源，调动一切可以调动的积极因素。

[注解] 实施“三个一切”需要以“三个必须”为前提，即要想联合，必须拥有；要想利用，必须付出；要想调动，必须善待。

具体以“三个围绕”确保“三个一切”，即围绕发展企业生产力，联合一切可以联合的力量，打牢企业发展实力基础；围绕提高员工素质，调动一切可以调动的积极因素，打牢企业发展智力基础；围绕为社会作贡献，利用一切可以利用的资源，打牢企业发展的资源基础。

只有更广泛地联合社会力量，更有效地利用全球资源，更深入地调动积极因素，让一切创造财富的源泉充分涌流，没有办不成的事，没有办不好的企业。

附件 2：万向诚信手册

目　录

序　言

诚实守信作为公民的基本道德规范有着新的内涵，它包括：在政治生活中，忠于祖国，忠于人民，忠于社会主义事业；在经济生活中，公平交易，恪守合同，反对假冒欺诈；在日常工作中，实事求是，言行一致，反对欺骗；在人与人的交往中，开诚布公，以诚相待，反对虚伪。

诚实是做人之本，守信是立事之根。诚实守信，对自己，是一种心灵的开放，是对自己人格的尊重；对他人，是一种交往的道德，是一种气魄和自信；对企业发展，则是一种精神，是无形资产，更是管理价值的有效提升。

回顾万向发展历程，正是由于我们一直以来坚持以诚待人，以德服人，“为顾客创造价值，为股东创造利益，为员工创造前途，为社会创造繁荣”，我们的企业实现了30多年持续、稳健、快速的发展。

《万向诚信手册》作为每位万向员工在各自工作岗位的一种诚信规范，需要每位万向员工身体力行，使之成为一种习惯，成为我们的行为准则，并使之成为万向的传统，一代一代流传下去。

第一篇 万向诚信·企业篇

一、企业诚信·社会

1. 依法经营，照章纳税
2. 精益求精，争创一流
3. 办事高效，服务热情
4. 富而思源，回报社会

二、企业诚信·同行

1. 公平竞争，诚实守信
2. 尊重同行，寻求合作
3. 平等互惠，共同发展
4. 遵守行规，实现“双赢”

三、企业诚信·客户

1. 珍惜客户，注重形象
2. 信誉第一，遵守承诺
3. 保证质量，服务至上
4. 不断创新，满足需求

四、企业诚信·员工

1. 以人为本，尊重员工
2. 改善条件，优化环境
3. 适时培训，提高素质

4. 按时付薪，因材施用

第二篇　万向诚信·员工篇

一、员工诚信·社会

1. 热爱企业，外树形象
2. 遵纪守法，明礼守信
3. 举止文明，遵守公德
4. 诚实正直，积极向上

二、员工诚信·企业

1. 爱厂如家，忠于职守
2. 勤奋实干，遵章守纪
3. 严守秘密，不搞兼职
4. 注重学习，提高素质

三、员工诚信·客户

1. 以诚待人，客户至上
2. 守时守信，办事高效
3. 不索回扣，保守秘密
4. 服务热情，一诺千金

四、员工诚信·同事

1. 团结协作，相互尊重
2. 真诚相待，和睦相处
3. 体谅互让，勿说人短
4. 互帮互学，共同发展

第三篇　万向诚信·岗位篇

一、经理人诚信准则

1. 忠于企业，遵守章程
2. 科学决策，把握权限
3. 不牟私利，不营他业
4. 尽职尽责，善待员工

二、管理人员诚信准则

1. 服从领导，勤勉尽职

2. 讲究民主，尊重员工

3. 不牟私利，作风廉洁

4. 沟通协调，确保稳定

三、营销人员诚信准则

1. 以诚待人，尊重同行

2. 公平竞争，注重形象

3. 守时守信，服务热情

4. 廉洁自律，不搞兼职

四、金融人员诚信准则

1. 恪守法纪，保守秘密

2. 廉洁自律，杜绝违规

3. 维护信用，防范风险

4. 强化现任，注重操守

五、财会人员诚信准则

1. 科学理财，业务规范

2. 账目真实，不做假账

3. 维护信用，防范风险

4. 光明磊落，公私分明

六、技术人员诚信准则

1. 严谨务实，精益求精

2. 杜绝侵权，反对剽窃

3. 钻研业务，勇于创新

4. 团结协作，保守秘密

七、服务人员诚信准则

1. 注重仪表，礼貌待人（亲切感）

2. 细心周到，服务热情（舒适感）

3. 勤练技能，规范操作(惊奇感)

4. 守时守信，宾至如归（留恋感）

八、操作人员诚信准则

1. 诚实劳动，踏实工作

2. 严守规程，安全操作

3. 精于技能，质量至上

4. 互帮互学，团结合作

附件 3：典型模范员工事迹

例 1. 马传根，其本人是终身员工，现负责宁波工厂日常事务，爱人原在钱潮公司制造总部工作，于 2005 年 9 月退休，家有一子，2006 年刚参加完高考。家里父母健在，马传根夫妇对他们的日常生活照顾有佳。值得一提的是，马传根夫妇同心同德，一直以来在资助萧山南阳一贫困单亲家庭的女孩上学，现正浙江工业大学读大二，从小学到大学已为其资助教育费及生活费 4 万余元。

例 2. 万向租赁公司员工自发捐资买来文具盒、笔及尺子、橡皮等邮寄给云南省迪庆市香格里拉县建塘镇尼史完小的 9 位结对贫困学生，同时还汇去了数千元资助款，为贫困地区的孩子献上了一份爱心。

例 3. 钱潮精密件公司员工童海明接到省血液中心及省献血办电话：省妇保医院有一产妇急需用血，因该产妇血型与童海明的血型相匹配，都属于稀有血型。童海明二话没说，立即赶到市中心广场，献上了 400cc 血。

例 4. 据不完全统计，万向近年来无偿献血员工已达 1800 多人次，献血量超过 38 万 cc，其中党员是中坚力量。万向员工以自己的实际行动展现出了万向员工所具有的高度社会责任感和奉献精神。万向集团公司连续 4 年被评为“萧山区无偿献血先进单位”，其中两年还被评为“杭州市无偿献血先进单位”。

例 5. 万向河南许昌公司罗军民得知村上一老太太突患白内障，因家中困难无法治疗，时间一长将有失明危险，主动给老太太送去 300 元钱，并安慰她安心治病。

例 6. 万向河南许昌公司党员罗军民到邮政储蓄所存款 1500 元，储蓄员由于疏忽在将钱存入储蓄卡后，将 1500 元钱连同储蓄卡交还给他，其主动向储蓄员说明是存款不是取现，使储蓄员避免了损失，表示非常感谢。

例 7. 万向钱潮轴承公司团员蒋伟军在下班途中，看见一辆轿车把一位老人撞倒后想溜走，立即冲上前去抓住驾驶员并打 110 报警、120 急救，并协助将老人送到医院救治，一直等到其家属来后才离开。

例 8. 钱潮公司党员倪金传专门购置了礼品和学习用品，在 2007 年的大年初三去临安探望其资助的困难学生，并自己掏钱给其家里安装了电话。

例 9. 钱潮轴承公司员工王欢青在春节期间到亲戚家拜年时，突然发现村子里有两间木结构的房子着火，火势凶猛已经蹿到屋顶，其立即赶到失火地点帮助村民全力扑火，使旁边的屋子完好地保存了下来。

例 10. 马建枝 1995 年 7 月从洛阳工学院毕业来到万向，期间当过车间操作工，搞过工艺，负责过产品的设计开发，作为项目工程师，她在国外的配套产品开发方面发挥了积极的作用，受到公司上下的一致好评。现在马建枝已经走上了管理岗位，担任了万向钱潮股份有限公司技术处经理助理，并兼任设计科长，开发了数百种新品种，拥有 20 余项专利，有多项技术成果在省、市、区获奖，并被杭州市人事局授予市首批新世纪“131”优秀中青年人才培养人选。其本人在万向实现了人生价值，同时也为万向创造了较大的经济价值。

例 11. 2006 年 5 月 3 日，等速驱动轴工厂金工部一台关键设备——XG610 三工位铣床西门子控制系统数据丢失，待恢复后设备仍不能启动。由于正值“五一”长假无法联系西门子公司维修，党员蒋小良、孙建忠主动对该机床进行修理，通过 3 天研究和摸索终于在 5 月 5 日下午找到故障原因，使该机床恢复了正常，不仅为生产赢得了时间，更为公司节省了大笔维修费用。

附件 4：万向故事 1~11 册目录

序号	题　目	主要内容
1	新世纪之约	万向集团并购美国舍勒公司纪实
2	走进纳斯达克	万向集团收购美国 UAI 公司纪实
3	炮筒料头升迁	万向早期从计划外市场寻找生存空间
4	万向情牵老书记	万向第一任党委书记祝炳善同志先进事迹
5	万向节开创万向业	万向节专业化生产的创业艰辛
6	背水一战赢质量	果断处置有问题产品，严格控制质量
7	饮马长江，会盟武汉	万向成功跨出本地进军实现扩展
8	联合求发展	淮南轴承公司建设
9	美国有了万向日	美国伊利诺伊州每年 8 月 12 日为万向日
10	百年老店收购记	万向集团收购美国洛克福特公司纪实
11	友谊的使者	万向美国公司员工盖瑞先进事迹

附件 5：万向集团企业文化建设月报表

序号		内　　容	考核分
一	计划总结	1. 本月计划是否及时明确落实（2 日前）____________。（2 分） 2. 上月工作是否认真总结（2 日前）____________。（3 分）	
二	员工沟通与问题解决工作	1. 员工例会是否按时召开____________。（5 分） 2. 上月重点解决的问题____________（18 分） 3. 员工关注的热点问题____________。（5 分） 4. 遗留问题及改进办法____________。（10 分）	
三	文化宣贯展示工作	1.《万向报》送到时间____日__日__日， 发送到员工手中时间____日__日__日。（2 分） 2. 上月对外投稿（含投《万向报》____篇，用稿____篇，累计用稿____篇。（3 分） 3. 宣传窗（黑板报）有____块，上月为第____期，累计____期，主要内容是 ____。（4 分） 4. 阅报栏有____份报纸，更换是否及时________________。（2 分） 5. 有无形象（文化）展示牌___，上月保持（维护或更新）情况____。（2 分）	
四	精神文明工作	1. 坚持多奖少罚，上月奖励员工______人，处罚员工________人。（6 分） 2. 发现赌博、打架等违纪事件___起，具体是____________。（2 分） 3. 上月加班____天，是否做好加班的沟通工作____________。（4 分） 4. 上月慰问伤病员、退（离）休等员工____________人。（2 分） 5. 上月贺生日_____人，礼品____________。（2 分） 6. 上月结婚_____人，礼品____________________。（2 分）	
五	群团工作	1. 上月工、团、妇等活动内容：（10 分） A. B. C.	
六	自身队伍建设	1. 企业文化建设班子是否健全____________________。（2 分） 2. 集团企业文化会议是否按时参加_____，企业文化建设兼职负责人会议是否召开_____，交流讨论内容是________学习内容是________。（6 分） 3. 企业文化建设兼职负责人是否违纪____________________。（2 分）	
七	企业文化案例	1. 优秀员工______，优秀事迹______________________。（6 分）	

注：另交上月工作小结与本月工作计划。

报表中几项重点工作如员工例会情况、重点解决的问题、人物及事迹或创新性的举措等，请在“月度工作小结”栏具体论述。“考核分”栏目由党办填写。

附件 6：万向党员“政治生日”贺卡调查表

_____：

_____月_____日是您入党_____周年的纪念日，谨此再次向您表示诚挚的祝贺！

在这特殊的日子里，烦再花您几分钟，配合我们作一项简单的调查。

谢谢您的支持！

——集团党工室

__________支部　　　姓名：__________

1. 您认同万向文化吗？

A. 认同　　B. 基本认同　　C. 不认同

2. 您对党支部所开展的日常工作感到满意吗？

A. 满意　　B. 基本满意　　C. 不满意

3. 您认为在群众的心目中，党员的整体形象：

A.很好　　B.一般　　C. 不好　　D. 说不清楚

4. 作为一名党员，您的感觉是：

A. 光荣与责任，与人交往时愿意让别人知道

B. 与群众一样，没有光荣或不光荣的感觉

C. 觉得不太光荣，不愿让人知道

D. 说不清楚

5. 您对当前社会上不同人群之间收入差距拉大的看法是：

A. 是改革开放、实行社会主义市场经济体制的必然结果，公平合理

B. 不合理，但是是暂时现象，可以接受，随着改革的深化，将会变得公平合理

C. 不公平、不合理、不能接受

D. 说不清楚

6. 党支部召开组织生活会时，如果工作或生活上遇到了一件需要办，但可以缓办的事情，您会怎么办？

A. 参加组织生活会后，再去办要办的事

B. 请假，去办要办的事

C. 不请假，就去办要办的事

7. 近一年来您参加党的组织生活的情况？

A. 每月一次　　B. 一季度一次　　C. 半年一次

D. 一年一次　　E. 未参加过

8. 您认为最近参加过的党组织活动：

A. 方式、内容有所创新，很有吸引力，效果显著

B. 活动吸引力不足，内容单一，效果一般

C. 流于形式、应付了事，没有效果

D. 无所谓

9. 您认为自己发挥先锋模范作用了吗？

A. 发挥作用很好　　B. 发挥作用一般

C. 不如普通群众　　D. 不能发挥作用

10. 您所接触到的多数党员发挥先锋模范作用的情况怎么样？

A. 发挥作用很好　　B. 发挥作用一般

C.不如普通群众　　D. 不能发挥作用

11. 当您发现单位领导干部有违法违纪行为时，您怎么办？

A. 检举揭发　　B. 组织上调查时可以配合

C. 视而不见　　D. 其他

12. 下列哪些原因最可能导致党员的模范带头意识减弱？（限选二项）

A. 部分基层党组织软弱涣散

B. 党的组织生活制度不健全

C. 党组织不能代表和维护党员利益

D. 很少开展党员意识教育

E. 党员的自我要求降低

F. 市场经济的冲击和影响

G. 其他（具体说明）

13. 您对参加社会公益事业的态度是：

A. 积极参与　　B.有组织就参加　　C. 不关心，不了解

14. 您希望组织上帮助解决个人生活中的最主要困难是：

15. 另外你要反映的问题有：

第三部分

时　评

第 13 篇 “两头吃”——中国改革时代“英雄”的奥秘*

中国正处于经济体制的转轨时期，总的方向是从社会主义的计划经济走向社会主义的市场经济，因此，由市场配置要素的趋势将会逐步加强，主要由国家或政府配置要素的机制将会发生改变。但是，正如物理学中的“惯性定律”一样，整个社会的转型也会存在着巨大的惯性。换句话说，在目前的一个历史阶段，市场与政府的力量都在起作用，基本上是平分秋色。

可以将某些企业获取的特殊利益大体归纳为两个方向，一个是“吃社会”，就是巧取豪夺，从老百姓那里得到特殊的好处，比如移动电信公司每月收 50 元月租，双向收费，用大陆用户的钱讨好境外股民？当然，在这之中也有政府的支持。另一个是“吃政府”，就是从政府那里得到补贴、优惠和好处，如国有企业一直不上缴利润。实际上“吃政府”也就是吃老百姓。

更令人刮目相看的是在如此的历史阶段，造就出了一些“两头吃”的“英雄”。所谓的“两头吃”就是一边“吃”政府，一边“吃”社会。让我们首先来考察一些现象。以下列举的事实可能大家都已经见怪不怪、习以为常了。

国有企业股票上市——一些国有企业凭借政府分配名额，杜撰出一个“股份公司”，圈了股民的钱，利润不交政府。

包袱一甩政府埋单——“××制药”上市后亏损，将 12 亿资产与负债剥离到集团公司，由国有集团公司解决经营困难。

补贴照收国资流失——“××巴士”集团公司每年获得政府补贴 10 亿元，上市公司的线路使用权免费，月票不能用，乘客很麻烦。其实质是将政府补贴转发为红利。

政策空子钻了又钻——“××钢铁”先请一拨人论证“贷改投”，成功之后再请

* 参见《“两头吃”企业五大花招》，载《英才》2006 年第 7 期。

另一拨人论证新项目要求银行贷款。

政府投资外人获益——“××铁路”由政府投资建设，部分运行设施引进国外投资，政府出钱，外国人获利。

政府补贴境外上市——银行改制政府几次巨额补贴，到境外上市外国人得到好处，国人不能分享。某大企业动辄得到国家100亿元补贴。

双重价格榨取民众——政府搞经济适用房也许初衷不错，但是执行起来房地产商赚取了价差，有钱人高兴，百姓受难。

国家外商照单全收——清华、北大为重点中的重点，国家有额外补贴，世界500强企业纷纷设置奖学金，金字塔越堆越高？

公车改革越改越坏——本来，公车腐败已经登峰造极，一些地方的车改成了工资正常化的把戏，人们愤恨之极。

分析出现上述现象的原因，可以有以下一些方面：

政府强势政绩至上——官员主宰项目，只要对政绩有利，不管成本代价，无非是挥霍人民血汗，因此是政府官员让吃。

垄断效益市场扭曲——某些垄断行业如电信、铁路等吃市场时血盆大口，如有亏损，又有政府包着。

政策摇摆路径不定——政策多变已成习惯，“拨改贷”引来“贷改投”；国资委先是禁止高管持股，很快又反悔。

总而言之，由于改革不彻底，我们看到的更多的是官员与经营者的“双赢”。一些企业和个人利用优势地位从市场获得不当好处，再设法从政府那里获得利益，从而透过国家吸榨人们的血汗。

只要改革不继续深入，这种“两头吃”的状况就不会得到解决。而某些人们可能就希望这种局面能长久维持下去。

第 14 篇　摸着石头闭着眼

在改革开放初期，“摸着石头过河”强调了开创性、勇敢性。总的来讲，实践出真知，实践是检验真理的标准，这是正确的。但是，这并不能于否认规律和否认理论。同时，马克思主义唯物辩证法告诉我们，任何事物都具有矛盾的两重性，既具有矛盾的特殊性，也具有矛盾的一般性。因此，强调特殊性而否认一般性是错误的，反之，强调一般性否认特殊性也是不对的。换句话说，所谓的“摸着石头过河”并不是说怎么干怎么有理，我们不能容忍混干混有理的实用主义、机会主义、否认规律、否认理论的思潮。

改革开放已经过去 20 多年了，我们首先需要认真总结一下自己的经验教训。比如，许多交通局长下马了，什么原因？一些干部严重腐败，究竟是当初找错了人，还是原来的好人变坏了？那些超越个人层次的、组织机制方面的原因是什么。其次，我们还必须认真学习其他国家国有企业改革的基本经验，不应该以国情不同而拒绝学习和研究。比如，新加坡是城市国家，因此，其国有企业改革的经验就没有任何借鉴价值了？

例如，其他国家以下一些基本经验值得我们思考：

基础设施与股份制——我们以为改革先从竞争领域做起，基础设施领域应该国有。实际上，人家主要是进行了基础设施领域的改革，越是建设周期长、资产专用性强的领域，越应该搞股份制。比如，美国的股份制最早是从铁路搞起的，日本的国铁后来也选择了股份制，但我们正好反过来了。

银行改革应该先行——日本、新加坡的国有企业都是从国有银行开始的，目的是要先塑造合乎市场经济规律的债权人。而我们的银行改革严重滞后，现在要补课，其代价不小。

公司法抄来又抄去——本来，美国公司法与德国的公司法为两种极端模式，美国是股东会—董事会二层结构，德国是股东会—监事会—董事会三层结构，日本是介于二者之间，学了美国的两层结构，又在董事会同级增加了监事。我们是抄了日本的，但是监事会为一大败笔，现在又想引进美国的独立董事，想解决一些矛盾，但这会不会带来新的矛盾？

特殊公法人的功能——我们确立了公司法，是不是国有企业都改造成公司法人？国外讲公司法人为私法人，所以认为中国国有企业公司化改造为“私有化”，我们却认为是公有制的实现形式。为什么我们只有选择公司的唯一形式，国外在公法人和私法人之间设置了特殊公法人、特殊公司法人等中间形态的法人，使得改革能平稳过渡，而我们为什么不能引进？

国企改革依法进行——发达国家国有企业的改革不是依照政策进行的而是提高到法律层次，比如日本国铁的改革争议了许多年，一直阻力很大，最后是通过专门的法律，依照该项法律解散了原来的国铁，新构建了若干企业主体。相比之下，我们的随意性太强。

国有股份存量出售——我们的国有企业改革股票上市主要是靠增发新股，其背景是国有资产所有者缺位。发达国家是存量出售，价格或优惠定价（如英国、新加坡）或拍卖（如日本）。我们是将这个问题推迟了，所以才有现在的股权分置。

国有企业管理之道——不能说凡是国有企业都搞不好，新加坡淡马锡为国有控股公司，其本身的董事会成员由政府背景与民间企业家对半组成，对下属企业有一整套管理原则，最突出的是“一臂距离原则”。而我们是“怀抱着”的原则。一些国家将国有企业的账簿放到图书馆陈列，强调公开性与全民监督，我们的国有企业行吗？

千万不可越俎代庖——现代公司治理结构的核心是多级决策，权责对等。我们传统组织的弊端是权责分离。国资委全球招聘副总裁，董事会管什么，外部董事多数为原来国有企业的经营者能有多少独立性？

科学决策任重道远——国外对一项涉及公众利益的决策，往往通过官、产、学的科学程序，日本每项决策都会成立一个审议会。我们的“幼稚决策”还少吗？北京车牌号码自由选择多好呀，选“USA911”为什么不可以？

总之，目的确定了，手段可多样。同样是过河，是闭着眼还是睁开眼？过河可以游过去，也可以搭桥过去或者飞过去。可以选择“摸着石头过河”，但不能排斥科学决策。

第 15 篇　人力资本价值的实现*

最近听到一些人对杨元庆挣多少钱感兴趣的话题，一半的原因可能是喜欢流传新闻，另一半的原因可能是将自己比试其中，看看能否有所启迪。当然，联想的情况与纯粹的国内企业有些不同，谁让人家成了“国际化大公司”呢。

从联想高管层来看，“涨价”是明显的——杨元庆的薪酬由前年度的 424 万港元增至到 2175 万港元，增幅超过 4 倍；联想首席财务官马雪征由前年度的 301 万港元，升至去年底的 961 万港元，增幅超过 3 倍；联想前 5 名最高薪人士的酬金，由前年度的 580 万港元，增至去年底的 2853 万港元，增幅接近 5 倍；整体董事及最高薪人士的酬金，则由前年底的 1270 万港元，升至去年底的 1.75 亿港元，激增了 12.8 倍。

尽管几千万港元以及这么多的倍数对中国来说是个很了不得的情况，而与联想全球第三大 PC 巨头的行业地位相比，也许并不算多吧。换句话说，联想高管确实享受到了“国际化”的好处，与国内企业的薪酬水平不可同日而语，但是，与国际顶尖级企业还有差距，还有很大的上升空间。因此，高与不高是相对的。

再来进行一下“自我比较”——2006 年年底中途离任的联想集团 CEO 沃德为新联想工作 8 个月，酬金达到 1.12 亿港元，折合年薪 1.68 亿港元；后来从竞争对手戴尔挖过来的新任 CEO 阿梅里奥，工作约 3 个月，薪酬达 1883 万港元，折合年薪 7532 万港元。因此，与他们相比，杨元庆的年薪还是很保守的。

可以肯定地说，作为国际化大公司，高层管理薪酬太低了是不行的，因为薪酬激励是吸引人才的重要手段。比如，联想的非执行董事及独立董事的人数和薪酬都在增加，人数由 2005 年的 4 名增到 10 名，而每年的薪酬也由每名平均约 200 万港元，增至约 400 万港元。假如太低了，就难以吸引高水平的人士参加近来。

而且问题还不是这么简单的。高管是人才，职工也是人才。联想人力资源部门

* 参见《从杨元庆年薪过 2000 万说起》，载《英才》2006 年第 8 期。

就面临着合理解决原来的联想员工和被收购的 IBM PC 部门的员工之间存在着的不小的薪酬落差问题。所以，不仅要有企业外部的“横向对比”问题，就是企业内部也有一个“横向对比”的问题。

应该讲，高管的薪酬是各个国家的企业都遇到的问题。在股权比较分散化的美国，一些上市公司的老总纷纷竞相“自我加薪”曾经引起了股民的不满。这不就是典型的“内部人控制”吗？在中国，一些国有企业的老总不也是“自我奖励”的高手吗？一旦失去了股东的监督，就一定会产生类似的情况。就好比 CCTV 的著名解说员敢于在世界杯比赛的解说中信口开河一样，没有股东的约束，就一定会“造就”出不知廉耻的一群人来。

回到激励的主题，激励的方式多种多样，有工资、在职消费、股票、期权，等等。在结构上，应该有短期性质的和长期性质的，同时，挣多挣少也应该有个尺度，一个最基本的原则是与效益挂钩。一般职工可能是以固定工资为主，高管人员（主要是董事会成员）就要与效益挂钩。

在形式上，利润分享制即将当期税后利润按一定比例分给董事会是合理的选择，比如，日本一些大上市公司规定将税后利润的百分之几或千分之几奖励给董事与监事（具体他们之间的分配由他们自己决定）。这不是靠股份分得的那一部分，纯粹是人力资本的价值实现。我们的国有企业有吗？我们的上市公司有吗？

山西晋商 500 年历史辉煌时期，就彻底地实现了“两权分离”——有钱的为“财东”，有力的为“掌柜”，税后利润按一定规定分配，最高时期“掌柜”的分红超过“财东”。这是何等高超的气度和思维。我们为什么张口学习外国？为什么不好好向古人学习？这可真是“今不如昔”呀。

总之，人力资本价值实现的根本标志是能够分享税后利润的一部分。如此看来，脱离联想总的收入与利润水平，不涉及利润分享制度，单纯议论高管薪酬是没有任何意义的。与其如此这般地“雾里看花”，不如翻出联想的年报重新阅读一遍更有用。

第 16 篇　何时全民“炒国企”*

最近，一个不大不小的新闻传遍中国：温州“炒房团”要到北京“炒国企”了。作为背景，一是国有企业缺资金，特别是首都北京的国有企业也能“放下架子”，热情欢迎民营企业来，这不能不说是一种进步；二是温州人有钱，投到一些地方碰钉子了，如在南京被套夫子庙，在上海遭国家房地产政策调控，在山西遇到国家对投资煤矿准入政策的“瓶颈”等。现在，两方面“情投意合”，看上去真是一件“美满婚姻”。

温州人有钱了，我们不必研究人家的钱是怎么来的；国有企业没钱了，什么原因也不必再重复，因为大家都很清楚。简而言之，机制不同，温州人面向国际市场，成功了；国有企业人员包袱重、观念落后，坚持下去没有前途。至于二者结合了是否一定能得到“双赢”，现在还不能肯定，假如国有企业机制没有改变，给钱也是白搭——“碎钞机”需要的就是钱的投入。

关于投资者的性质大体上可以分成两大类：战略投资者和财务投资者，前者与被投资企业有业务关系，其经济利益不仅在当期，行为长期化；后者与被投资企业没有多少业务联系，其经济利益主要在当期，行为短期化，“一把一利索”，正所谓“炒家”是也。

温州人是不是“炒国企”，不能一概而论，要具体问题具体分析，大概与投到房地产和煤矿情况有所不同。如果真想“炒”，也可以到股票市场上去运作，或者“炒外汇”、“炒期货”等。他们并没有到那里去，所以还是有考虑的。

不管怎么样，温州人的动向是有了钱就要找机会保值增值。长期以来，我们听惯了“国有资产保值增值”，却不怎么提倡老百姓保值增值。家有余钱存银行，实际上是在贬值。据说 2005 年底温州市居民存款余额 1000 多亿元，企业存款 1000 多亿元，对外投资 1000 多亿元，民间借贷 400 多亿元，加起来有 3400 亿元之多。

---

* 参见《何时全民炒国企》，载《英才》2006 年第 4 期。

从全国范围看，中国“游资”达到1万亿元，江、浙、沪三地就有8000亿元左右，而我国2005年实际利用外商直接投资不过603亿美元。因此，如何利用“内资”是一个大问题。现在，中国老百姓的钱主要放到银行里，这个渠道不很理想。美国开放投资基金的金额高于银行存款的金额。

想当年，英国国有企业改革时的一个主导原则是“让国民分享成果”，英国电信国有股票卖给老百姓就有优惠；新加坡电信国有股优惠卖给国民，几乎每家都买了。所以，如果讲世界上存在真正法律意义上的“全民所有制企业”的话，那么新加坡电信就是一个。

看看中国，当初是增发新股，现在再搞“全流通”。垄断行业企业都纷纷到境外上市了，有的国有商业银行对国内A股上市根本不予考虑。为什么温州人不能购买？为什么全体国人不能购买？难道国有商业银行的股票背后标着“华人与狗不得购买”？

温州人给全国人民提供了榜样，其本质特征是集中起来办大事。当然，北京主动转让国有企业产权的态度也很好。如果能顺利进行的话，那么，把全国老百姓的钱拿出来一些委托温州人去打理不也是一条出路吗？

第 17 篇　赌股东还是赌董事*

中航油（中航油新加坡股份有限公司）终于“顺利”重组了。虽然特别股东大会开得比较激烈，但是结果一切都在预料之中——这是一个大股东与小股东“双赢”的结果：对于中国政府来说，一定要让中航油继续下去，不能破产；对于小股东来说，假如破产，就“血本无归”了。其实，广大中国老百姓早就料到这种结局，因为外国人买中国企业的股票无非是买政府的信用，政府不能让“国有企业”破产，不管国有企业出了怎样的事情，也不会破产的。从这个角度看，新加坡小股民们“赌股东”是完全明智的，尽管受了一身惊吓。稍微扩大些讲，所有中国国有企业境外上市都一定会受到追捧，都一定不会破产的。

那么，伴随着这次重组究竟发生了什么变化呢？首先是股东成分的改变，除了中航油集团公司的地位没有多少变化之外，英国石油公司和新加坡国有控股公司淡马锡公司接受了发行新股。其次，董事会构成也发生了变化，在前任董事会中也有两名新加坡籍的独立董事，而这次成立了 8 名新董事构成的全新董事会，在 8 名董事中有 3 名在新加坡。他们分别是康福德高运输集团公司主席林日波、腾福律师公司高级董事林学芬和英国石油公司（BP）新加坡公司的董事长吴先康博士，其中，林日波已被任命为公司独立董事主席。显然，股东变化了，董事也要变化，董事是股东的影子。

中航油事件也许就要成为过去。俗话说：“吃一堑，长一智”，我们在这个事件中得到了什么教训了吗？任何一个普通的中国老百姓都会想：假如这个事件出在国内，假如是一个没有上市的国有企业，还能是这样的结果吗？因此，这个重要的结论就是：传统国有企业的约束太宽松了，谁都有权力，谁都没有责任。这种“股东缺位”的企业出事情是正常的，不出事情倒是怪事了。

再就是关于国有独资公司的董事会建设问题。在经济学家之间出现了很大的争

* 参见《赌股东还是赌董事》，载《英才》2006 年第 4 期。

论：一部分学者认为，如果保持国有独资公司的形态，可以在董事会层次进行变革，比如引进外部董事等。当然，对于目前国资委派出的外部董事人们感到还不太“外部”；另一部分学者则认为，既然是国有独资公司，就没有必要搞什么董事会，因为反正是大股东说了算，董事会只能是配搭，没有什么实际意义。

现在社会上对学者贬多于褒，并不很公正。真正的学者不是官员，学者追求真理，不盲从，敢于发表自己的独立意见；官员不能随便讲话，特别要考虑“上级”的意图。

第 18 篇　商业贿赂：游走在合法与非法之间

2006 年 2 月，温家宝总理两次提出要认真开展治理商业贿赂专项工作，并重点查处政府机关公务员在其中利用行政权力收受贿赂的行为。温总理讲：商业贿赂是"经济社会生活中的一大公害！"这个判断与广大老百姓的感受是基本一致的。如果说从出租车拉客的"回报"、医院中的药品"回扣"到外资公司向政府官员行贿等都算是商业贿赂的话，那么，岂不是太多、太普遍了吗？人们不禁要对这项工作成功的可能性表示怀疑。可以认为，至少以下一些方面的问题是值得探讨的。

第一，商业贿赂与商业/行政贿赂。假如行为的各方都是普通个人或企业，我们可以说这是一种"纯粹的"商业贿赂。假如是商家向官员行贿，那就不是"纯粹的"商业贿赂，而是权力腐败、权力"寻租"了。因此，最好将二者区别开来，将后者称为"商业/行政贿赂"。我们不能将其直接称为"商业贿赂"，"行政贿赂"应有专门的内涵——现在官员贿赂官员、买官卖官等情况不是也很常见吗？在当今中国，与"纯粹的"商业贿赂相比，"商业/行政贿赂"以及"行政贿赂"的情况可能更为严重，若后者无法制止，前者也就"宽大为怀"了。

第二，事前行为与事后行为。按照人们通常的理解，所谓的"贿赂"是指为了获得不当利益的"事前"的行为，即先"付出"，后得到"回报"。但是，实际过程可能比较复杂，有时难以严格区分"事前"与"事后"。特别是存在着某种多重"循环"过程的话，那么，这一次的"事后"感激，不就是下一次的"事前"上贡了吗？

第三，道德标准与法律标准。之所以对这个问题认识存在着模糊的现象，一个重要原因在于人们的行为用道德标准来衡量与用法律标准来衡量是不同的。道德标准是人们行为的"中线"，大家都这么办，"法不治众"；法律行为是人们行为的"下线"，违背了就要吃官司。那么，这个标准的高低、宽严影响就很大了。

第四，中国国情与外国习惯。有些行为在中国是见怪不怪的，但是在国外却非常严格。比如2004年3月，世界500强之一的默沙东（MSD）公司解雇20多名中国分区副经理和医药代表，理由是“假以学术推广的名义报销娱乐费”；再如2005年4月22日，香港珠宝商谢瑞麟父子被指涉嫌向旅行社雇员提供非法回扣，作为安排内地旅行团到该店参观购物的报酬，被香港廉政公署拘捕。这些在中国可能会被认为不算什么，很正常，但在国外却被认为触犯法律。因此，严格执法与“宽松环境”效果会产生很大的不同。

第五，合法非理与合理非法。有的商业行为是合理合法的，比如有的时候给服务员小费；有的情况是合法不合理的，比如政府官员批地；有的情况是合理不合法的，比如对于某些中介活动的回扣。因此，用科学的界限难以将其划分。是否存在着一个较为简单的办法呢？也许“天无绝人之路”，把商业行为暴露出来，公开出来，这可能是检验的一条标准，假如是秘密的、见不得人的，恐怕就有问题，正所谓“做贼心虚”。

如此看来，商业行为是否属于非法行贿，只要把它拿到桌面上来就好办了。公开的中介费、可以公布于众的支出也许不能得到法律的保护，但是我们应该修改法律使之合法化；反之，公开出来尽管合法但大家都认为不合理，那就应该修改法律。“法”服从“理”才是解决问题的根本出路。

第 19 篇　企业文化的核心是企业家的财富观*

中国企业文化既具有本企业的特殊性，也具有中华文化的一般性。中华文化的一个特点是没有宗教信仰的思想约束。记得在第一届论坛时曾经对此争论得热火朝天：国外一些人认为，中国文化与美国文化接近，都是个人主义；另一些人认为，中国文化与日本文化接近，都是集体主义。实际上，中华文化与美国、日本都不同。一种消极的观点认为，中华文化是“鸡头文化”或“麻将文化”。即便如此，它也有好的一面，那就是自强自立；而不好的一面则是缺乏信任，不容易合作。

这次论坛的主题是“文化传承与财富管理”，给我出的题目是“财富的精神内涵”。我的理解可以归纳为三句话：企业文化的核心是企业价值观；企业价值观的核心是企业家幸福观；企业家幸福观的核心是企业家财富观。综合起来，得出的结论就是：企业文化的核心是企业家的财富观。下面就分三个层次来加以说明。

一、企业文化的核心是企业价值观

现在我们通常把企业文化由外及里区分为外在、制度、价值观三个层面。所谓的外在层面是指企业的产品、厂房、设备等外观形象。其中特别重要的是产品本身。市场是分层的，产品功能适合哪类人群不需要更多的解释。我们把这称为“什么也不用说”。比如，手机，中国人要发短信，一个键 A、B、C 就得敲三下比较麻烦，这就需要和电脑键盘一样的微型键盘，但是许多国产手机却并不考虑这一点。再如价格，什么产品价格下降了，什么服务价格上升了，一些垄断行业的价格只升不降，等等，老百姓心知肚明。中央电视台在作 NBA 赛事转播预告时，只预告他们台的转播日程，而对各个地方台的转播情况只字不提。实际上，电视观众或者说

---

* 作者 2007 年 1 月 19 日在广州第三届中国企业文化国际论坛上的讲话。

球迷需要了解的是有关赛事的综合信息，而且网上也都有了。中央电视台的这种“画地为牢”、“作茧自缚”的方式实在是令人发笑。

在制度层面，一个是法规意义上的制度，比如董事会应设立一些专业委员会；另一个是企业内部各种管理制度。在河北省黄骅市有一个百货公司叫信誉楼，那里规定职工上班由于某种原因可以迟到，但是必须登记。他们还规定同事之间一律不得收取什么红白事“份子钱”，由公司统一办理，这就很人性化。

在价值观层次，主要是指企业的核心理念，面对多个目标，究竟哪个是第一重要的？现在一些企业提出“做大做强”，但实际问题并没有这么简单。最近国美兼并永乐，说是要“参与国际竞争”，“在国际水平还不够大”等。而在国内是否形成垄断，大家还要再看一看。

总之，企业文化的核心是企业的价值观，好的企业文化应该是为客户增加价值，履行企业的社会责任。

二、企业价值观的核心是企业家幸福观

企业家是一类特殊的人群，但是作为普通人，企业家也具有一般人共同的本性。最近，听说一些企业家在学《论语》，中华书局出版的《于丹论语心得》更是掀起了一股学习中华悠久历史文化的热潮。

在该书中有一个词汇值得特别的注意——在许多地方用了“幸福”两个字，还引进了“幸福指数”的概念。这与当今所提倡的“和谐社会”有一定的关系。一个人有钱不一定幸福；一个社会 GDP 高了如果分配不均许多人也不一定幸福。所以现在减税是受欢迎的。一些地方官员热衷于引进多少外资，仅仅是官员有了业绩，老百姓并不一定感到幸福。现在人们生活水平提高了，但是依然会有许多意见，有钱了还不满意，比如“打着手机骂电信”。因此，所谓的“和谐社会”就是“以经济建设为核心”并不等于富裕了就一定幸福，这就要求还需不断提高老百姓的综合满意度。

根据对于其他有关幸福文献的整理，我们可以将“幸福”分解成六个基本要素：健康、工作、财富、家庭、朋友和精神。那么，企业家作为普通个人，是如何看待这六个方面的？应该说，企业家个人的人生观、幸福观对于其他人也有重要的影响。比如：

健康——假如企业家不爱惜自己的身体，又怎么会爱别人？

工作——每个人是否能从事自己喜欢的工作和岗位，实现个人发展？

财富——物质的欲望无止境，人不是金钱的奴隶。

家庭——于丹书中提到“非爱行为”，就是对最亲近的人也有认识误区，以“我爱你”的名义伤害对方。正所谓一对好的婚姻存在与“一个哑巴妻子和聋子丈夫之中”。

朋友——近朱者赤，近墨者黑，一生得一知己足矣。

精神——这是指人的哲学观，比如一分为二的观点、严于律己、积极行动的态度等。

当然，这六个要素之间也有着密切的联系，而且有一些也是叠加的，比如家族企业就是家庭与事业的复合。

三、企业家幸福观的核心是企业家财富观

作为企业家，上述问题的意义更加深刻。因为企业家既具有普通人的一般性，又具有企业人的特殊性。企业家需要面对一系列的“买卖”即交易问题。换句话说，企业家必须妥善解决和出资者（股东）、用户（消费者）、职工、生产伙伴、竞争对手、国家、社区居民等方方面面的关系。

在这次论坛的论文中，可以找到许多很好的案例。例如：

对于消费者，王老吉开展了工业旅游，满足了顾客多方面的需求；机场高速设立了无人值守发卡设备，提高了通过速度；电车公司司机勇于保护乘客财产安全等。

对于职工，有的企业建立多种职工协会，使职工充分发展；云浮硫矿领导和大家一起吃工作餐；创佳设立职工爱心基金会；机场高速注意年轻职工素质全面提高，要求“先成人后成才”，包括在家孝敬老人等；雅士利领导给职工家人写信表示感谢等。

当然，企业与企业家还必须妥善处理与股东（如研发投入与利润分配）、合作者以及全社会的关系。谈到慈善事业，美国富翁巴菲特捐出 370 亿美元之举可能让中国的企业家不能理解。也许巴菲特以为一个人吃饭很有限，睡觉也就一张床，有钱了买豪宅、别墅、名车、飞机、游艇，这些都很容易，自己与别人一样没有意思，而“一掷千金”捐出 370 亿美元其他人便不能模仿了。因此，对于财富与精神的关系，巴菲特给了我们如下的启示：买不来的是精神！

第 20 篇 垄断行业高工资与社会和谐*

我们要建设一个和谐社会。我们的社会现在还存在着一些或者说是许多不和谐的状况。垄断行业的高工资、高收入就是其中的一个。从最直观的感觉看，城市中心区自不必说，凡是旅游、度假、休闲地，最漂亮的大楼一定是银行、电信、石油、石化、保险、烟草等行业企业的。

目前，中国最为广泛流传的是一则关于一位电厂抄表工“幸福生活”的报道。据《第一财经日报》6 月 26 日的消息，某市一位电厂的抄表工，其工作内容是一天抄 4 次电表，每月工资 6500 元，一年发 16 个月的工资，外加年终奖和两份商业保险。虽然他所在的电厂已经倒闭，但这并不妨碍他领取 10 万元的年薪。2005 年全国城镇在岗职工平均工资为 18405 元，该电厂抄表工的年平均工资是全国水平的 5 倍多。人们不禁要问：这是合情合理的事吗？

其实，不仅行业与行业之间差距明显，就是政府管理部门之间也有差距，管着“肥”的行业的部门，比如工商、税收、交管等，大家都是“靠山吃山”，从而使收入差距加大。因此，这种局面不能再继续下去了。

有的学者指出，目前观察中国的行业，很容易区分成两大类，一类是价格坚挺或升高，其中一定有垄断的成分，比如房地产，铁路春节涨价也说明了这一点。这些行业采取的是“成本定价法”，至于实际成本是多少，能不能降低成本，外界人是不可能知道的。相反，竞争行业的特点是价格降低，电脑降价了还得卖，大街上看见服装、鞋袜的店铺写着“跳楼价”，有谁会同情？这是需求定价机制，完全不管你成本是多少。

有些行业的性质是双重的。比如手机完全竞争了，价格下降；但是，电信网还有垄断的成分，因此，移动电信仍然是双向收费。为什么一定得双向收费呢？为什么固定电话可以不双向收费呢？为什么外国来信了邮局不向收信人收取费用呢？

---

* 参见《垄断行业凭什么高收入》，载《英才》2006 年第 8 期。

那个每月的 50 元固定费又怎么解释呢？这些行业挣钱太容易了，因为只要涨价就行了。

汽车消费也有双重性。汽车本身在降价，但是，上路有限制，油价在上升。出租车数量限制了，价格规定死了，北京一下子调到 2 元/公里。为什么只有“规定价格—看空驶率—再限定数量”这样一种管理模式呢？为什么油价上升了就一定提高价格？为什么车价降低了不降低乘出租车的价格？再稍微比较一下，为什么航空公司在油价上升的条件下还能打折销售机票？为什么乘出租车的价格不能打折？

垄断行业的问题远远不止工资待遇。比如减员时“买断工龄”的问题，全国各个地方、各个行业差距很大，石油、石化行业较高，中石化一年减下来 20 万人，拿出 200 个亿，平均每人 10 万元还是不行。大庆也闹过事。这些行业工龄补贴每天 4000 元到 5000 元，其他许多地方行业都没有这个条件。所以，尽管都是国有企业的职工，买断工龄却没有一个统一的标准。

人们早就看出来了，改到深处是国有企业，特别是垄断行业的国有企业。如果不解决这个问题，其他改革措施不可能有所突破。比如高层管理人员的激励问题，垄断行业没有竞争，效益不是靠竞争得来的，为什么给高管发那么多的钱？这根本没有激励的基础。

改革到了攻坚阶段，这个阶段时间可能还比较长。反垄断法出台也很困难。其实各国情况都一样。当年日本国有铁路改革 10 年进展不大，铁路行业内部提出了 100 多条不能改革的理由，最后只好彻底解散了事。让垄断行业自己改太不可能了。这是典型的“内部人控制”问题。

财富分配不公的问题值得重视。在这之中既有“暴发户”问题，也有“寄生虫”和“遗老遗少”问题。现在中国的一些问题已经没有多少经济学理论可以讲了，没有人会去听你讲空道理，有的只是赤裸裸的经济利益问题。不要等到矛盾尖锐到不可收拾了再解决，那样损失就更大了。

第21篇 对国企高管持股“解禁”的质疑

2005年，人们对经营者收购（MBO）给予了更多的关注。在这之中不排除有的人高喊叫停的因素，同时，一些高管频频入狱，也使得人们感到这可能是国有资产流失的一种重要渠道。特别是在地方，人们怀疑这出丑剧可能会是某些官员与高管合谋的结果。

叫停归叫停，戏还得接着演，改革也必须继续深入。那么，究竟应该如何对待大型国企管理层成员持股问题，这似乎是一道无法逾越的难题。最近，国资委制定的《关于进一步规范国有企业改制工作的实施意见》看上去是对自己前不久基本禁止的否定。当然，该意见在允许经营者通过增资扩股持有本企业股权的同时，也规定了管理层的持股总量不得达到控股或相对控股数量。对此，我们的一个基本印象是，这是国家股东向经营者意志的屈服。对于目前的规定，人们可以从以下几个方面提出不同的意见。

第一，经营者持股不是唯一的激励办法。

可以认为，之所以提出高管持股，在本质意义上讲，这属于经营者激励问题，而为达到此目的，持股并不是唯一的、最重要的方式。关于为什么要解决这一问题，我们的教训多于经验。实际上，我们一直没有很好地、正面地解决这个问题。从所有者角度看，这里有信息不对称的规律；从经营者角度看，有一个人力资源价值如何实现的问题。

应该说，一般企业中高层管理人员价值实现有着多种形式，比如可以分成经济的与非经济的形式。在经济形式中，又可以包括工资之外的种种福利、职务消费、津贴等。总体来讲，可以把高管收入分成变动的与不变动的或者说固定的两大部分。一个极端是全部都是非变动部分，变动部分为零，这有些像公务员的工资；另一个极端是非变动部分为零，全部都是变动的部分。而多数情况是介于二者之间，即同时包括变动的与非变动的部分。

在变动的部分中，又可以分成持股与非持股两种情况。就是在持股的部分中，还可以细分为一般股份与股票期权两种类型，只不过，所谓期权主要适合上市公司，而非上市公司因为没有市场价格所以无法采用。

非常遗憾，作为建立现代企业制度前沿的中国上市公司，在经营者激励方面没有进行什么有益的探索，一开始时还曾经提出过对“零董事现象”的质疑，后来便销声匿迹了，股票期权也得让位于“全流通”等操作。让国有企业冲到前面，真是让人哭笑不得。

实际上，不论对于上市公司还是非上市公司，有一种办法都能适用，那就是广义的利润分享制，即将税后利润的一定比例分配给经营者。例如，山东一村办企业由于某年上缴利税 1200 万元，总经理获得了 132 万元的奖励；北京一企业规定将税后利润的 4%奖励给经营者和职工。实际上，山西晋商历史上 500 年辉煌中就已经试探了类似的办法：出钱的人为“财东”，干活的人为“掌柜”，掌柜凭人力资本参与分红，最多的时候，人力资本分红多于财东的分红。这是何等地科学与勇气？我们这些“现代人”不感到惭愧吗？国有企业为什么非得学外国？学上市公司？为什么不能学一学我们的古人？

第二，激励的对象究竟是谁？

显然，问题没有那么简单。更重要的问题是必须明确激励的对象究竟是谁？笼统地称其为“高管”非常荒谬。众所周知，所谓现代企业制度是一个分层决策的制度，大体上分为股东会—董事会—经理会三个层次。因此，相对于股东是出资人、委托人，董事为代理人，而经理层则未必都是直接的代理人。

如上所述，股东激励的对象应该是董事而非经理层。例如，日本一些大公司采取了广义分享制的办法，它们规定，每年将税后利润的百分之几或千分之几奖励给董事会，再由董事会决定分别给各位董事与监事多少。接下来，董事会才负责决定对经理人员的奖励。

中国国有企业的情况首先是没有明确的股东，其次又没有董事会，直接去激励经营者。从国资委成立最初的“全球招聘副总裁”开始，就一直存在着这样的误区，股东不可以“越俎代庖”。现在，国资委已经在开始考虑建立董事会及国有企业利润上缴的问题，为什么又急忙地搞起高管持股来了？为什么一定要做这种不科学、没道理的事呢？

第三，效益的垄断性因素如何判断？

人们对国有企业实行高管层激励有看法的另外一个原因是，垄断性行业的效益与经营者的努力关系不太大，让这些人分享效益不合理。人们的印象是，中央所有的国有企业差不多都有某种垄断性，这些高管人员的行为特征以及基本素质更接近官员而非企业家。面向市场的企业家要关注消费者，而官员主要关注的是上级领导。这是完全不同的两类人群，千万不要加以混淆。北京地铁紧张，月票买不到，大铁路春运涨价，也与高管人力资本有关，也要参与分享吗？

总之，当一个企业不是面临市场竞争的时候，就不应该首先考虑股权激励的问题。国资委向经营者屈服，不过是国有企业传统问题“出资者缺位”的新的表现而已。

第 22 篇　共同富裕与中产阶层

所有的中国人都不会忘记邓小平同志提出的“一部分人先富起来，走向共同富裕”的伟大设想。这是对几十年处于计划经济条件下中国“平均主义”政策路线与思维模式的哲学否定。十分明显，平衡必须打破，但也不可能一下子所有的人都成为富翁，所以，有先有后是完全正常的。

20 多年过去了，一部分人先富起来的目标已经基本达到，不要说国内，就是在世界上，中国人的“大款”与外国人也有得一拼。在每个人身边都会感到人们富裕程度加大了，最明显的是住房——在多数人享受到住房改革的情况下，商品房的价格直线上升，在北京、上海、深圳等城市，房价平均每平方米 7000~8000 元，一般人几十年、上百年不吃不喝也买不下来一套房子，而高档别墅、豪宅还在盖，使得普通人都会有无法生存下去的感觉。在北京距离中心稍微偏远的地段，就可以看见许多足以被称为“难民村”的地方。难道这样的情况能算是正常的吗？

汽车也是极度扭曲的方面。汽车进入家庭本来是大好事，也是历史进步之必然。可是，一方面是油价飞涨，另一方面却是豪华车横行，就连出租车也越来越高档化。外国人比我们有钱但坐着小排量、两厢的车，而我们却一味地追求大排量的豪华车；韩国首都首尔只有 4 辆公车，北京可能有近一百万辆，一些地方车改，官员每月拿到车补 3000 多元。广大老百姓养着那么多的“蛀虫”，难道这一切也算是正常的吗？

人们对一部分人先富裕起来的方向路线并不反对，不满的是其过程，特别是一些人“发改革财”，“近水楼台先得月”，无耻地瓜分国有资产。所谓的“国有资产流失”也就是流失到了某些个人手里。这些人包括某些官员、国有企业经营者，甚至于有一些是社会沉渣泛起。

另外，最近谈到垄断行业工资收入也是一个方面；在教育、医疗领域的不公也十分瞩目；二次分配的问题更是远没有解决。当然，在所有这些之中最令人深恶痛绝的是官员腐败。动辄上千万元、上亿元，逃跑了追不回来了？政府官员、国有企业领导人的心态就像中央电视台的著名解说员，可以肆无忌惮地胡说八道而不会担心被解除、被惩罚，难道这样的社会能够长期得到人们的容忍吗?

也许是中央体会到了民众的心情，也许是过分的分配不公将会引起社会动荡、威胁着政权稳定，最近中央已经将改革收入分配制度和规范收入分配秩序问题提到议事日程上来。应该说，改革至今,“效率”问题已经基本解决，当然还有许多事情要做，但是，“公平”问题已经相当突出和尖锐了，到了不充分重视就不行的地步。

与分配公平密切相关的一个概念就是中产阶层。如果把整个社会的财富分布加以形象地比喻的话，一个极端是“哑铃形”，即富人多，穷人也多，中间的人少，这样的社会就不稳定，很容易引发社会动乱。另一个极端是“纺锤形”，即两头小、中间大，这样的社会比较稳定。应该说，在任何社会总能有超级富豪和贫困人群，这种现象不可能完全消失。因此，我们能够做到的是尽量地增加中间人群的比重。

现在的问题是，所谓的“中产阶层”的标志是什么?对这个问题一直有所讨论，比如有人提出年薪6万~50万为中产阶层，但是，在不同城市，这个尺度显然效果极不相同。而且，随着历史的前进，这个尺度也应该是不断提高的。不管怎样讲，既然是“中产”，主要指的是家庭财产，恐怕除了年收入水平外，应该至少有一套住房、一部车和一定水平的银行存款或证券投资吧。

现在看来，问题并没有那么简单。如同对于企业不能只看资产一样，对于个人也不能只看财产。企业的资产负债表记录资金来源与运用两个方面，资产多可能负债也多，所以要看净资产。同样，个人有了财产，也可能是银行贷款买来的，负担依然很重，所以，也应该看其“净财产”才行。这也是一些看上去像是中产的人自我感觉并不好的原因。

可以认为，在住房、公车、垄断行业、医疗、教育等许多基础领域改革不到位或者严重扭曲的情况下，造就中产阶层的设想也难以实现。共同富裕的根本出路在于反腐败，在于加快市场经济改革的步伐。

第 23 篇　如此“隔靴搔痒”为哪般*

2006 年 4 月 27 日，央行公布了最新的贷款利率调整，贷款利率上调了 0.27%。这一宏观调节政策是针对谁的？针对房地产的吗？房地产商们似乎并不这么认为，老百姓也看着不像。房地产商把利息负担转嫁给消费者不就得了，想让人买房，应该降低利息率（包括存与贷两方面）才对吧。大家比较一致的看法是，光增加贷款利率是为银行“发红包”。可是，当前银行又称不上是经济过热的“前台主角”。如此看来，这次利率调整还应该算是对目前房地产过热的“温柔一刀”。

显然，房地产的持续过热已经引起了各方面的高度关注。“为富人造房”、“房奴”等新名词不断涌现；深圳的“不买房运动”很有创意，让人们想起了当年中国人“抵制日货”以及日本人当年“拒绝购买松下电器”等市民“原生态唱法”。

至于房地产是否已经过热了，各方面认识相差很远。上海 2005 年居民可支配收入总量约 3115 亿元，而当年上海商品房销售额约为 2163 亿元，这算过热了吗？当然，这些钱不仅仅是上海居民掏的。20 世纪 80 年代后期，日本东京的地价等于全美国的地价，股票跟着一起疯涨，最后泡沫还不是破灭了。

用稍微科学的概念来判断目前中国的房地产，一是空置率偏高（也许算法不完全相同），再就是价格上涨速度过快。用稍微通俗的语言来表述，目前的形势是“有房没人住”与“有人没房住”同时并存，前者是空置率偏高的直观表现，后者主要原因在于价格飞涨。

价格高不高，世界也有通用的衡量标准，比如为家庭年收入的 5 倍（或 3~6 倍）等。反正上海的房子不是给上海工薪阶层造的，北京的房子也不是给北京工薪阶层造的。这也有一定的理由，因为上海不仅仅是上海人的，北京也不仅仅是北京人的，而是“全国人民”的，甚至于是“全世界的”，我们有什么权力拒绝山西的煤老板或温州商人来北京淘金呢？

---

* 参见《如此“隔靴搔痒”为哪般》，载《英才》2006 年第 6 期。

房地产供不应求是关键，特别是土地的短缺性决定了供给刚性。再有就是市场土地成本通过拍卖“进入市场”，就从源头拉高了价格。开发商跟着“捂盘”的动机更是不难理解。如此这般，把个楼盘活生生地搞成了股票，既然能“倒车票”、“炒股票”，为什么不能“炒楼盘”，它们在本质上又有什么区别？

房地产是特殊商品，它的功能有几个方面：一是住宅，人们在里面居住；二是投资，既然银行存钱不保值，就投到看涨的房地产；三是投机，买空卖空，投机倒把，囤积居奇，不法奸商是行家。实际上，投资与投机的界限难以清晰划分，能够做到清晰辨认不是一件容易的事，得下大工夫才行。

现在，就是再笨的人也明白一个很简单的道理：确实“一部分人先富起来”的目标已经基本实现，那么，现在大部分的富人有房子住了吗？有了。富人更富，穷人更穷能算是“共同富裕”吗？以前采用过一些办法并不有效，比如北京的经济适用房名声就很不好。停止批“独栋别墅”了，横向发展盖“联体”的或纵向延伸盖“叠拼”的总可以吧？房地产商必须拥有五成开发成本？银行就不愿意。像这次调利率之类的充其量只能算是“治标”的措施。现在是否需要“治本”了？是否必须坚决刹住歪风邪气了？可能大家的认识还远不能达成一致。

假如政府真的想控制一下房地产的态势，不是没有办法。再复杂的事情也不会束手无策。例如，可以包括以下一些方面：

增加供给——房地产问题的本质在于交通，如果郊区有快速轨道交通，那里空气又好，自然有吸引力。北京到天津高速路不到一百公里，但都市圈远未形成。一旦“乡产权”变成“市产权”情况又会怎样？

住房结构——减少“低密度”，增加“高密度”，发展中小户型，限制大户型。这也是增加供给的措施。

住宅实名制——加强户籍管理，既然想“居者有其屋”，就请写上尊姓大名。

降低土地价——政府不要推波助澜，独享利益。

税收调节——增加房产税、交易税。

民主决策——政府感到难办的，让大家参与决策，可能就好办得多。

之所以提出最后一点，是因为现在是政府官员“包打天下”，但这并不是万能的，最典型的是，住房不该完全市场化的市场化了；出租车该市场化的没有市场化。政府要管理好经济，必须对经济行为的基本性质能做到科学界定：“公车”姓“公”，什么事属于“公”；住房为“私”，搞乱了社会的行为怎么还能叫“私”？最重要的一点，房地产不是股票，股票仅仅是纸面，你捂就捂吧，而房地产是实物，你不住，别挡住别人住。绝不能把房地产当股票，任其炒作。

假如政府和官员都能秉公办事，不只考虑自己的经济效益，事情可能就好得多。就是苦于无奈也没关系，交给大众就一定有办法。

天无绝人之路，就看愿不愿走，敢不敢走。正所谓革自己的命，难上加难。

第24篇 并购之外的文章

最近业内流传着尚未出台的《外国投资者并购境内企业规定》草案，据说，此次的规定是在原有《外国投资者并购境内企业暂行规定》基础上修订而成的，主要是增加了商务部核准外商投资和并购过程中的审批弹性，其目的一方面要加强对“假外资”和国外关联企业并购审核，另一方面也增加了对外资并购中国企业的审批程序。

如同在最近对徐工并购的争议中所看到的那样，限制外资的问题不仅涉及利益的流失，甚至涉及了国家经济安全的问题。就是在美国，它们也采取了许多自我保护的措施，比如对中国产品的“反倾销”等，使我们看到了“非关税壁垒”—“关税壁垒”—“新的非关税壁垒”的循环。但是，我们在考虑种种技术性措施的同时，更应该注意到产生相应问题的背景性条件。换句话说，并购之外大有文章，例如：

“假外资”的由来——为什么会产生“假外资”？还不就是因为有种种的优惠政策？在改革开放的初期，需要有某种政策的倾斜，那么，既然有好处，为什么不争取？有空子为什么不钻？究竟是什么机制造就了这种自欺欺人的把戏？因此，限制“假外资”的关键在于清除其产生的土壤。

境外上市的逻辑——国有企业到境外上市就会遇到被收购的风险。而与此同时更为引起争论的是为什么不在境内上市？比如，国有商业银行本来是中国人存款养活的，为什么只能境外人购买？新中国成立前上海租界写着“华人与狗不得入内”，怎么一些现代国有企业的股票却使人感到被挂上了“华人与狗不得购买”的招牌？

垄断利益的流失——非常明显，外资对中国国有企业感兴趣的一个重要原因在于许多都是基础设施领域的企业，外资对垄断利益感兴趣这很正常。我们的对策应该是降低或减少一些基础设施行业的垄断利益。实际上，许多公用事业、公益事业没有必要非得政府包下来，公益事业法人也不一定都是公有制主体，可以按照一般平均利润率让大家进入，应该动员社会力量的参与，外资也欢迎。假如没有了那么大的垄断利益，外资还感兴趣吗？恐怕无论是“外资”还是“内资”的兴趣都将会减少。

消除垄断促进竞争——20 世纪后期，各国对“反垄断”的政策有所调整，因为企业要参与国际竞争，比如飞机制造业在一个国家市场份额很高，但是要参与世界市场，对其限制就宽松了许多。中石油、中石化也会讲自己没有什么垄断，因为在国际市场份额还很低。但是，这些企业在油价上涨中最简洁地得到了效益。北京机场高速公路收费到什么时候为止？歌华有线电视公司凭什么一下子把价格提高了 50%？中国移动为什么还在收 50 元月租费和双向收费？为什么中国的消费者要如此养活境外的投资者？因此，不是需要防止境外盘剥，而是已经盘剥得太多了。

高端进入不正当竞争——有的是资本市场的并购，有的是“兵不血刃”，比如新的直销法限制进入的规模，似乎只有外国大企业才能有资格，国内的“小兄弟”只能“望洋兴叹”了。这时我们就不得不感叹外资的高明了。

国内垄断的限制——最近国美并购永乐，国美是“价格杀手”，价格低、质量高，消费者自然欢迎。但是，上游厂家已经“叫唤”了，谁能保证国美以后永远不会运用“市场优势地位”呢？因此，对于内资并购也得引起重视。内部管不好就能管好外部？

呼唤反垄断法——千呼万唤出不来。中国还没有微软那样的公司，中国式的垄断本质是行政垄断。看看出租车公司吧，一个月 5000 多元的份子钱，一年 6 万元，8 年 50 万元，再加上数万元的保证金，一个牌照得好几十万元，不都是让老百姓承担吗？重庆能让跑“羚羊”，北京能行吗？

总之，没有良好的市场经济环境，单独限制外资并购是没有多大效果的。

第25篇 对《国有资产法》讨论稿的意见*

1. 总的题目名不副实。

第二条中已经说明，资源性国有资产、行政事业性国有资产、金融机构国有资产等另有办法。其实，就是一般国有企业、国有控股企业以及国有参股企业中的国有资产也不完全能适应该法。比如，高等院校所属公司并不归中央直接管理。

似乎“国有资本法”更为贴切，但是，就是国有权益中也并不仅有股权，还有债权等其他形态的权益。

总之，充其量仅仅是部分国有资产，题目属于“大帽子小脑袋”，容易让人引起误解。

2. 国有资产监督管理机构性质不明确。

第十二条提出国有资产监督管理机构是政府的“组成部门”，这是对原来的“特设机构”的肯定还是否定？国有资产监督管理到底是行政法人还是特殊公法人？

另外，中央与地方的关系也不明确，在第十一条中写明是“分别代表”，当时，中央能够平调地方的国有资产吗？地方政府之间能够相互平调吗？行政的统一性就一定要求资产所有的同一性吗？

在一个家庭中，父子可以分别持有一个公司的股权，夫妻也可以分别持有一个公司的股权，那么，中央与地方之间在股权关系方面是否也可以采取类似的办法？

总之，可以考虑“分级所有”，应该承认中央与地方之间、地方与地方之间可以相互参股。既然中外可以合资，为什么中中不可以合资？

3. 国有资产监督管理机构应透过董事会进行管理。

第十三条在讲国有资产监督管理机构的职责中提出对出资企业的经营管理者进行任免、考核与奖惩。这里的问题是“经营管理者”概念比较模糊。

---

* 这是作者2007年8月对草案提出的意见。

在此之前，国有资产监督管理机构一直进行的一项工作就是公开招聘一些国有企业的副总经理。许多人士对此提出了异议，认为国家管理企业的边界不正确：出资人应该透过董事会进行管理，对经营管理者的各项管理应该由董事会进行。

国有资产监督管理机构的解释是这些企业中并没有董事会。矛盾的根源在于在独资公司中还要不要设立董事会？出资人是委托人，其形态可以不是自然人；董事为代理人，一定是自然人。这也是“责任落实到人”的具体表现。出资人与代理人的权限与责任是不同的，也是不允许混淆的。因此，独资公司中也完全应该设立董事会。

4. 国有资产经营机构的性质不清楚。

在第二十四条中国有资产经营机构有六种类型，但是，并没有明确这些国有资产经营机构的性质，它们是依照什么法律设立的？是普通民间法人，还是特殊法人？

在中国，并没有清楚地区分公法人与私法人。本来，公司法应该是私法人，但是，我们在公司法中又增加了“国有独资公司”的条款，强调其特殊性。于是，就出现了许多自相矛盾的、不伦不类的情况。

可以考虑的办法是明确它们是特殊公法人，它们是有限责任还是无限责任的？可不可以负债等。其设立、功能、治理结构等都可以不与公司法一致，保持自己的特殊性。因此，当务之急是进行基础性的法人体系的建设，否则的话，就将越来越混乱。

5. 董事会的构成。

第二十六条提出了向出资企业选派董事的问题，“依照本法与公司法”是两个概念，又说“董事会组成办法由国务院规定”，这样未免过于粗糙。

在公司法中规定必须有 1/3 的独立董事，在其他国有企业的董事会中也注意引进外部董事。尽管在执行过程中有不同意见，例如，仅仅从国有企业的老总中选派外部董事，其“外部”性值得怀疑。

不管怎样，应该对董事会构成规定一个科学合理的结构。

6. 奖惩制度的层次性。

在第三十三条中提出了对经营管理者的奖惩办法。但是由于没有强调董事会的地位和功能，所以在实施过程中也会引起混乱。

具体来说，应该是国有资产监督管理机构对董事会成员提出奖惩办法；董事会成员对经理层提出奖惩办法。如果采取“一竿子插到底”的方式，其效果一定是不好的。

7. 股东与董事的职权不可混淆。

第三十九条认为，国有资产经营公司的董事会可以根据本法与公司法“行使股东会的部分职权”，这是非常错误的。股东有股东的权限，董事有董事的权限，二者绝对不可混同。难道董事能自己选举自己吗？难道能自己奖励自己吗？

总之，这些都是由于没有明确股东—董事—经理三个层次的治理结构而造成的，因此，必须改正。

8. 增加公开性。

在第五十一条中提出了对转让与交易信息的公开披露，但这还远远不够。上市公司成为了公众公司，对其信息披露比较严格。国有企业是比上市公司更加具有公众性的企业，即所谓的“全民所有制”的企业，因此，其公开性应该更强，更应该强调信息披露。在一些国家和地区，规定企业的资料是要放到图书馆等地方供大家查阅的。

我们的国有企业不能变成比私人企业还封闭的企业，不能只靠审计署进行审计。缺乏大众监督是国有企业搞不好的重要原因。

9. 上缴利润的比例。

在第五十八条中提到收取国有资产经营公司上缴的利润、国有股份的股息、红利等。现在的问题是，对于独资公司应该收取多大比例的利润？再就是国有资产监督管理机构还要不要向财政部上缴利润？

新加坡淡马锡公司也要将自己50%的利润上缴给财政部，因此，我们的企业也必须有明确的指标。

10. 无形资产的问题。

以上提到的都是有形资产，股权与债权虽然没有实物形态，但是账上有科目，有记录都属于有形资产。而企业是有无形资产的，例如，品牌的特许经营权。

国家天生就有行政特许权，在国有资产账户上没有反映，但是也应该加强管理。至于是否能交给国有资产监督管理机构，还不能下此结论。不管怎样，仅仅看住股权等有形资产是对国有资产理解的重大偏差，因此，必须彻底加以改正。

第 26 篇　工资总额增长的意义*

记者： 日前从中国劳动学会主办的“深化企业薪酬制度改革 促进构建和谐社会”论坛上获悉，中国职工工资总额和职工平均工资连续 4 年实现两位数增长，并分别超过同期国内生产总值、人均国内生产总值的增长速度，为改革开放以来职工工资水平增长最快时期。请问，该如何理解这一结果的社会学和经济学意义？

答： 工资水平的快速增长具有正反两方面的效果：好的一面是职工收入增加了，购买力增加了；不好的一面是工资成本增加了，总体竞争力就会受到影响。

单纯拿工资与国内生产总值、人均总值增长比例说事还很不全面，因为还得看消费指数、房价、股票价格等各个方面。单纯看工资水平增长的意义不大。

记者： 您认为是哪些原因导致了近 4 年成为改革开放以来职工平均工资增长最快时期？

答： 一是总体经济水平的提高，为职工平均工资水平的提高创造了条件；二是加入世贸组织，我国的工资水平还有一定的上升空间；三是政府的关心，努力提高整体水平，特别是对低收入人群的照顾；四是与股票的剧烈波动相对应，银行存款的“倒挂”效应，使得工资增长成为了工薪家庭收入更主要的增长来源。

记者： 有人经过倒推，发现该调查统计是不包括 9 亿农民的，也不包括大约 1 亿名体制外农民工、自由职业者等劳动阶层。请问这种情况是否属实，如果属实，那么这种统计方法是否科学？得出的结论是否具有说服力？

答： 所谓的“工资”主要是指每月稳定的收入，也就是“月薪族”或者“工薪族”的收入。因此，9 亿农民就无法被统计在内，大约 1 亿名体制外的农民工也很难符合上述条件，自由职业者等劳动阶层当然也属于没有工资的人们。换句话说，在当今中国，所谓的“职工工资”就是在税务局有记录的一部分个人收入。因此，这个数据只能反映一部分人的收入水平。

---

* 本文是作者答《中国经营报》采访的讲话。

记者：我们浏览了大量网民的回帖，发现平均工资上涨并未很好地转化为全民福利的上涨。请问，这两者之间的结构性缺陷在哪里？

答：这是因为“平均工资”与“全民福利”相差比较远。首先，平均工资的上涨不能保证每个人的上涨；其次，作为收入性质的平均工资还不一定能够抵消作为支出的消费物价水平的上涨；此外，全民福利更多地涉及基础设施、公共服务的提高。而恰恰在这方面，居民的意见最大。因此，就算是工资收入提高了，也不一定带来满意度的提高。

仅仅看工资确实是太片面了。按平均房价买一套100平方米的房子要多少年的工资？为什么有的地方买一部小汽车要交多出一倍的钱？为什么交强险把原来的三者险支出提高了近一倍？为什么车船税、拥堵费说提就提？为什么出租车逐步消灭老百姓喜欢的价格，合并成一个价格而且直线上升？为什么某地有线电视收费一下子就涨了150%？为什么手机改月租费、单向收费那么难？等等。所以，在谈收入构成的同时，更应该看看支出的变化，从而看出人们对未来支出增加的恐惧心理。

记者：不少读者关心，究竟哪些人的收入在领跑？或者说增长部分主要流向了哪里？甚至有人猜测，增长部分主要流向了垄断行业和管理层，请问这种猜测是否正确？该如何认识增长的不均衡性？

答：工资只是收入的一种形式。“工薪阶层”与没有固定工资的人相比，好像是有了稳定的收入，应该具有相当的优越感。但是，考虑到物价水平的上涨，特别是考虑到房价的蹿升，人们就依然会感到喘不过气来，一些人成为了实际的“房奴”，另一些人虽然不是现实的“房奴”却是精神上的“房奴”。换句话说，如今的房子不是“工薪族”所能买得起的。因此，工资总额也好，平均工资水平也好，再怎么上升，也都淹没在房价的无底洞中，好比“杯水车薪”而百般无奈。

许多人认为“工资总额”与“平均工资”意义不大。其原因有四：

一是工资并不是收入的全部。现在有的人炒股挣了大钱，因为那里一天能涨停10%，有的人用房地产抵押贷款炒股，那不就是通过银行把一些人的钱借走了发财去了？有的单位上班时间集体炒股，因为这样钱来得快。如果劳动所得远远不如炒股所得，那么这个社会是否太倾斜了、太扭曲了？

二是工资并不是某些“工薪族”的全部收入。哪个官员的“灰色”或“黑色”的收入统计在内了？可以查一查公布一下，官员都住什么房子？和他们的工资是什么关系？孩子都在哪里、干什么？有的地方搞公车改革，一个月车补要数千元，甚至于比名义工资还高，人们才知道原来这里面有这么大的洞。

三是同一单位中工资差别太大了。现在有的中央企业到境外上市了，高管的薪酬就得“和国际接轨”，那么，一个月几百万、上千万美元也不嫌多。人们想不明白，是否人的欲望永无止境？假如自己当了那样的干部，是否也会一样地“勇往直前”？

四是行业地区之间的差距太明显了。一些基础设施领域的企业，挣的是大多数老百姓的钱，价格是垄断得来的而不是竞争得来的，收入特别是隐性收入比社会上高出许多。本来价格就不合理，工资再高出一块，那不就是成了“搜刮民脂民膏”了吗？

总的看来，邓小平同志提出的“一部分人先富起来”的目标基本上达到了，而且劲头十足，但“走向共同富裕”的一半却越来越远了，贫富差距的扩大正在考验中国人民的承受底线。

因此，说总额增加与个人关系不大，说平均工资也离题太远。假如想拿这一点来安慰百姓或自己，那就非常危险。从管理学角度看，“客户满意度”是最重要的指标之一。同样，老百姓的满意度远比工资水平重要得多，完全有可能工资水平提高了而满意度下降了，那么，单纯讲工资水平提高而忘乎其他岂非荒谬之极也？

第27篇 国资预算还要糊涂到多久

国有企业要上缴红利了，这在中国属于改革“触雷”的大事。其实，一般的企业给股东回报是天经地义的事情，不值得大惊小怪。只不过，中国国有企业情况有特殊性。因此，实施《国有资本经营预算条例》也好，上缴红利也好，都不是那么简单的事情。

国资委的定位要清楚，以特殊机构的身份能干什么，不能干什么，都应该有明确的法律规定。在国外特殊机构叫特殊公法人，这类法人的行为有法律的规定，但在我国没有。

现在的问题是，国资委与其他部委的权利义务关系不清。国资委虽然有三权：管人、管事和管财，但央企一把手任命权不在国资委，财权在财政部手中，加上部分企业反对上缴利润，所以现在国资委做国有资本预算有一些“铤而走险”，其勇气可嘉，但有些仓促。

中国的国有企业改革总体上是“摸着石头过河”，外国的国有企业改革是先有法后改革，这是两者的区别。所以我们建议，建立国有资本预算之前，要健全相关的法律和规章，重新定位国资委。

所有者收不收利润，收多少利润，《公司法》没有规定。从国外情况来看，日本实行的是股息政策。如日本的上市公司，红利按照资本金的一个百分比缴。公司股份是每股50日元的话，10%就交5日元。不管利润是多少，按照公司的原始资本金的一定比例来收，这就是所谓的股息化。美国是另外一种模式，不管盈利多少，将当期可分配利润30%~40%分掉，多有多分、少有少分，没有不分。

和我国最接近的是新加坡淡马锡公司，它对下属公司收取红利的同时，自己也要向财政部交利润。这个利润的水平是其所得到的可分配利润的50%上交财政部。如果国资委要收3000亿元的红利，那么，假如不算其内部费用，就要向财政部上交1500亿元！

国有资本预算必须与其他的改革联系起来，而不是单独进行。对国资委以及国有企业法人的基本功能定位，必须通过特殊的法律加以规定。国资委这次要求收取红利，要注意究竟向企业收多少。同时也要考虑它和财政部的关系，国资委还要向财政部交多少。向财政部交的数是进入财政部预算的一个接口。

可以认为，红利、投资仅仅是一个增量调整，国企改革的关键不在这儿。关键是存量改革，就是“历史旧账”的补偿制度。在中国的现阶段，存量调整跟增量调整相比，存量调整是主要的。所以光收取多少利润是不够的，还必须考虑这部分的运用问题。而某一些存量的调整是需要在企业范围、国资委管理的范围以及财政部所管辖的全部的范围内进行的，上缴利润应更多地投到国企存量改革中去。

说得再明确些，本来国有企业不交红利有一个原因，那就是用来补偿职工身份转换成本，发养老补贴等。所以，这里是一个置换：企业把红利留下，替国家养着职工。看上去这更像是一笔“糊涂账”。现在如果要改变这种情况，就必须明确谁负责职工的安置，是在一个城市、一个行业还是全国范围内考虑？或者说都由国资委包下来？

总之，收红利也许并不难，难的是收多少、怎么花，特别是原来的“糊涂账”怎么算？这个问题并不是那么简单。

第28篇 要害是反对行政性垄断*

在中国，众人瞩目的《反垄断法》迟迟不能出台，一拖再拖，可见其困难程度。好在日前有了新的消息——原定于2005年上报全国人大常委会的《反垄断法》草案，终于在最近于国务院内部定稿，并确定在2006年6月的全国人大常委会上进行"初审"。据了解，在这个版本中，将有关并购交易的申报标准由此前的50亿元翻倍升至100亿元；而且之前多头执法、争执不下的反垄断机构，也最终确定为成立一个"反垄断执法委员会"来专司其职。

首先，让我们来看一下申报标准的放宽。据透露，在《反垄断法》草案最终稿里，需要申报的企业并购分为两类：一是在中国境内的集中交易额超过15亿元人民币的；二是没有集中交易额，但合并各方在中国境内的资产总额或上一年度的销售总额超过100亿元人民币的。在2005年7月和9月的讨论稿中，上述两个金额分别为3亿元人民币和50亿元人民币，显然，这个标准有了大幅度的提升。

也许外商的意见起到很大的作用——在2005年8月，国务院法制办通过外商投资企业协会召开《反垄断法》外商投资企业座谈会时，来自通用电气、松下电器、巴斯夫、葛兰素史克等11家外商投资企业以及中国欧盟商会、中国美国商会的代表，曾就此提出意见。一位当时的与会外商代表表示，上述3亿元人民币和50亿元人民币的规定标准较严，与当前世界上的并购现状不符。这会造成动辄申报的情况，也会在一定程度上影响市场效率。

问题在于仅仅限制并购规模是科学的吗？答案是否定的。关键问题是对集中度有什么影响，而且不同行业合理的集中度也有所不同。比如波音飞机公司在美国就没有被认定为垄断，因为参与世界市场竞争。

其次，关于专门的反垄断执行机构，目前已经认识到其成立的必要性。但是，就算是成立了一个"反垄断执法委员会"，是否能在很大程度上解决当前中国的垄

---

* 参见《限制并购规模不科学》，载《英才》2006年第7期。

断性问题呢？人们还是非常怀疑。这些都涉及一个最根本的问题，也就是行政性垄断的问题。

应该说，所谓的“垄断”包括两种极端的情况，一种是所谓的最原始意义上的“自然垄断”。假设某种产品最初是处于完全市场竞争状态，通过市场竞争的洗礼、优胜劣汰，最后剩下了一家企业，这家企业利用优势地位可以获得超额利润。这可以算是“自然而然”形成的垄断。更为常见的例子是在网络型行业，由于资产规模大、投资周期长，可能再投资办第二家企业的门槛很高，因此，会从一开始就具有垄断地位。总而言之，所谓“自然垄断”是通过市场竞争而形成的。那么，为了防止最后的独家垄断局面，采取某些控制措施是必要的。

另外一种垄断属于“行政性”的垄断，即从一开始就具有了垄断的地位。在这之中最重要的环节就是“准入”的政策，某些行业不允许企业随便进入，这些行业就存在着行政性垄断。因此，所谓“行政性垄断”是一种“有生俱来”的垄断，是“天生的”垄断。

那么，究竟哪些领域应该是“自然竞争”因而需要进行禁止垄断的，哪些领域应该是“行政垄断”的呢？现在看来，各国在各个历史阶段很不相同。总的来看，发达国家行政性垄断范围较小，所谓国有企业改革就是在原来垄断的领域里引进市场原则和竞争机制；中国则是从计划经济脱胎而来的，那时候就是国家几乎垄断一切经济活动，由此，中国的大过程就是逐步开放行政垄断领域。

应该说中国到目前为止已经有了很大的进步，但是，问题依然十分严重。可以认为，凡是自然竞争的领域，问题就相对小一些，而凡是有行政性垄断的领域，问题就比较严重。最典型的例子是房地产和出租车。房地产因为土地短缺要政府批复，其间矛盾丛生。房子有二重性，一是用来居住，二是用来投资或者是投机。现在的问题是该住的没有管好，投机的也没管好。

出租车更有意思，本来可以有不同模式，一人一车的个体制有一定的合理性。现在北京主要是公司制，限制数量，规定价格，规定出租车尺寸，这是典型的行政性垄断。为什么不能有 1 元、1 元 2 角、1 元 4 角、1 元 6 角等多种车型、多种价格可供选择？市场经济的原则是供求决定价格，而计划经济的原则是价格决定数量。

当前中国最重要的课题是反对行政性垄断。任何回避矛盾、绕着圈走的做法都是没有用的。因此，必须旗帜鲜明地反对行政性垄断。

第29篇 收买“中消协”的思考*

记者：中消协（不收会员费）是首个享受国家全额财政拨款的组织，这种模式是否可行？它的利弊又如何？

答：以往的基本判断是，政府还是跟企业站在一起，“穿一条裤子”，甚至有点偏袒企业，而对消费者权益的保护则比较弱。中消协接受国家财政全额拨款表明了政府的姿态和态度，就是在和谐社会的大背景下，对消费者尤其是对一些弱势群体的关注和关照，甚至倾斜。原来我们政府强调生产发展、注重产值、销售收入、税收等这些指标，这是一个国家经济发展必须的，但相比较之下对于维护消费者权利比较弱化。所以，中消协拿了钱，肯定这是好事，是政府对消费者的关心。

但是，可能有人马上就联想到是不是中消协拿了钱将会引发某种副面的作用，比如政府会不会施加作用于中消协、控制中消协？我觉得搞得不好这种可能性还是有的。总之，我们对于这些问题要一分为二，既要看到政府对中消协、对消费者重视的一面，有钱了，是好事；但是有的人担心“拿了钱手软”会不会失去公正性的想法也不无道理。既然咱们国家中消协不是美国纯民间模式，那这样做是否就有点“收买政策”的意思？是利是弊现在不能马上下结论。我觉得关键还在于资金怎么有效运作。比如产品的监测，如果中消协自己去做检测，或者政府直接去做检测，这样并不好。既然中消协得到财政拨款了，有了经费，那就应该委托第三方做比较客观的检测，这样效果就很好。因此，说白了就是看财政的钱怎么花，怎么用好？还有其他诉讼仲裁等，如何才能确实解决困难，才是问题的关键。总的来说，政府不能说给了中消协钱就完事大吉了，给了钱还不够，还要借助其他代表公正、中立的机构完善和发挥作用，比如仲裁、法院、监测机构，等等。

记者：中消协财务体制的变革，使我们产生一个疑问，究竟协会组织是否应该接受政府的行政拨款？

---

* 参见《中国经营报》2007年4月18日。

答：这个问题应该从粗线条来理解，而不是抠字眼。我认为中消协的工作性质应该是“中国消费者关系工作委员会”或者是“消费者问题工作委员会”，那么财政出资让这个组织去解决消费者问题，这个是可以理解和可以接受的，反而是叫“消费者协会”这个名字不贴切，与“协会”这样的组织性质不相符合。协会这个名字，应该是个体的联合体，凭借会费来生存。中国消费者协会的特殊性在于用了“协会”的名字，但是并没有社会个体成员，它不是由消费者发起的，也不是完全靠会费收入，而是属于半官方性质。国外的消费者协会才是真正实行个人交会费的，比如说，美国消费者协会是市场化运作，可以用会费做很多市场检测、出版刊物等，实现市场化生存。但是由于中国国情，消费者协会不太可能表现为个人联合体。所以这样就造成一种误解，这个协会国家都给钱了，那其他协会给不给钱？实际上此“协会”性质非彼“协会”性质，所以大家也不要抠这些协会的名字，而要看组织和工作性质。

记者：发达国家的协会组织生存和管理模式有什么是值得国内协会组织借鉴的？

答：国外协会一般以民间自发组织居多，会员缴纳一定会费，这些协会组织也代表了入会会员的利益，纯民间的协会组织是可以有生存余地的。当然除了纯民间协会组织，政府资助的协会也存在，在日本就有一些政府资助的特殊公法人等。从总体来说，我觉得国内的行业协会不太可能出现像美国那样纯民间行业协会的模式，那也不符合中国国情。任何国家都会出现消费者问题，尤其是进入大量生产和大量消费的发展阶段，社会都会出现利益的对立，企业制售假冒伪劣产品，消费者上当受骗，很多国家都在不同时期出现过。在国外，消费者问题解决的初期常常由媒体进行曝光，揭露丑闻，再就是会出现大规模的游行、拒买等对抗活动，消费者和企业形成尖锐的对立面，甚至形成社会冲突，引起政府出面干预，然后企业规范经营，减少假冒伪劣产品，这种情况在许多国家都出现过。中国国内现在也在启动内需消费，消费者问题解决靠媒体曝光比较有限，而大规模的群众示威游行、对抗活动更不太可能，那么消费者要组织协会起来反抗的现实基础就很弱，如果企业没有出现强硬的对立面，那么它便会更加肆无忌惮，这是国内目前现状的根源。那么在目前的国情下，消费者与企业之间的矛盾非常需要依靠政府力量，通过财政资金来支持中国消费者协会这一本该代表消费者权益的组织，是很有现实意义的，因为我们没有更多其他有效的手段。我希望这次政府财政支持的良好用心能得到大家满意的效果。

第30篇 大股东该退场了

中国的股市一路走来，风雨飘摇，问题很多，也很危险。如同一个重症病人一样，要想医治，无非有两种思路，一种是治标，发烧打针退烧药可能有所缓和，但是只能坚持一会儿；另一种是治本，就是找到病症的根本所在，除去病根，才能彻底好转。

中国股市表现出来许多的标症，比如“圈钱”、关联交易、大股东占款等。因此，如果仅仅要求大股东限期内退款，显然只是治标的办法。那么，中国上市股市行为严重扭曲的根源到底在哪里呢?

可以认为，一切原因出在中国上市股市特有的股权结构上。中国上市公司最早是由国有企业起步的，不像外国要求企业必须至少有3年以上的盈利记录，中国的上市公司最初是“一夜之间”构造出来的。比如，将某某总厂一刀切出一个“股份公司”和一个“集团公司”，即同时构造出一个“儿子”和一个“老子”。这样做的理由一方面是没有合适的国有资产所有者代表，另一方面可以保证对公司的绝对控制。

如此说来，中国上市公司的股权特色是“一股独大”，换句话说，中国上市公司的本质是“子公司上市”。这种特定的股权结构注定了上市公司的非独立性，而它只是集团公司或大股东的附庸。按照“资本议决原则”，多数股东的意志是合法的，应该得到法律的保护，比如不分红或多分红都没有违背法律规定。

在国外，我们很难找到大股东持股比例超过50%的上市公司，既然你没有独立性，就不要进入这个队伍。德国有银行是上市公司的大股东；日本规定，银行可以成为上市公司的大股东，但是持股比例不得超过5%；东京电力是世界规模最大的民营电力企业，东京都政府为第一大股东，但是持股比例大约仅为3%，而且并没有派出董事。

实际上，国外要求上市公司不应该是某个大股东的附庸，关联交易很难监督，如果想控制，就收为子公司。从市场关系的角度看，如果大股东意志过分强烈，就会弱化市场的信号。因此，更应该保证股权的分散性。当然，过分分散的结果可能会造成经营者控制，那就需要强化社会监督，比如加强外部审计的作用等。

中国最近的一件事是中石化陆续回购控股子公司的股份，这在国外叫做“私有化”。在国外投资者看来，这些子公司根本不具有必要的独立性，没有上市的资格。当然，具体处理办法倒不一定只有回购股份，股权分散化也是一个选择。中石化回购控股子公司的股份正好是中国传统思维方式的继续——要控制而不要分散化和市场化。

从外表看，中国的国有企业的组织模式很像日本的家族企业，一个家族设立一个封闭的有限公司，有限公司再设立一些上市公司。松下家族原来占有松下公司的多数股份，后来逐步稀释，现在只占不到 10%了，其结果是，企业变成了世界级的大公司。

中国的许多国有企业可能还不如日本家族企业的变迁，想要控制，想要保持对子公司的绝对占有，集团公司稳坐宝塔尖，代价可能就是“做不大”。如此说来，又想控制，又想利用，是不是有些“既想过河，又怕脚湿”的意思呢？

因此，只要股权结构不改变，大股东的行为就不可能得到根本性约束，要想彻底改变中国上市公司及其大股东的行为，则必须彻底改变股权结构，必须真正地实现股权分散化。只有那样，才会构造出对世界市场负责的世界级大公司，而不是只对自己主人或上级领导负责的“家奴”。

大股东退场之日才是中国上市公司行为正常化之时，现在可怜的“清欠”可以休矣。

第31篇 中国人在京购房应限几套

最近，建设部等六部委联合发文，对外资购房作出多项限制；北京市建委已对其进一步细化，包括外国人在京购房暂限一套同时须在境内工作学习一年以上以及采取实名制等。采取这种措施有一定的道理，但是，无论在理论层面还是操作层面都存在一定的问题。

房地产不像鞋帽、袜子等生活消费品，其本质特征是土地的稀缺性。于是，城市房地产具有了消费与投资的二重性——作为消费品，人们在那里居住，所以是为住而买；作为投资品，人们是为卖而买，因此希望它就像股票一样不断地升值。当然，在实际过程中，两种功能可能会交错在一起，有时难以分辨。

在这里有许多具体问题值得探讨，例如：

对富人的限制——外国人比中国人有钱，如果让他们随便买，似乎对普通北京人不公平。但是，我们对中国外地富人买房有限制吗？比如对山西煤矿老板到北京买房有什么限制吗？

实名制的作用——什么叫做“实名制”？买房者本人算一个人，配偶算不算？孩子、老人算不算？外地的亲戚算不算？再就是仅仅局限于某一个城市还是全国范围内考虑？可以在几个地方分别买房吗？

实名制的现实——如果对外国人采取实名制有必要的话，那么，对中国人是否也有必要或者说更有必要？但是，目前在中国、在北京对中国人采取实名制了吗？

一套房的意义——既然土地紧缺，外国人就不可以占取太多，这也许是限制境外人只能购买一套的初衷。但是，对于中国人限制只能购买一套了吗？实际上，“二房经济”也有一定的道理。

居住一年的条件——境外人士居住、学习一年以上成为了一个条件。且不说人家来来去去的，累计达到一年的行不行，对于中国人要求非得一年以上了吗？

实际居住的判定——对于常年居住者的概念人们基本一致，但是，居住与出租之间却存在着一个比较模糊的区间，如果通过中介寻找租房者是典型的出租的话，那么，借给亲戚算不算居住？

实际上，限制外国人或境外人购买住房仅仅是诸多“治标”的措施之一，其效果不能盲目乐观。换句话说，我们还必须采取“治本”的措施。所谓“治本”的一个关键是增加供给——尽管土地短缺，但是，不能被这个困难吓倒。看看伦敦、东京等大城市就知道了，许多人住在郊区，开车到郊区车站，乘轻轨、地铁上班。东京郊区轨道交通有 2000 多公里，与横滨连成一个整体，即所谓的“都市圈”。北京房山区不是有 980 元/平方米的住房吗？如果到涿州、燕郊、廊坊都有轻轨又会怎样呢？因此，说“住房问题的本质是交通”也不足为过。再有就是土地管辖，北京郊区农村自己盖的商品房不是都想写上“北京市大产权”吗？

总而言之，限制外国人或境外人购买住房用意可以理解，但是，应该注意的是，中国人与外国人应该一视同仁；在限制境外富人的同时也应该限制境内的富人。我们对“内人”管好了吗？有没有“商改住”或“住改商”的情况？我们的经济适用房搞好了吗？“内功”没有练好，“外功”能够练得好吗？

严格管理、调整政策，路就在我们的脚下。

第32篇 有爱国热情的倡议*

各位代表、新闻界的朋友们：大家好！非常高兴能够参加今天的大会。首先请允许我对北京智泽华软件公司关于助力创新型国家建设的几点倡议发表感想。

一、鼓励国内自主创新企业和产品是政府的重要责任

作为企业以及其中的干部职工，有权利在全世界范围内选择交易伙伴。改革开放以来，国内一些企业热衷于到国外采购，比如，国内的船东就不喜欢购买国内的船只；有的企业呼吁自己的客户购买国内的即自己的产品，而它们的设备却主要是从外国买进的。因此，问题的关键在于政府，是否提倡自主创新？是否带头购买国内自主创新产品？是否鼓励、提倡购买和乘坐国产汽车？我们与韩国就有明显差别。当然，也不能过于狭窄了，假如北京只能跑现代汽车、重庆只能跑长安福特就很不好。

二、政府支持从科技开发到产品采购

我们目前的习惯做法是在研究开发阶段给予立项支持，这是完全必要的，但是，有许多成果通过鉴定了却没有市场价值和经济效果。如果能够建立定期、定点采购科技创新成果的制度，公开采购国家、政府或企业需要的科技成果，就是对自主创新最大的支持。因此，今后凡是能够通过公开采购得到的科技成果，就没有必要立项资助研究开发；只有那些不能通过市场上公开采购得到的科技成果的要求，才可用财政性资金资助立项，支持进行研究开发。这样也可以节约一定数量的科技开发费用，因此，是一举两得的好事情。

---

* 作者在2006年5月18日大会上的讲话。

三、并行立项不是重复

一般来说，光凭立项申请书并不能肯定最后的成果，这说明了批准阶段的风险性。假如政府对同一项目同时资助两个或两个以上的独立课题组，看上去似乎是“重复”了，但可能有促进竞争的效果。大学与研究机构之间可以竞争，研究机构与企业之间也可以竞争。所以，一个研究项目，在批准国家级的研究机构承担的同时，另外批准一个企业或来自于基层单位的课题组进行并行研究也是很好的选择。

在这里，我想对科研项目的基本属性发表自己的看法。科研项目粗略地分，可以分成“兵团式”和“散面式”两大类，前者是认准了共同问题集体作战，比如国家基金课题；后者是研究人员自主立项、自主研究。可以认为，绝大多数诺贝尔奖项都是奖给了散面式研究的成果。因此，我们更应该重视企业与基层研究人员的积极性，鼓励他们的参与。

四、公开评审制度的必要性

对于涉及国家机密的项目另当别论，对于非涉密的财政资助项目，应当将课题申请主要内容和评审意见、摘要向社会公示。目前的做法是只公示立项课题名称，不公示课题内容和研究目标，这样无法让除评审专家以外的其他专业人士判断该课题是否应当立项、是否属于不必要的重复性研究或无价值研究。同样，不公示专家评审意见，也无法对专家评审意见的可靠性、正确性做出判断，无法让专家的评价接受社会力量的监督和检验。由于国家资金来源于大众，就要增加透明度。

五、细化科技奖项的设置

现在，各级政府设立的科技奖项如国家发明奖、科技进步奖、技术创新奖等，领域比较宽，各个学科组专家对于自己不熟悉的领域的项目或成果进行评审，很难准确负责。因此，可以考虑适当细化，按专业领域分别设立，分别由该专业领域的专家进行评审。

六、关于专家实名评价制度

现行的做法是由专家委员会成员投票表决，最后由专家委员会主任签字确认或由政府主管部门批准确认，这样有可能无法让成果评价者进行负责任地评价，也无法让评价者个人对评价结果负责。因此，可以考虑将专家评价意见公开的实名制度，让专家的个人声誉和科研成果的声誉直接挂钩。当然，匿名评审也有一定的好处，减少其他麻烦。同样，公开了也可能有弊端。具体采取哪种办法，还需要认真分析利弊，兴利除弊，慎重决策。

七、软件产品应该申请专利

知识经济时代的一个重要特征就是智力产品在国民经济中的重要性不断提高，智力产品产值对社会总产值的贡献也将不断扩大，当前我国专利制度，将大量智力产品排除在专利保护之外，使中国企业在同西方国家的企业竞争中处于不利地位。所以，允许知识产品特别是软件产品申请专利，是保护知识产权的重要方面。因此，应该修改专利法，规定软件产品可以申请专利。

八、寻找政府投入的新渠道

倡议提出建立政府定期、定点采购科技成果、产业化成果的制度，政府设立财政性专项资金，公开招标对科技开发转化过程及其成果进行采购，这样做将会激励社会力量投资于科技成果转化，促进科技成果转化，让更多的科技成果转化为生产力。这个建议有一定的必要性和可行性。

在此，我建议还可以探讨其他一些渠道，比如日本东京中小企业育成投资股份公司，是由东京都等 12 个地方政府以及一些大企业、大银行设立的特殊公法人，专门将资本投向有前途的科技开发企业，支持项目开发，项目成功后，再把资本出售，接着进行下一轮的投资，结果实现了投资机构与被投资企业的“双赢”。

总之，我认为今天的倡议很有爱国热情，针对性和操作性都很强，希望有关部门能仔细研究。

第 33 篇　旅游业的五个板块与五个特征

旅游产业由以下五个基础性板块所构成。

第一，景点板块。这是旅游产业的核心板块。具体来说，又可以区分为以下一些方面，例如：

自然景观——高山、大海、森林、草原，等等；

人造景观——长城、布达拉宫、建筑、游乐园，等等；

综合景观——城市，街道，民居，等等。

第二， 旅行社板块。这是一种中介性的板块。旅行社有拿票优势，也有着自己其他的行业特征，例如：

综合性——需要对供求双方的信息、价格要求进行综合对接；

联合性——注意与其他环节的协调，有时得通过拼团实现规模；

网络性——范围效益性明显，导游人员有浮动性，等等。

第三， 吃住行板块。这属于支持性板块，具体来说：

吃——餐饮业，餐馆、饭店，地方特色小吃；

住——宾馆，旅店，经济型酒店；

行——交通，航空，铁路，公路，自驾游，等等。

值得注意的是，这个板块具有相对的独立性，也就是非旅游性，因为没有旅游本地人也得消费，纯粹商务、探亲等也需要住宿和交通。

第四，目的性板块。包括其他一些旅游外的活动，例如：

商务旅游——香港购物，会展，工业旅游，农业旅游（采摘）等；

文化旅游——看演出，看体育比赛，休闲，等等；

单位旅游——会议，度假，奖励，教育（红色旅游），等等。

总之，许多旅游已不是纯粹的旅游，而是与其他活动量加在一起，涵盖了许多丰富的概念。

第五，信息板块。这主要包括平面媒体、网络信息等方面，例如：

报纸广告——这属于比较传统的方式，但依然非常重要；

国际互联网——每个门户网站都有旅游窗口，其势头无比强劲；

单位网站——景点、旅行社、宾馆、交通都有自己的网站。

以上各个板块虽然是分别提出的，但是它们之间存在着密切的联系，特别是信息板块，更具有综合性。

旅游产业具有自己的一些特征，主要包括以下五个方面：

第一，木桶短板的制约。在上述五个基础板块中，有的处于紧缺状态，由此制约了整个产业链的效率，例如：

景点制约——布达拉宫的开放时间与容量制约了进藏旅游的人数；

交通制约——每天北京去延安的飞机只有一班，而且是只有 36 座的小飞机；

时间制约——节假日游人太多，周末两天时间又不够长，等等。

第二，季节波动的程度。各个景点的季节波动性有明显差异，例如：

差别很大——比如秦皇岛、北戴河海市，只有夏天最红火；

冬夏两头——哈尔滨夏天可以避暑，冬天又能看冰雕展和滑雪；

四季常青——北京、上海、昆明几乎没有淡季。

第三，联合作业的优势。旅游产业链较长，单独靠某个板块很难完成，所以，相互之间的协作比较普遍，例如：

相互奖励——航空公司与宾馆相互奖励，也涉及其他行业；

“鱼饵”论——北京铁路甘当郊区景点的“托”，买门票免费上车；

购物返利——景点、旅行社与商业的联合，“纯玩”变了味。

第四，终端体验的本质。旅游产业的消费者是自然人个人，眼看为实，所以终端性、体验性非常明显，例如：

调动全身——旅游不是在家看电视，至少是一项健身运动；

留下记忆——未到过的地方无边无沿，永远是新鲜的记忆；

深度参与——消费者参与大理旅游线路，机场登机牌自助值机等。

第五，知识信息的“统帅”。上述终端体验、深度参与都离不开信息系统的支持，实际上，知识与信息越来越起到“统领”的作用，例如：

网上组团——湖南老乡从上海到长沙的包机，交通台组织自驾游；

专业网站——景点网站，旅游网站，旅行社网站等很活跃；

资源整合——携程网与宾馆联系密切，自己又办了经济型酒店。

旅游产业的几个板块各有优势，究竟该谁“执牛耳”？在 2006 年中信出版社出版的阿尔文·托夫勒的《财富的革命》一书中提出了“产销合一者”（PROSUMER）的概念，意思是消费者被引导到供应链的前端，这在旅游产业表现得非常明显，因此，也预示着旅游产业整合的方向。

第34篇 铁路应是计划经济最后的博物馆吗*

中共十五大之后，国家投资大幅度地向基础设施领域倾斜，其意图是想通过加大基础设施建设，增加对钢铁、建材、机械等行业的需求，从而带动这些行业的繁荣。在这之中，最值得注意的是铁路。国家计划在5年之内向铁路投入2450亿元，而其中有2200亿元来自于铁路建设基金。我认为，这种办法是不甚科学与不大合理的。

长期以来，中国铁路一直采取向货主征收专项建设基金的办法，从1993~1995年之间，每吨公里共向货主收取5.35分钱，其中，2.7分钱作为铁路建设基金，每年大约可筹集建设基金300亿元，但这远远不够建设需要； 2.65分钱计为铁路企业的运营收入，造成近年来每年全行业数十亿元的亏损。因此，这种做法的必然结果是“基金不够建路，运价不够吃饭”。后来运价与基金轮番上调，1998年4月1日之后，基金从每吨公里2.8分钱上调到3.8分钱，运价从每吨公里3.65分钱上调到4.14分钱，预计基金每年可收到400多亿元。可以看出，国家从货主手中收取资金再变成国家投资的传统做法没有任何改变。

在第二次世界大战刚结束的时候，一些发达国家也认为，由于基础设施领域具有自然垄断性，因此这些行业的企业必须由国家来负责建设与运营。进入20世纪80年代后，这一认识发生了根本的转变——这些领域完全没有必要由国家单独所有。比如，商业银行完全可以搞股份制；在电信领域，英国、日本、新加坡的电信电话公司都成为了股票上市的股份公司；在交通领域，航空公司跨国参股以及高速公路的股份公司随处可见。总之，人们感觉到，越是资产专用性强、投资周期长的企业，就越应该通过股票上市筹集资金。

---

* 首次发表在国家统计局刊物《中国国情国力》1998年第6期特稿，后又发表在《中国城市经济》2004年第6期上。

中国的情况也有所转变。比如，深圳发展银行已成为上市公司，交通银行也已经完成股份制改造；电信业通过股份化筹集了大量的资金；交通运输方面，无论是航空公司还是机场，都有一些上市公司，公路、港口的股份公司也屡见不鲜。但是，唯独铁路最为落后，除了广深公司发行了 H 股外，整个铁路主业仍然是按兵未动，说铁路是“计划经济最后的博物馆”一点儿也不为过。实际上，铁路供给的长期短缺，正是由于传统体制所造成的。

其实，美国最早的大型股份公司几乎都是铁路企业。它们不仅仅从美国，而且从欧洲筹集了许多资金，因而造就了 40 多万公里铁路的历史繁荣。只是后来过早地退出了与航空公司的竞争，才在高速铁路方面落后于法国、德国和日本。在最近的又一轮企业兼并高潮中，30 多家铁路一级公司经过股份收购重组，逐步聚合成五六家大型铁路公司，估计最后只能剩下三四家。

日本在第二次世界大战后，就将国营的铁道部改组成了特殊公法人的国铁公社，建设与运营也是分开的。到了 1986 年，国铁公社已经负债累累，13 年间涨了 11 次价，最终达到了破产的边缘。从 20 世纪 80 年代初起，日本就酝酿着对国铁的分割改革方案，但是遇到了国铁公社方面的强烈反对，它们提出了 100 多条不可分割的理由。迫于社会压力，政府最后还是于 1987 年将国铁公社解体，设立了 7 个运营公司。结果这些公司当年扭亏为盈，后来股票陆续上市，用以偿还原来的债务。

总之，从美国到日本的实践体现了铁路企业从股份公司到国有企业再到股份公司的循环，它们的经验向世人表明，股份制是完全适合于铁路的。

现在看来，所谓的股票上市的本质是企业进入了资本市场，企业拿出当期利润换取投资者的资本投入。所以，股票上市不仅使企业资本获得了市场价格，而且实现了短期资金即利润与长期资金即资本的交易，按照市盈率的一般参数计算，1 元利润可调动 10~15 元资本的投入。

这样，中国铁路的问题就比较清楚了。传统铁路体制与政策造成了两方面的后果：第一是全行业的亏损，这是典型的政策性亏损；第二是投资不足，其他投资者也无法进入。现在看来，铁路的体制改革也许还要推迟下去，大家都热心于瓜分这 2200 亿元，政府方面依然是不要利润、不要税收，只要基金，就是社会上有投资的热情也不需要。显然，建设基金只不过是收入、利润与税收的转化形式，因此，是用短期资金充当长期资金，是 1 分钱只当 1 分钱使。反之，如果是进入资本市场，400 亿元起码可以调动 4000 亿元，就算是偿还 1300 亿元的债务，余下的至少还可以有 2700 亿元。换句话说，上策是将基金用来调动资本投入；中策为增加发行债券；目前的方案则是最下策。

当前最大危险在于，没有什么人关心和回答下面两个问题：铁路的企业到底在哪里？又有谁该对着2450亿元的使用效益负责呢？

第 35 篇　关于“2008 奥运市民礼仪培训”的设想*

现在距离 2008 年世界奥林匹克运动会只有两年的时间了。在各项准备工作之中，进行市民的礼仪培训也是重要的一项。以下就对这项工作的必要性、主要内容以及工作方式等问题进行概要地分析和探讨。

一、工作的必要性

古人云：“先温饱而后知礼仪。”因此，物质的丰富是一个重要基础。比如公共汽车太少，你挤不上去，又怎么耐心等待？关于进行市民礼仪培训工作的必要性大体上有以下一些方面：

（1）提升国际化水平——2008 年奥林匹克运动会在北京举行，届时将有大批外国运动员和游客涌入北京。这既是中国以及北京人民向世界展示自己的大好时机，也是世界人民检验中国以及北京文明程度的一次“无声的考试”。因此，我们一定以最优异的状态迎接这次考试。

应该说，一些中国人的素养在世界上评价并不好，比如日本的公园里标志有“顺路”的方向，他们说，沿着反方向大摇大摆地走下来的人，不是美国人就是中国人。

日本东京离横滨有一百来公里，一次一位中国人看到小汽车沿着几十公里的路排好，没有任何一辆车挤到旁边的应急车道上，他想如果是在中国，肯定把应急道堵得满满的。

新加坡大使馆举办国庆招待会，中国人穿得很随意，有的是半袖衫，好一些的是衬衫打个领带。后来，大使馆的通知上写明：“请着西服正装”。有的会要求“西

---

* 在 2006 年 6 月 8 日研讨会上的讲话。

服便装”，那么，什么是西服便装呢？

（2）首善之区的示范作用——我们西城区作为全国文明示范区，对于宣扬中华文明、展现礼仪之邦具有不可推卸的责任。我们要力争成为北京以及全国的首善之区，2008年奥运期间就是绝好的展示机会。我们与其他区的表现应该有所不同。

（3）竞争客观存在——作为世界大都市的中心城区，不仅在全世界范围内存在着无形的竞争，就是在国内也存在着事实上的竞争。比如，上海致力于举办2010年的世界博览会，虽然还有四年的时间，但是它们早早地就大规模地开展了市民礼仪教育活动。因此，如果我们不加倍努力，以后就可能处于落后的地位。

近日上海为迎接2010年世界博览会，出版了专门的书籍，在报上开辟专栏进行介绍。我们西城的西单北大街，来往行人横穿马路非常危险，更提不上文明了，因此，必须彻底改过才行。

总之，为了配合“新北京，新奥运”的基本宗旨，应该突出“新北京人”的理念，而所谓的“新北京人”的重要标志除了英语会话水平的明显提高之外，另外一项主要的标志就是现代礼仪意识的显著提高。

二、工作的主要内容

关于这次进行市民礼仪教育活动的内容，可以考虑以下几点：

（1）根本宗旨——通过大规模的宣传教育，达到全面普及现代礼仪基础知识的目的，以扫盲、普及为主，以提高为辅。在知识经济时代，也需要普及关于人际交往的知识，应该较大规模地开展这一工作，而实际上这是在补课，应该说各行各业的职工、公务员、学生等都应该具有这方面的知识。

（2）核心内容——可以包括一般礼仪与涉外礼仪两大部分。所谓一般礼仪是指普通市民之间也应该注意的礼仪，比如衣着、饮食、一般见面、初次见面、交谈、说话、打电话、访友、待客、开车、乘车、职场等各种场景下的礼仪；所谓涉外礼仪包括一些与外宾接触时的特殊注意事项。如果能了解不同国家的特殊习惯则更为理想了。

礼仪不应该只对外国人。所谓各个项目比如介绍别人认识、握手的顺序、先走后走、开会、吃西餐、开车、乘车等都涉及礼仪问题。当然，外国人的某些习惯可能与我们有所不同。

比如在中国提倡为老年人让座，而在国外，你主动让座人家可能还不高兴。

一位中国人在美国超市外看见一美国老太太在修车，他买完了出来时看见老太太还在修，就问是否需要帮助，老太太不高兴了，大概是不希望别人认为自己老了吧。

再如德国人严格遵守时间，约定了见面的时间，我们的人提前到了可能就会进去问候，而德国人会说请在外面等一下，还没有到点呢。

一位中国人到日本公司办事，看见女职工进来，在每位客人面前到茶前后都鞠个躬，出门口时转身再鞠个躬，没有人监督也一定这样做，等等。

(3) 礼仪心理学——应该说礼仪看上去比较重视人们穿衣戴帽、言谈举止等外在的表现，但是实际上外在的表现是由内在的心理所决定的，否则就是装也装不好、装不像。因此，应该注意在这次学习的过程中特别重视礼仪心理知识的普及。美国卡内基的书《人性的弱点》就是讲如何与人交往，我们在这方面存在着很多的误区。

中华文化可能是太自我了，有人形容为“鸡头文化”或“麻将文化”，所谓“鸡头文化”就是“宁为鸡头，勿为凤尾”；所谓“麻将文化”就是“看住上家，防着下家，我不能胡，你也别胡”。另外几千年的封建文化对其也有影响，封建文化就是“喳文化”，就是“奴性文化”，表面服从掩盖了内心的反对，这是二重性格。

总之，我们的根本目的在于通过这次活动既能保证圆满完成 2008 年迎奥运的任务，又能为全面提升中心城区的文明水平、促进经济与社会今后的长期发展提供有力的保证。

三、工作的若干环节

为了保证工作的顺利进行，以下一些环节值得注意：

(1) 教材准备——虽然在北京已经有了一些可以利用的教材，但是，如果有条件的话，可以考虑组织力量重新编写，这样不仅对我区有用，而且可能对整个北京市甚至于全国也有使用价值。

(2) 办培训班——培训班可以由两个层次所组成，一个层次是对辅导员的培训；另一个层次是对普通市民的培训。

(3) 以社区为主——注意以社区为单位，实现较高的培训普及率，同时也要动员驻区单位参加，应该调动各方面的积极性。

(4) 利用网络技术——虽然可以利用室外宣传栏等常规的宣传工具进行宣传、普及和教育，也需要利用互联网的现代工具进行。

(5) 电脑答题——考试是检验学习成果的重要方式。普通考试可以通过网上或考场使用电脑完成，电脑自动评分。现在考驾照都用电脑了，礼仪更没有问题。

(6) 有奖竞赛——可以考虑吸收企业参与，举办礼仪知识大奖赛，再辅之以电视、报纸等媒体的支持，一定能产生轰轰烈烈的效果。最近，上海已经准备开展一次大规模的礼仪知识竞赛，其特点是：第一，延续时间长，从 2006 年一直到 2010 年；第二，多阶段性，包括海选—初选—复赛—决赛—总决赛—颁奖等各个阶段；第三，多种形式，比如有问答、情景、讨论，等等；第四，主题突出，本次的主题是公共场合的礼仪问题；第五，群众参与性，面向全社会广泛征集题目，包括马路、影院、体育场、车站、地铁、机场、公园、餐馆等各种场所，提供的题目一经采用就提供奖励，这些都是值得我们好好学习的。

第 36 篇　喜看北京公交“三级跳”*

2007 年新年伊始，北京市民乐开了花：已经沿用了几十年的公交月票终于“寿终正寝”了；不管是原来的月票有效线路还是月票无效线路，用磁卡差不多都是“打 4 折”，就是说，原来上车 1 元钱的都变成 4 毛了，而且一些原来要分段计价的也只一次性划掉 4 毛就“OK”了。许多人简直不敢相信眼前的这一幕：难道真的有这样的好事吗？

北京公交发展到如今这一境地，粗粗来说，经过了三次大的变化，好比体育比赛的“三级跳”，第一步大，第二步小，第三步最大，一下子跳到沙坑里。北京公交是怎样完成了如此漂亮的“三级跳”呢？

第一跳，巴士公司股票上市。直到 20 世纪 90 年代，包括上海、天津等中国许多城市的公交都改革了，告别月票了，北京依然“按兵不动”，甚至于有些“谈改色变”——据传市里某高官因为参与公交改革而丢掉了“乌纱帽”！于是，每年近 10 个亿的补贴以及相应的批判“涛声依旧”。后来，公交集团出资设立了巴士股份公司，而且到上海证券交易所上了市。如此形成了月票有效线路与月票无效线路的“双轨制”格局：月票持有者乘月票有效线路只能本人当月任意次数使用；月票无效线路按次付费、分段计价。其结果，并不令人满意：乘客觉得非常不方便；月票有效线路人满为患；巴士公司却因价格偏高而运力浪费。

第二跳，磁卡 8 折优惠。2006 年，“儿子”与“老子”开始“刺刀见红”争客源了，其利器就是磁卡 8 折优惠。具体来说，月票有效线路实行每月 140 次封顶，持磁卡乘月票无效线路价格降低为 8 折。此举对于平衡客流有一定的效果，但是还不够彻底。一项调查结果显示，买月票的人，每月乘到 140 次的仅占不到 3%，绝大多数的人乘了不到 100 次，而且月票依然是专人专用，空出来的次数家里其他人也不能享用。月票无效线路得到的分流人数也不够多。但是，这却是关键的过渡性

---

* 参见《中国经营报》2007 年 1 月 8 日。

的一小步。

第三跳，取消月票，彻底并轨。早在数年前北京市财政局组织大意项研究中，专家们就提出过，解决问题的根本出路在于完全并轨，降低价格。现在的方案正是如此：取消月票，价格拉齐，分段与不分段一律 4 折。实施效果出奇的好。老百姓得到实惠奔走相告自然是在情理之中；原来的月票无效线路乘客也大幅度增加了。那么，政府是不是亏得太多了？其实也不一定，据说原来每天只能卖出 1 万张磁卡，实施“新政”以来每天能卖出近 6 万张，按每张收 20 元押金计算，每天仅押金就能收入 120 万元。另外，为了照顾外地临时来京人员，还增加了临时卡等种类，这种挺人性化的。

举目看当今中国，以涨价与降价来观察便可知垄断与竞争界限分明：汽车降了，邮票涨了；手机降了，全球通月租费“岿然不动”；世界油价降了，中国汽油只升不降；飞机票打折了，火车票又快涨了，等等。从这个角度看，我们对于北京公交这次“三级跳”的最后一跳真是应该大声叫好。什么是进步，什么是退步，老百姓心中一清二楚。

永远不要忘记老百姓心中的那杆秤。

第 37 篇　吃比萨饼自助，体验“体验经济”

从人类经济社会繁荣发展的阶段来看，大体上经历了农业经济、工业经济（即产品经济）、服务经济等几个阶段和模式。经济学家指出，下一个发展阶段或模式是体验经济。如果说产品经济的特征是质量整齐划一的话，那么，服务经济已经表现出因人而异了。体验经济的本质是更加个性化。

具体来说，体验经济的主要特征有以下三个方面：第一，高度参与性——客户或消费者不是被动地接受商家提供的现成的几种产品和服务，而是成为产品与服务设计的主体，有的会参与制作过程。第二，文化知识性——消费者不仅得到了产品和服务，还要增长知识和积累精神财富。第三，美好记忆性——目前仅仅是一般维持生命的吃和穿都已经被淡化，消费者希望购买一次美好的人生经历，希望留下永久的记忆。

最朴素、最初始意义上的体验经济的例子有旅游、观看体育比赛、垂钓、健身、采摘等。以国际互联网为基础的现代体验经济的典型例子有“超女现象”、美国由广大球迷推选出的全明星赛、CtoC 网上交易、在网上结成旅游伙伴等。有一年春节，在上海工作的湖南老乡们通过网上交流，确定了这一年的旅行方案——集体乘包机从上海回长沙。他们并不喜欢像往常一样地再次乘坐民航规定的航班，而是想体验一下同机乘客全是“还乡团”的人们在一起是个什么滋味。后来在飞机上大家讨论了一个话题：明年怎么回老家，结果大概是想结伴驾车自助游吧。

这个问题在吃的方面也有所表现。以西式快餐为例，我们可以大致看出以下几个阶段和模式：

第一，“麦当劳”与“肯德基”——商家提供若干种类的食品，消费者自由组合，这类快餐通常是排队时间两分钟，付货时间一分钟，消费者自己端走，其环境、气氛可以给人们留下较深刻的印象。

第二，比萨饼自助——本来，消费者在像“必胜客”那样的比萨饼店用餐时的参与性还不如“麦当劳”和“肯德基”，因为属于传统坐下来点菜的那种。而比萨饼自助则比“麦当劳”、“肯德基”更进了一步，商家准备了十多种比萨、十多种沙拉，还有多种炸货、饮料、冷饮等，供消费者随意选取。在“麦当劳”、“肯德基”，花同样的钱可以买到同样的东西，比如“全家桶”的内容都是一样的。而在比萨饼自助店，花同样多的钱，每个人吃到的东西的品种和数量各不相同。北京“好伦哥”就是这样的店，后来又陆续出来许多类似经营方式的品牌店。

第三，自制比萨饼——最近，在北京又出现了更进一步的模式，如“比格”比萨饼自助店就增加了顾客自助的内容，即顾客不只是在已经做好了的几种比萨饼中选择自己想吃的，而是参与到制作的过程之中，消费者可以自己挑选喜欢的配料，在服务员的指导下，完成比萨饼的制作。这样，消费者就可以享受与别人完全不同的、独一无二的比萨饼了。另外，“好伦哥”是每人每次限时一个半小时，而“比格”店是不限时的。

值得注意的是，体验经济本身也有价值，也有价格。例如，在一般市场上买鱼假如说是 5 元钱一斤，那么买自己垂钓上来的鱼则可能要 10 元钱一斤，因为垂钓过程有价值；同样，假如在自由市场上买葡萄要 4 元钱一斤，买自己采摘的葡萄则可能要 8 元钱一斤，因为采摘过程也有价值。当然，上述“比格”店顾客参与制作是不另收费的，它也因此更受欢迎。

第 38 篇　人们为什么会“打着手机骂电信”*

现在，有的人把中国人民对电信的意见形象地概括成“打着手机骂电信”，其实这是骂错人了，因为中国电信分中国移动，你打着手机不应该骂中国电信，要骂也应该是骂中国移动。再一想，骂中国移动也不对，现在还有中国网通、联通等，所以现在是该骂谁也不知道。总之，我们广大老百姓在享受着手机移动通信给我们带来巨大好处的同时，但心里却怀着痛恨，这是一个不争的事实。

移动通信这种产品由两种结构组成，一种是终端，完全是竞争的产品；另一种是网络，其情况有很大不同，竞争性也有很大不同。终端是充分竞争的，但是在这样一个产品上，怎么样能够适合各种各样的需求，使产品个性化，这里还有很大的盲目性。是不是我们都去做数码照相，我想每个人的需求都不一样。我也买过手机，我也有一款手机，但是室里的人说你千万别当着大众拿出来，怕把别人吓坏了，怕刺激别人，因为这手机的样子太蠢了，别人看着难受。这手机也有 MP3，我却没听过。

我为什么买？我买就一个功能，我喜欢发短信。大家知道短信，中国人发短信，ABC 挑一个字母太烦人了，但是这一款手机键盘就是电脑型键盘，一键一个，而且是汉字联想，很快。这种东西现在不卖了，以前有卖的，为什么不卖？因为太便宜了，没有价值。我在其他一些人面前拿出来，很多人说没有见过，觉得很快、很好。现在小女孩买的一个动感地带，20 块钱，300 条短信，那是因为手法快。企业就要面向不同的市场去做。所以，这是一个终端的问题。这里边不管你是国有企业、外国企业，还是私人企业，有没有人用要看消费者。

关于网络的争论最大。中国联通现在是最具有竞争力的企业，我最近听说什么 133，没有月租费，每分钟两毛钱，有点意思。网络跟手机不一样，选择面还很少，竞争就比较少，老百姓最大的意见在电信也就很自然了。

---

* 这是 2004 年 10 月讲话记录稿。

现在的争论主要在三个地方：第一，概念问题，这是由小灵通所引起的。中国电信是固定电话，中国移动是移动通信。那小灵通是移动还是固定呢？中国移动认为是固定电话的延伸，中国电信认为是反正“移动”了，结果归谁管不知道。谈到概念，出来了这么一个问题，小灵通是固定还是移动，没人知道。

第二，技术与收费问题。小灵通技术有多好？一边人说好，另一边人说不好，但是我知道这后面不是技术的问题，是老百姓对当前这种收费方式的不满。说小灵通比全球通好多少，不一定。在技术之外的问题是双向收费，大家对此很不满意。我打一个电话，美国人接了，他们不消费，我这儿消费，所以干脆两边一起收，但这样的道理是不存在的。一个网络企业相互结算到处都存在。比如铁路，你寄了东西，那边收到，但应该谁交费？寄东西的人交费，不能让收货的人也交费。写信，你一封信写完了，对方收到了，是这边交费，那边不能收费。这种情况多得很。固定电话跟这个道理是一样的，也是这边打进去，这边收，那边不收，现在移动双向收费，为什么固定电话不双向收费，要给老百姓讲明白。因此，电信双向收费没有道理。

再有一个更现实的问题，现在说是改革开放，我们电信跑到香港上市了，如果原来都是双向收费，改成单向收费，价格降低一半，那边利润没有了，股民会有意见。看来不改革有可能，现在改革了，就只能双向收费了。现在内地老百姓拿着手机费去养活那些股民，这也没有道理。

从数学道理上也可以探讨这个问题。你以为通话量是一个，收费是价格的一半，最后总收入减少一半，这是小学生的思维。因为通话量是 F（X），那么你的收费量是 X，这通话量不是个常数。如果花费降低一半，手机买得也多了，打得也多了，究竟哪个收入多，谁也不知道。

现在收月租费 50 块钱，中国这么穷的一个发展中国家，收的月租费是全世界最高的，这又为什么？本来我们这样的企业确实是投资周期长，回收慢，资产专用性强。发达国家 20 世纪 80 年代就已经解决了这个问题，其结论是，越是投资性强，回收期慢，资产专用性强的基础设施领域的企业越要上市，因为它需要有高度的资本市场的流动资金的支持。为什么 80 年代，英国、新加坡电信、铁路等都股票上市了？全世界如果还有一个全民所有制企业的话，那就是新加坡电信。

要开创移动通信的新功能，比如说现在如果交费拿手机就可以交，如果你订一张铁路的票，点一个鼠标就可以办成。所以，能不能在人们的支付方式上下工夫。支付方式现在要解决两个问题：第一，解决货币的问题，手机要带着钱，要做成电子钱包，从而让人们不需带现钱，手机号一说，多少钱便可以划进去。第二，消费信贷。

第四部分

报　告

第 39 篇　我国工业技术创新的主要模式*

我国工业技术创新的基本形式是"引进消化"。在以"引进消化吸收为主"的技术创新过程中，我国的企业逐渐形成了自己的创新模式，主要有内部型、合作型和委托（合同）型三种。

一、内部衍生模式

由于我国原有的科技体制是政府主体型的，科研力量集中于政府所属研究机构，因此，在科技和经济体制改革中，科研院所兴办企业实现技术创新是一种普遍现象。我们把这种企业技术创新方式称为衍生型企业技术创新模式。研究院所转制为企业，或者研究院所成立企业，以及以研究院所和高校的科研成果为基础兴办企业的一种模式，这种模式在调查的企业当中比较常见。北大方正、北京机床研究所、中国钢铁研究院高钠科技有限公司等都属于这种类型。

1."顶天立地"模式。

北大方正集团具有"顶天立地、越滚越大"的特征。"顶天"就是不断追求技术上的突破，科研成果不断诞生，"立地"就是科研成果的商品化和大量推广、应用。北大方正建立起中远期研究、开发、生产、系统测试、销售、培训和售后服务的一条龙体制。这一体制的上游是文字信息技术国家重点试验室，中游是电子出版新技术国家研究中心，下游是方正集团公司。越滚越大就是在不断实现科研成果商业化的过程中发展企业。北大方正的成功主要源于以下两个方面的因素，首先，它使创新的源头活水不断，有了创新的技术来源，企业就有条件开发一代又一代的新产品和新技术。其次，使创新产生尽可能大的效益。在新产品推向市场后，根据用户要

* 中国社会科学院工业经济研究所博士后刘峰编写。

求和技术发展不停步地改进产品或增加产品品种，充分地挖掘市场潜力，扩大市场范围和市场占有率。以北大方正为代表的衍生型企业具有两大特点：不断创新和不断扩张。没有表现出这两个特点的衍生型企业都难以发展下去。这是因为衍生型企业是依托于科研机构发展起来的，成功地转化科研成果和充分利用科研力量是企业的特长，其竞争力也源于此。如果企业逐本求末，放弃这两项优势，无疑是在竞争中放下手中的武器。

2. 整体改制模式。

北京机床研究所创建于1956年，是我国机床行业规模最大，实力较强，机、光、电、气、液等专业技术同步发展的综合性研究所，1999年由中央直属科研事业单位转制为科技型企业。2002年9月，国务院批准北京机床研究所实施债转股。2004年2月，北京机床所精密机电有限公司成立，新公司注册资本4.5亿元。北京机床研究所的科研、生产、经营实体全部进入新公司。由于北京机床所原有的技术力量较强，并且已经形成一批具有市场前景的科研成果，因此，自我开发技术具有一种先天优势，起点很高，形成了自主开发的创新模式。北京机床所自行开发的μ级制造装备及技术，是北京市科技成果转化项目，拥有自主知识产权，能够广泛地应用于先进水平的精密、超精密加工机床及高速度、高精度、多功能、复合化的数控加工中心。该项目2003年实现总收入309.38万元，纳税总额23.58万元，税后利润112.1万元，个人所得税6万元。

然而，实践表明，以这种方式创办企业的发展大多数并不成功。例如，中科院上海分院1994年虽然有科技企业130多家，总销售收入在5亿元以上，其中技术产品销售收入占总销售收入的71.5%，属于衍生型技术创新模式的企业。但是，在130多家企业中，1994年销售收入超过800万元的公司仅7家。不少企业采用手工作坊式，至今还停留在维持职工的工资、奖金等基本生存条件的小规模经营状态。又如某所的产品很好，当年在市场上看好，但由于没有及时扩大生产规模，满足于现状，建厂已有七八年了，却只有职工30人，销售额200万元。

3. 开发中心模式。

北京源德生物医学工程股份有限公司是一家典型的靠自主创新和自身积累发展起来的民营高科技公司。FEB-BY系列高能聚焦超声肿瘤治疗机的研究开发是在企业自筹资金、自己组织研发人员的基础上取得成功的。北京源德生物医学工程股份有限公司是由一个从事房地产开发的商人发起成立的，公司成立的第一件事情就是组织研究资源开发高能聚焦超声肿瘤治疗机。研究开发的第一笔资金来源于一个房地产商的“注册资金”。在研发取得初步成功后，中试和生产、市场销售过程中又得到了科技部中小企业创新基金和北京市高新技术成果转化政策的支持。

目前，该公司开发的 FEB-BY 系列高能聚焦超声肿瘤治疗机已经获得了巨大成功。该治疗机是利用大功率超声波体外发射、体内聚焦，直接作用于肿瘤组织，在焦点区可实现 70 度以上的高温，使肿瘤细胞在很短的瞬间被杀死。FEB-BY 系列高能聚焦超声肿瘤治疗机适应症范围广，临床上可治疗多种肿瘤，并对放疗和化疗起到增敏作用，市场需求量很大。该项目 2003 年总产值 7800 万元，总收入 6360.14 万元，产品销售收入 6360.14 万元，实际纳税总额 636.81 万元。同时，公司通过自主开发掌握了高能聚焦超声肿瘤治疗机的核心技术，并获得 14 项国际国内专利，其中 9 项国内专利，5 项国际专利。这使其在行业中一直遥遥领先，还吸引了通用电气、香港金卫医疗科技有限公司等大型公司的加盟。现在，公司又开始从事人体干细胞商业应用方面的研究，已经建立了人体脐带血库。

[点评]

我国大中型工业企业技术开发机构数量在 1995 年达到高峰（13000 多家）后连续下降，2001 年已经降为 7400 家，2004 年回升到 9083 家。拥有专门技术开发机构的大中型工业企业所占比重也从 1995 年的 40% 左右下降到 2004 年 23.4%。其中，内资企业拥有技术开发机构的比重达到了 51.5%，远高于外资和港澳台企业的 4%。不过随着机构数目的减少，研究开发投入和产出都在增加，说明这种中心型模式数量虽然在减少，但是能力却在进一步增强，成为我国企业技术创新的一种有效的模式。

从个案来看，一批大型企业集团如海尔、华为、东风汽车等组建了具有很强研究开发能力的中心型研究中心。同时，一批中小型企业也纷纷采取这种中心型的技术创新模式，并取得了成功。

我国企业目前所处的环境类似于日本经济全面急剧上升的年代里日本企业所处的环境。当时，日本企业出现了所谓“中心研究所热潮”，各公司竞相建立中心研究所。企业只要肯花钱，在短期内就可以建造出很好的建筑物和研究设备，然而，常见的情况是研究投资逐年增加，而以研究成果为基础的收益却在不断下降。问题出在研究开发管理水平低，要使技术中心真正成为企业技术创新的源泉，必须特别重视研究开发管理。

研究开发管理有别于企业的其他职能管理，借鉴国外企业的成功管理经验，我国企业的研究开发管理至少应重视以下 10 个问题：

（1）确定研究开发目标与企业长期经营计划的关系。

（2）研究开发力量的配置。

（3）市场调查。

（4）研究开发评价。包括方案选择、确定课题的先后顺序、计划进展过程中的评价、研究成果转化为企业生产的评价、已完成计划的评价等。

（5）研究开发计划的制订和实施。

（6）研究人员的选用与培育。

（7）研究环境的营造。

（8）领导能力。

（9）研究人员的业绩评价。

（10）研究人员的待遇。

在形成中心型主体模式的过程中，企业不可能在没有上述各方面的细致工作的基础上进行技术创新。依靠企业自身力量的技术创新不可能像买台机器然后学会使用和维修那样简单。我国企业目前往往没有能力完成上述全部工作，为此，在内部研发的同时，进行了广泛的合作型和合同型的技术创新。

二、合作开发模式

合作创新是我国工业技术创新的一种比较普遍的形式。在合作型模式中，企业是核心。企业既是技术创新过程的合作者，又是技术创新的最终实现者。企业的R&D人员参与研究开发工作，而不是单纯地使用技术成果。合作型创新模式主要包括两种：一是企业与研究院所、高等院校的合作；二是企业间合作。同时，这种合作呈现出一种国际化的趋势。

许多企业在自主创新的基础上，都不同程度的发展了产学研联盟的技术模式，以充分利用北京丰富的创新资源、缩短技术创新周期、降低技术创新风险。例如，北京市北化研化工新技术公司和清华同方威视技术股份有限公司的产学研联盟模式占到技术创新的50%。北京科大恒兴高技术有限公司占到30%，北京三元基因工程有限公司占到20%，北京威奥特信通科技有限公司占到10%。这表明采取产学研联盟模式是企业进行技术研发的一个重要途径。

采取这种创新模式的企业其新产品的研发涉及大量基础和应用基础研究的公司，以及研究开发需要大量高素质研发人员和昂贵的实验设备的公司，如清华同方威视技术股份有限公司、北京三元基因工程有限公司等。

1. 产、学、研联盟。

清华同方威视技术股份有限公司与清华大学核能和新能源研究所和清华大学物理系组成产学研联盟，该公司使用的核心技术来源于清华大学核能和新能源研究所和清华大学物理系的研究成果。公司提出了“带土移植，回报苗圃”的联盟发展理念，每年从该项技术成果带来的利润中抽取一定比例的技术成果使用费，交付给研发联盟单位。研发联盟单位再按规定分配给参与了该项技术研发的人员，保障这些研发人员的利益。即使是这些研发人员已经退休，仍然能够得到自己应该得到的报酬，形成了一种良好的利益驱动机制。该公司集成清华大学核能和新能源研究所和清华大学物理系多年研究成果，开发的集装箱检测专用设备各项关键技术均处于国际一流水平，该企业是同行中唯一掌握全部核心技术、拥有全部自主知识产权的企业，属于行业技术领先者。公司通过自主开发，掌握了加速器技术、探测器技术、核电子技术、核信息技术、辐射防护技术等。这些技术已经申请专利 92 项，其中发明专利 42 项，实用新型 50 项。国内专利已获授权 39 项，其中发明 9 项。国外申请了 6 项专利，进入美国、德国、澳大利亚等国家。产品 2003 年底国际市场份额 57%，国内市场份额 90%。其中被认定为北京重大科技成果转化项目的“车载式移动集装箱检测系统”仅 2003 年就完成产值 42618 万元，纳税 1880 万元，实现税后利润 5600 万元。

北京源德生物医学工程股份有限公司除了进行自主研发以外，还与北京大学医学院、北大医院等单位组成了较为紧密的产学研联盟，该联盟的运行体现出“良性互动、高效运行”的特点，保持了公司长久的技术来源、研发能力和创新能力。公司与相关机构设立了两个基金：一个是科技开发奖励基金，每年 10 万元；另一个是 2001 年与北大生物医学跨学科中心建立基础与临床相结合的学术交流基金，组织学术活动，每年 8 万元。这两个基金支持介绍有关药类、生物制品、医疗器械等方面的研究成果和思路的研讨会、论坛。通过这些研讨会和论坛，研究人员和企业进行充分沟通，对于有价值的课题，由企业的配套资金出资，进行研发和生产。

北京三元基因工程有限公司体现出鲜明的产学研联盟创新模式的特点。[①] 三元基因目前与中国医学科学院、中国军事医学科学院、中国预防医学科学院、中国科学院等多家著名科学院所及国外多家科研单位与生物高技术公司建立合作关系。主要

---

① 北京三元基因工程有限公司成立于 1992 年，是一家现代医药生物技术企业，主要从事研制、开发、生产和销售医药生物技术产品，包括基因工程药物、基因工程疫苗和诊断试剂，并从事与之相关的技术贸易与技术服务业务。公司于 1999 年 5 月通过国家 GMP 企业认证。

进行一些技术的中试放大。公司还委托304医院、友谊医院、人民医院等多家医疗机构对产品进行动物实验和人体实验。公司2003年销售收入为5000多万元，纳税总额600多万元，取得较好的经济效益。同时，该公司还成功地开展了与美国Bio-genes公司的合作。公司引进Bio-genes上游技术，从Bio-genes实验室直接拿来技术进行中试，并且签署合同规定先拿出10%的技术使用费用，表明公司对合作是有诚意的。随即，Bio-genes会派出一支研发、培训和创新管理人员组成的团队对公司进行培训。然后由三元基因进行中试放大和产品开发，最后在国内市场销售。根据销售情况由公司付给Bio-genes技术使用费，这样即分散了风险，又能迅速将国外先进技术引进市场，同时和国外公司实现了收益共享。

2. 企业间联合。

企业之间的联合也是主要的合作研发方式。例如，北京中技克美[①]公司和属于军工序列的陕西秦二厂进行谐波传动装置的合作开发和生产，合作以后，双方联合研制和生产的产品合格率能保证在90%以上，而双方各自研发生产的同类装置的合格率都在80%以下。为此，双方达成联合开发协议，并且规定，双方不许争夺对方的大订货商，以维护市场份额的稳定，避免了恶性竞争，形成了稳固的利益分享机制，推动了合作研发的深入开展。北京斯伯乐科技发展有限公司的合作走的是与大企业合作的道路。公司与美国杜邦公司、瑞士汽巴嘉基公司、意大利FACI公司、香港华润公司等知名公司建立了友好关系。公司独家代理美国杜邦公司的钛系列催化剂产品；瑞士汽巴嘉基公司抗静电剂产品；意大利FACI公司的硬脂酸钙、硬脂酸锌、硬脂酸镁、GMS等产品。在合作的过程中，公司不仅获得了经济收益，还学习借鉴了国外先进的管理模式，逐步按现代化企业的模式进行管理。再如北京威奥特信通科技有限公司。公司各种增值服务和CDMA直放站的软件设计、开发均由公司自行研制，而所需的硬件则委托其他企业加工制造，最后由公司进行集成，贴牌销售。同时，公司还与北邮下属的大洋公司、微软、IBM、HP等多家知名公司进行电信项目的合作，建立了良好的合作关系和销售网络。公司已获得了12项自主知识产权。公司在该产业领域技术的领先性，使得公司参与了无线通信技术标准等多项国内专业技术标准的制定。公司2003年销售收入为1.4亿元，纳税总额30多万元，获得利润4244万元，取得了良好的经济效益。北京凯思昊鹏软件工程技术有

① 北京中技克美有限责任公司成立于1994年，公司注册资金2500万元。公司目前的主要产品为固体润滑谐波减速器，该产品技术达到国际先进水平。该产品成功地应用在我国“神舟号”系列飞船和“神舟5号”载人飞船中。

限公司一直保持了与龙芯产业联盟的合作关系，双方进行命令型操作系统的合作开发。公司还与赛迪中国软件测试中心、NEC 中国测试中心进行合作，为国外客户如 HP 进行产品性能的测试。此外，公司还通过直接从国外引进技术的方式，保持在软件开发领域的强有力的竞争力。截止到 2004 年 4 月 1 日，公司自主研发产生了包括 HBrowser 在内的 27 项软件著作权。公司在该产业领域技术的领先性，使得企业参与了国内手机 API 标准、国内视频和音频标准以及 NC 标准（IPI 接口、通信协议）的制定。公司 2003 年销售收入为 6085 万元，纳税总额 805 万元，获得利润 2481 万元，取得了较好的经济效益。

3.“闪联”模式。

目前，国内也出现了一个大企业与大企业之间合作成功的例子——“闪联”。该联盟是一个由中国诸多 IT、家电、电信厂商共同建立的企业设备资源共享和协同服务的标准。该联盟有联想、TCL、长城、海信、华为、中兴通讯、北大信息科学技术学院等 29 个成员，覆盖终端设备制造商、电信运营商、内容服务商、软件厂商及相关学术研究机构，形成了一条完整的产业链。该联盟成功的主要原因是在竞争的背景下，由企业自发形成的企业联盟。闪联的利益机制实际上是把各家的技术和专利放入一个专利池。利益分配的原则是形成成果共享的机制，鼓励大家投入知识产权，承认成员对专利池的贡献，成员内部免费或者以最优惠的价格获取专利，前期投入知识产权越多，后期分得的利益就会较多。

研究机构与企业结合技术创新的一种新形式是与企业合建研究机构。2004 年研究机构与其他机构共合办研究机构 678 家，其中与国内企业合建 59 家，占合办研究机构总数的 8.70%。

一个反映产学研结合技术创新的重要指标是企业与其他机构的科技论文合著情况。从 2001~2003 年，以企业为主体，企业与研究机构、高等学校合作论文数量均呈现增加趋势，企业与高等学校合作的论文数量远远超过与研究机构合作完成的论文数量，说明高等学校与企业的合作研究更加紧密，对企业的技术创新贡献更大。在以企业为主体、产学研技术创新体系中，高等学校处于重要位置（参见表 39-1）。

[点评]

合作型主体模式具有高效率、成本分摊、优势互补的优势，因此，成为我国目前产业技术创新的主流模式。①具有相关技术的现有企业和大学之间，现有企业与新技术企业之间、企业与科研机构之间的合作能实现优势互补。以现有企业与新技术企业的合作为例，对新技术企业来讲，现有企业的价值体现在市场营销和制造

表 39-1 以企业为主体的产学研结合技术创新产生的论文数量

	高等学校	科研机构	医疗机构	农林部门	公司企业
2000	4499	1044	139	20	1692
2001	1123	444	52	21	1018
2002	1381	591	61	10	2349
2003	1567	640	98	13	2256

资料来源:《1999~2004 年中国科技论文统计与分析》,中国科学技术信息研究所。

上,对现有企业来讲,新技术企业的价值体现在研究成果、能力或产品上。这样的环境为企业合作提供了机会。②利用企业外的技术源泉。当技术的源泉在企业之外,并且很难通过“雇请”科技人员获得时,合作开发和建立研究开发联合企业是合理的选择。通常,合作研究开发是包括生产和营销在内的更大活动安排的一部分。③技术竞争的焦点之一是进入市场的速度。高成本、低周期致使单一企业难以胜任独立开发的使命。开展合作所具有的分散风险、分摊费用、加速进入市场和收益共享的优点把追求创新收益的企业和研究机构吸引到一起。

三、委托(合同)模式

委托或合同模式是一种企业技术创新的制度形式。其实质不在于委托谁去研究和开发,而在于为了明确的商业目的而寻找能达到预期目标的新技术(包括新产品、新工艺等)。合同研究在我国已经很普遍了。

1. 企业委托。

企业委托的科技经费是中国高等学校科技经费中的重要组成部分。从 1999~2004 年,在中国高等学校科技经费收入中,来自于企业委托的科技经费从 45.05 亿元增长到 172 亿元,按可比价计算,年均增长率为 26.90%,占高等学校科技经费总收入的比重从 45.36%增长到 49.94%。但企业委托的科技经费占中国研究机构科技经费筹集总额的比重并不高,2004 年占比重为 7%(参见表 39-2、表 39-3)。

同时,企业也以合同的形式委托研究机构进行具有明确商业目的的研究开发。不过这一比例远远低于委托高校的比例,从 1999~2004 年都保持在 10%以下。

2. 用户导向。

中科院计算技术研究所龙芯公司与北京市一批中小企业形成了这样一种合同模式的产业技术创新关系,其发展过程耐人寻味。起初联盟设想由龙芯公司提供芯片的技术支持,由海尔集团、曙光集团、中软集团、长城软件、神州龙芯、中科红旗

表 39-2　高等学校科技经费收入中来自企业委托经费数额及占比重

		1999 年	2000 年	2001 年	2002 年	2003 年	2004 年
合计（万元）		993123.1	1428035.3	1747327.1	2196349.9	2533377	3444000
企事业委托经费	数额（万元）	450453	535755.2	708630	869718.9	1085707	1720000
	占合计的比重（%）	45.36	37.52	40.56	39.60	42.86	49.94

资料来源：《高等学校科技统计资料汇编 2000~2005 年》，中华人民共和国教育部科技司。

表 39-3　研究机构科技经费收入中来自企业的经费数额及占比重

		1999 年	2000 年	2001 年	2002 年	2003 年	2004 年
合计（万元）		3591770	3017813	3021791	3419426	3638299	3497716
企业委托经费	数额（万元）	380922.5	239845.9	155539.5	192377.3	262210.1	245218.4
	占合计的比重（%）	10.61	7.95	5.15	5.63	7.21	7.01

资料来源：《科技机构统计年报 2000~2005 年》，中华人民共和国科学技术部。

这些大型企业结合自己所属领域的市场需要，开发出以龙芯为中央处理器的智能产品，从而实现技术成果的产业化。但是，由于目前国内企业的研发实力不够，开发成本过高，各大企业领用龙芯研发新产品的信心和热情都不足，该设想并没有实现。随后，中科院计算技术研究所改变初衷，与一些中小型科技企业通过合同开发模式形成合作关系。由中小型科技企业提出产品设计要求，龙芯公司根据企业要求做出样品，经过测试通过后由企业大规模生产和销售，这种模式很好的实现了新技术和新产品的结合。龙芯联盟的失败与合同模式的成功，进一步显示出合同模式作为我国目前的一种技术创新模式的必要性。

3. 技术创新网络。

技术创新网络对于采用合同型模式的企业特别重要。所谓技术网络是指一组技术导向关系，它主要包括率先消费者、研究机构和大学、与 R&D 合作的公司等。与率先消费者交流可以掌握对创新的需求，与研究机构和大学接触可以弥补内部知识基础的不足，而与其他公司合作开展研究开发可以缩短入市时间和减少在实现多能力效应中的失败。这种合同型的开发方式正是技术创新连环模型和网络模型的具体实现。

很显然，研究的组织发源地应该在公司内部，与生产或经营并存。这种模式对大公司似乎是有优势的，并且在某种程度上对小公司也是如此，因为它促进了新技术的使用者和供给者的相互联系。而且，这种方式避免了研究合同草拟、实施和执行中有关的困难。相对而言，对空壳公司（即公司从外部寻找技术成果）来说，在寻找外部组织的过程中会存在研究与制造间信息传递的障碍，从而可能在未来出现设计与制造能力之间的不适应。此外，寻找外部组织要冒创新环境的风险，在这种环境中，尽管创新者具有很大的创造性，但他们不能再从创新中获得收益。对企业而言，合同研究是不连续的，企业从使用技术成果中获益，研究单位从研究合同中获益却不再从创新中获益。

[点评]

已有无数的经验和理论研究揭示，在市场经济中，创新的决策基本上是一种经济决策，比较优势（动态的和静态的）是决定创新的至关重要的因素。合同研究在企业缺乏内部化与合作型创新相比有比较优势时是可取的。大量中小企业或者缺乏研究开发能力，或者采用自行研制不如采用合同研究的效果好，因此以合同研究方式获得技术创新的技术来源，然后依靠自己的实力实现新技术的商品化，这是技术创新的一条捷径。大企业同样可以用合同研究的方法。大企业作出这种选择主要是基于对资源有效配置的考虑，例如，一种情况是企业的研究开发力量集中于应用和开发研究，把基础研究委托给大学和科研机构；另一种情况是大企业的研究中心接受其子公司或协作单位的委托。此时，大企业成为合同研究的承担者即新技术的提供者。

第 40 篇　青藏铁路建设对西藏自治区经济、社会发展的影响*

2002 年 4 月，应西藏社会科学院的邀请，中国社会科学院与西藏社会科学院联合组成了“青藏铁路对西藏经济、社会发展的影响”课题组，组长是中国社会科学院工业经济研究所所长吕政同志和西藏社会科学院副院长次旺俊美同志。为了取得铁路系统的支持，课题组还聘请了铁道部孙永福副部长、铁道部政治部任喜贵副主任、青藏铁路建设指挥部负责人卢春房同志为课题组顾问，请铁道部规划院张鹏辉同志为铁道部联络员。

5 月，课题组领导在北京拜会了孙永福副部长，部分成员听取了卢春房同志的介绍。7 月上旬，中国社会科学院工业经济研究所派出 4 名成员赴拉萨考察。课题组的同志们听取了西藏自治区计委、经委、财政局、交通局、旅游局、公交公司领导同志介绍情况，拜会了青藏铁路拉萨指挥部的负责人，实地考察了拉萨车站以及相关路基、隧道建设的情况。西藏社科院的同志们提供了大量的资料。在反复讨论的基础上，课题组确定了研究报告的大纲和分工，执笔人分头写作，最后汇编成总报告。

研究报告共分五个大部分，第一部分是青藏铁路对西藏交通运输结构的影响，由工经所魏后凯执笔；第二部分是青藏铁路对西藏经济发展的影响，由工经所刘楷执笔；第三部分是青藏铁路对西藏社会的深刻影响，由西藏社科院王太福同志执笔；第四部分是青藏铁路与西藏的战略地位，由工经所赵英同志执笔；第五部分是青藏铁路管理模式，由工经所张承耀同志执笔。

---

* 本文是 2002 年 9 月 20 日报告初稿。

目　录

一、青藏铁路对西藏交通运输结构的影响

青藏铁路西宁至拉萨段全长1956公里，其中，西宁至格尔木814公里已于1979年铺通，1984年投入营运。新开工修建的青藏铁路格尔木至拉萨段，北起青海省格尔木市，经纳赤台、五道粮、沱沱河、雁石坪，翻越唐古拉山，再经西藏自治区安多、那曲、当雄、羊八井，南至西藏自治区首府拉萨市，全长1142公里，其中新建线路（南山口至拉萨）1110公里，格尔木至南山口32公里为既有线。

2001 年 6 月，国家批准青藏铁路格尔木至拉萨段开工建设，总工期为 6 年。设计输送能力为客车 8 对，单向货流密度为 500 万吨。青藏铁路的修建将对西藏交通运输业的发展和运输结构产生重要而深远的影响。

（一）对西藏交通运输发展的总体影响

西藏的交通运输设施十分落后，至今没有铁路和水运，交通运输主要依靠公路。经过新中国成立后的发展，目前已初步形成了以公路和航空运输为主，管道运输为辅的综合运输体系。西藏的公路交通以拉萨为中心，呈放射状扇形分布，现已初步形成了以青藏、川藏、滇藏、新藏、中尼公路等国道和 14 条省道为主干的公路运输网。在 5 条进出藏的国道中，实际上只有一条青藏公路常年畅通，每年承担了公路进出藏物资的 85%、进出藏人员 90%的任务。其余 4 条均是季节性通车，省道（区道）、县乡公路情况更差。

自 20 世纪 80 年代以来，西藏民用航空事业获得了很大发展。现已建成拉萨当雄机场和贡嘎机场、日喀则和平机场和昌都邦达机场，开辟了拉萨至北京、成都、重庆、西安、上海、西宁以及昌都至成都的国内航线和拉萨至加德满都国际航线。此外，为解决石油运输困难，国家在 70 年代还投资建设了格尔木至拉萨的输油管道。该管道线全长 1080 公里，是我国自行设计、自己建设的第一条长距离石油输送线，也是世界上最高的输油管道。

从总体上看，青藏铁路的修建将进一步改变西藏交通运输落后的状况，大幅度降低进出藏物资和人员的运输价格，强化进出藏格尔木至拉萨主通道的综合运输能力，加快形成以铁路为主，公路、输油管道、航空共同组成的现代化综合运输体系。同时，青藏铁路的开通还将对西藏客货运输价格、客货流量以及运输方式构成等产生重要的影响。这种影响既有积极的影响，也有消极的负面影响。它具体体现在以下三个方面：

一是促进作用。青藏铁路的修建，将从根本上改变进出藏的交通条件，进一步完善西藏综合交通运输体系，促进交通运输方式的优化，大幅度增加客货运输流量，降低客货运输成本，从而为西藏经济的腾飞创造有利条件。

二是互补作用。青藏铁路的修建，将与公路运输、航空运输形成相互补充，构建一个以铁路为主体、公路和航空运输共同发展的综合运输体系。可以预见，随着青藏铁路的开通，进藏务工、经商、旅游人员和各种物资将不断增加，这样就为区内公路客货运输的繁荣和发展创造了有利条件。同时，乘飞机进来、坐火车出去，或者坐火车进来、乘飞机出去的旅客也将不断增加。

三是替代作用。青藏铁路的开通，将对进出藏客货公路运输产生替代作用，由此导致区（省）际公路客货运量的减少。特别是，作为目前进出藏主通道的青藏公路，有很大一部分客货运输将转移成铁路运输。此外，青藏铁路的修建，也将使目前经航空运输的一部分客流转移为铁路运输。

（二）青藏铁路对西藏旅客运输的影响

青藏铁路的修建，将对西藏的客运价格、运量和运输方式产生重要的影响。从总体上看，由于铁路竞争的加入，将大幅度增加客运量，降低客运成本和价格，进一步完善旅客运输方式，形成铁路—公路—航空联运的局面。

1. 对客运价格的影响。

目前，无论是经公路还是航空方式进入西藏，客运价格均较高。从公路运输来看，由于受到道路和气候条件的限制，目前进出藏旅客运输不仅时间长、舒适性和安全性差，而且价格有些偏高。特别是从西北地区和青藏公路沿线进入拉萨的客运价格，平均每公里客运价格高达 0.27 元，高于从西南地区及沿线进入拉萨每公里 0.19 元的运价（参见表 40–1）。由于铁路旅客运输具有高效、安全、舒适的特点，因此，青藏铁路开通后，从西北地区和青藏公路沿线进入拉萨的客运价格将会下降，并有相当一部分旅客“弃公走铁”。

表 40–1　拉萨到主要城镇公路客运价格（2002）

西北方向	公里数（公里）	价格（元）	单价（元/公里）	西南方向	公里数（公里）	价格（元）	单价（元/公里）
兰州	2216	380	0.17	重庆	3680	560	0.15
西宁	1047	340	0.32	成都	3287	500	0.15
格尔木	1165	210	0.18	隧宁	3540	530	0.15
沱沱河	745	200	0.27	南充	3821	550	0.14
安多	464	120	0.26	昌都	1062	280	0.26
那曲	326	100	0.31	工布江达	270	70	0.26
当雄	162	60	0.37				

再从航空运输来看，目前进出西藏的航空运输主要由西南航空公司垄断，不仅价格高，而且很少打折。目前，北京至拉萨的机票价格为 1940 元，上海至拉萨为 2210 元，广州至拉萨为 2000 元，西宁至拉萨为 1290 元，重庆至拉萨为 1300 元，成都至拉萨为 1200 元。这一定价远高于国内航线的定价。随着青藏铁路的开通以及航空垄断局面的打破，进出藏机票价格将会出现下降的趋势。

2. 对客流量的影响。

1991~2000 年，西藏实现 GDP 年均增长 11.3%，同期全社会客运量年均增长

10.0%，GDP 增长对客运量增长的弹性系数为 0.885（全国为 0.695）。每千人中的旅客量，1991 年西藏为 548 人，2001 年为 1214 人，仅相当于 2000 年全国平均水平的 10.4%。考虑到西藏由于交通不便，现有旅客流量基数很低，因此，青藏铁路修通后，进出藏以及区内旅客流量都会出现较大幅度的增加，GDP 增长对客运量增长的弹性系数将会进一步提高。

从总体上看，青藏铁路的修建将会大幅度增加西藏的旅客流量。这具体体现在以下四个方面：一是在铁路修建期间以及铁路完工之后，由于大规模的工程建设刺激了地区经济增长，进入西藏的外来劳动力和各类人才将迅速增加；二是随着对外交通条件的改善，到西藏旅游的国内外游客特别是国内游客将迅速增加，预计年均增长速度将达到 15%~20%以上；三是青藏铁路的开通将有力促进西藏经济社会的发展，外地到西藏以及西藏到外地的商务人员也将随之增加；四是随着西藏居民收入水平的提高以及交通条件的改善，西藏居民到外地旅游和交往的数量将会有较大幅度的提高。

从旅游客源来看，目前进出藏公路交通因安全状况、舒适度较差以及运输距离较长等原因，严重限制了经公路进藏旅游者数量的增加。而航空运输因费用高昂，适宜民航的旅游客源也十分有限。铁路运输具有方便、快捷、安全、舒适、费用低的优点，青藏铁路修通后，将吸引更多的区外中低档收入的游客来西藏旅游，大大增加游客来源。同时，铁路部门还可以开行特殊旅游列车，以及朝发夕至、夕发朝至、假日列车等来吸引客源，扩大客运市场。据预测，到 2010 年，进出藏客运量将达到 180 万人，其中铁路进出藏客流量为 63 万人。

从旅客流向来看，2001 年 1 月 31 日~2001 年 12 月 31 日，拉萨汽车站客流量为 26.38 万人，其中，区外 6.31 万人，占 23.9%；区内 20.07 万人，占 76.1%。在区外客流量中，主要流向为格尔木、成都、西宁、重庆、兰州等；在区内客流量中，主要流向为日喀则、山南、那曲、八一等。目前，青藏公路承担着公路进出藏人员的 90%的任务。青藏铁路开通后，格拉段旅客列车近期将开行 4 对/日，远期开行 6 对/日，最终将达到 8 对/日。这样，从兰州、西宁、格尔木等方向进入西藏的旅客将大幅度增加，所占比重也迅速提高（参见表 40-2）。

3. 对旅客运输方式的影响。

目前，西藏的旅客运输主要依靠公路，航空运输很不发达，现只有 1 条国际航线和 5 条国内航线，主要承担部分进出藏旅客运输任务。在 1990~2001 年间，西藏客运量的 90.4%是由公路运输完成的，航空运输仅占 9.6%。然而，从发展趋势来看，公路运输由于受道路和气候条件的限制，近年来增长一直十分缓慢，而且波动

表 40-2 拉萨汽车站旅客流量和流向

（2001 年 1 月 31 日~2001 年 12 月 31 日）

	班车数（次）	客流量（人）	比重（%）
总计	12682	263805	100
区外	1758	63088	23.9
格尔木	499	32367	12.3
成都	499	13754	5.2
西宁	314	7635	2.9
重庆	171	4143	1.6
兰州	156	2817	1.1
隧宁	—	1114	0.4
南充	114	1048	0.4
五道粮	5	210	0.1
区内	10924	200717	76.1
日喀则	3319	72294	27.4
山南	3795	64189	24.3
那曲	2859	51112	19.4
八一	839	11049	4.2
昌都	46	1098	0.4
浪卡子	57	707	0.3
其他	9	268	0.1

较大。相反，航空运输客运量迅猛增长，所占比重逐年提高，由 1990 年的 4.8%增加到 2001 年的 18.9%。特别是，自国家实施西部大开发战略以来，西藏航空客流量迅猛增长，2001 年已达到 60.32 万人次，比 1998 年增长 2.3 倍；而同期公路客流量仅增长 2.8%（参见表 40-3）。

青藏铁路的修建将对西藏旅客运输方式产生重要的影响。从跨省旅客运输来看，航空运输将继续保持高速增长的态势，而跨省公路旅客运输将逐步被铁路运输所取代。目前，从拉萨至格尔木、西宁、兰州、成都、重庆、南充等客运班线，车辆进出藏都途经青藏线。青藏铁路开通后，这些跨省公路旅客运输将无法与铁路相竞争。据西藏交通厅汽车客运总公司的估计，目前该公司跨省旅客运输 80%以上的市场将被铁路旅客运输占有，现开通的跨省旅客运输班线 80%将无法经营而退出客运市场。但从北京、上海、广州等沿海大城市进入西藏的旅客，仍将会主要选择航空运输方式，铁路运输只对中低收入阶层具有吸引力。

表 40-3　1990~2001 年西藏客运量的变化

年份	客运量（万人次）			比重（%）	
	总计	公路	民航	公路	民航
1990	202.65	192.84	9.81	95.2	4.8
1991	131.59	121.56	10.03	92.4	7.6
1992	180.29	169.28	11.00	93.9	6.1
1993	218.70	207.42	11.28	94.8	5.2
1994	231.88	218.97	12.91	94.4	5.6
1995	237.21	222.97	14.24	94.0	6.0
1996	259.74	243.75	15.99	93.8	6.2
1997	266.07	250.00	16.07	94.0	6.0
1998	270.01	251.91	18.10	93.3	6.7
1999	297.88	255.00	42.88	85.6	14.4
2000	310.08	257.00	53.08	82.9	17.1
2001	319.32	259.00	60.32	81.1	18.9
1990~2001	2968.90	2685.18	283.71	90.4	9.6

再从区内旅客运输来看，青藏铁路开通后，进藏务工、经商、旅游人员不断增加，为区内旅客运输的繁荣和发展创造了有利条件。2001 年，拉萨汽车站日均流量 723 人次，其中出藏客流量 167 人次；日均发班数 35 班，其中省际发班 6 班。青藏铁路开通后，预计拉萨站年客流量将增加 15%以上，日均发班将增加到 80 班以上。然而，可以预见，在安多、那曲、当雄等铁路沿线地区，其公路旅客流量将大幅度减少，逐步被铁路运输所取代。

（三）青藏铁路对西藏货物运输的影响

青藏铁路对西藏货运的影响要远大于客运。它不仅可以大幅度降低货运成本，为区外大量廉价商品进藏以及当地特色商品输出创造有利条件，而且可以进一步优化进出藏物资的运输方式，刺激货运量的增加。

1. 对货运价格的影响。

不同于其他地区，西藏的物价具有一定的特殊性。由于经济发展基础较差，西藏经济建设所需物资及农业生产资料基本上是靠内地供应，运距长、运费高、损耗大。在 20 世纪 80 年代，西藏公路运输实际平均运价都在 200 元/千吨公里以上，自 90 年代初以来则提高到 350 元/千吨公里以上。据拉萨汽车运输总公司测算，2002 年从西宁经格尔木到拉萨往返保本点运输成本为 303 元/千吨公里，从格尔木到拉萨往返保本点运输成本为347元/千吨公里，如果加上15%左右的商业利润，单位运输成本将分别达到348元/千吨公里和399元/千吨公里。这样，从西宁运送货物经格尔木到拉萨，每吨货物将增加运输成本678元；从格尔木运送货物到拉萨，每吨货物将增加运输成本465元。目前，西藏的商品物资价格要比内地省区高很多，如煤炭、水泥在拉萨价格达到每吨700元（参见表40-4）。

表40-4 西藏公路运输实际平均运价

单位：元/千吨公里

年份	1983	1985	1986	1990	1991	1992	1993	1995	2002[a]	2002[b]
实际平均运价	229	238	213	228	266	257	360	374	347	399

注：1983~1995年为西藏交通厅直属企业实际平均运价。2002年为拉萨汽车运输总公司保本点成本加15%的商业利润，a为西宁—格尔木—拉萨往返运输成本，b为格尔木—拉萨往返运输成本。

显然，青藏铁路的修建将大大降低进出藏物资的运输成本。这种运输成本的降低，将对西藏经济社会产生重要的影响。首先，对西藏企业来说，产品运输成本的降低，将有利于其开拓区外市场，为西藏产品打开国内市场提供运输通道，提高产品的价格竞争力；其次，随着运输成本的下降，外地优质廉价的商品将大量输入到西藏，从而对西藏工农业生产形成一定冲击，一些缺乏竞争力的企业将出现生存危机甚至会倒闭。此外，运输成本的降低将导致西藏商品零售价和物价总水平的下降，从而减少当地居民的消费支出，有利于提高实际生活水平。

2. 对货运量规模的影响。

西藏对外的依赖性较强，进出藏货运量在全社会货运量中所占的比重较高。如果包括管道运输在内，1990~2000年进出藏物资高达470多万吨，占全社会货运量的24.2%。其中，青藏公路作为西藏公路运输的大动脉，每年承担着公路进出藏物资85%的任务。青藏铁路的修建，将进一步刺激进出藏物资的增加。据预测，2010年进出藏货运量将达到280万吨，其中铁路进出藏货运量将达到210万吨。即使在铁路修建期间，经公路运输的各种建设物资也将迅速增加。

然而，从货物流向来看，由于西藏经济基础较差，长期以来进藏物资一直大于出藏物资，进出藏物资严重不平衡。1978~2000年，进藏物资累计完成515.2万吨（未包括输油管道完成数），出藏物资完成241.5万吨，出藏物资仅相当于进藏物资的46.9%。从时间变化趋势看，进藏物资由于受重点建设项目的影响，各年度变化较大，而出藏物资则呈现出逐步增长的态势。2000年，进藏物资完成23.25万吨，出藏物资完成 17.04 万吨，出藏物资相当于进藏物资的 73.3%。很明显，随着青藏铁路的修建，大量的建设物资将需要运入西藏，进藏物资将呈现不断增加的趋势，而出藏物资是有限的，因此，如何解决进出藏物资的不平衡将是当前亟待解决的重要问题（参见图 40-1）。

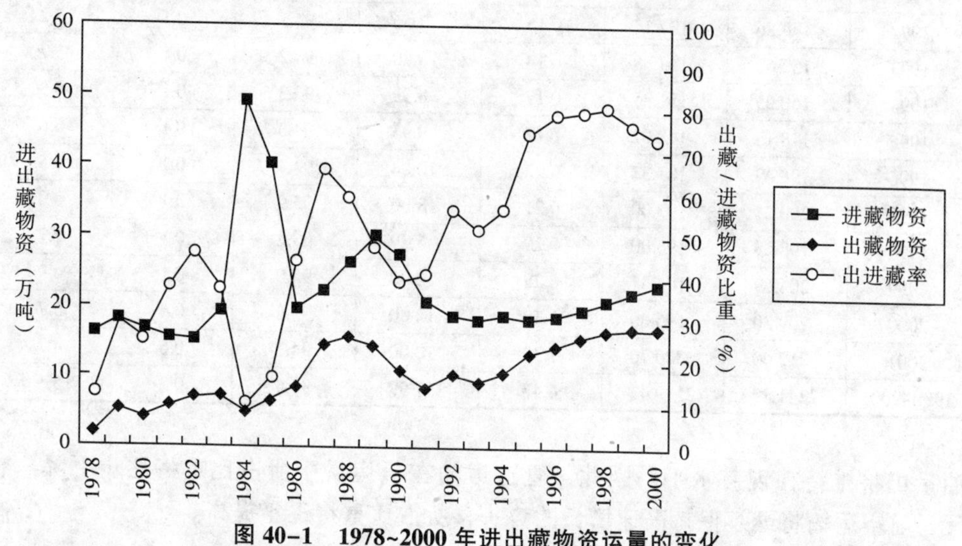

图 40-1　1978~2000 年进出藏物资运量的变化

注：统计范围主要是自治区公路运输企业和非交通部门专业车队完成数。进藏物资未包括输油管道完成数，但包括区外车辆完成数。1984~1985 年，为保证西藏重点建设“43 项工程”的完成，西藏自治区交通厅组织区外汽车参运，1984 年完成 24.5 万吨，1985 年完成 15.48 万吨。

3. 对货物运输方式的影响。

目前，西藏的货物运输以公路运输占绝对支配地位，管道运输仅限于格尔木至拉萨的部分燃油运输，航空运输尽管增长迅速，但所占比重很小。1990~2001 年，西藏共完成货物运输量 2241.89 万吨，其中，公路 2119.42 万吨，占 94.5%；管道 117.99 万吨，占 5.3%；航空 4.47 万吨，占 0.2%。从变化趋势看，虽然公路和管道运输比重有所波动，但各年度大体保持稳定（参见表 40-5）。

青藏铁路修建以后，西藏货物运输方式将会发生重大的变化。在各种运输方式中，公路运输仍将占主导地位，但所占比重将急剧下降。特别是在进出藏物资运输中，预计 75%的货运量将由铁路承担。西藏境内青藏线沿线地区的货运量，现有公路运输的大部分也将由铁路所替代。目前，西藏 80%以上的燃油是通过格尔木至拉萨成品油输油管道运送，2001 年输油量为 10 万吨。铁路建成后，预计该管道年输

表 40-5 1990~2001 年西藏货物运输方式的变化

年份	货运量（万吨）				构成（%）		
	总计	公路	民航	管道	公路	民航	管道
1990	162.74	153.55	0.16	9.03	94.4	0.1	5.5
1991	131.37	121.70	0.16	9.51	92.6	0.1	7.2
1992	144.86	137.14	0.15	7.56	94.7	0.1	5.2
1993	153.62	144.68	0.14	8.80	94.2	0.1	5.7
1994	160.95	151.85	0.17	8.93	94.3	0.1	5.5
1995	178.12	168.02	0.17	9.93	94.3	0.1	5.6
1996	198.43	187.37	0.22	10.84	94.4	0.1	5.5
1997	200.21	192.00	0.21	8.00	95.9	0.1	4.0
1998	198.59	193.00	0.20	5.39	97.2	0.1	2.7
1999	204.69	194.41	0.28	10.00	95.0	0.1	4.9
2000	209.30	196.00	1.30	12.00	93.6	0.6	5.7
2001	212.00	200.70	1.30	10.00	94.7	0.6	4.7
1990~2001	2241.89	2119.42	4.47	117.99	94.5	0.2	5.3

油量仍将维持在现有水平。因此，管道运输在货运量中所占比重将逐步下降。相反，航空运输将继续保持高速增长的势头，所占比重将逐年提高。

4. 对进出藏货运结构的影响。

目前，进藏物资主要是粮食、能源、原材料和日用工业品，而出藏物资主要是土畜产品、木材和矿产品等。1978~2000 年，进藏物资共完成 703.55 万吨，其中，石油 219.74 万吨（含管道运输），占 31.2%；粮食 134.8 万吨，占 19.2%；统配物资 116.7 万吨，占 16.6%；商业物资 91.92 万吨，占 13.1%；其他 140.38 万吨，占 20.0%。出藏物资共完成 241.50 万吨，其中，铬铁矿 136.85 万吨，占 56.7%；木材 30.31 万吨，占 12.6%；土畜产品 9.59 万吨，占 4.0%；其他 64.75 万吨，占 26.8%。

青藏铁路建成后，随着货运成本的大幅下降，将可以通过廉价的铁路运输，从区外调进大量低附加价值的能源原材料，如煤炭、水泥、钢铁、化肥、石油等，同时调出矿产品和土特产品。西藏土地辽阔，矿产资源丰富，但目前地质勘探工作程度普遍很低。主要矿产有：铬、刚玉、工艺水晶、高温地热居全国第一；铜、火山灰居全国第二；菱镁矿居全国第三；自然硫、硼、云母居全国第四；砷居全国第五；陶瓷土居全国第六；石膏居全国第七；泥炭、晶质石墨居全国第八；锑、重晶石居全国第九；矿泉水也具有较大开发潜力。其中，铬、铜、硼、金、锑、高温地热、建材等为全区优势矿产。因此，加强西藏的地质勘察工作，加快矿产资源的开发，不仅可以促进西藏矿业乃至整个国民经济的发展，而且有利于解决进出藏物资运输的不平衡问题（参见图 40-2 和图 40-3）。

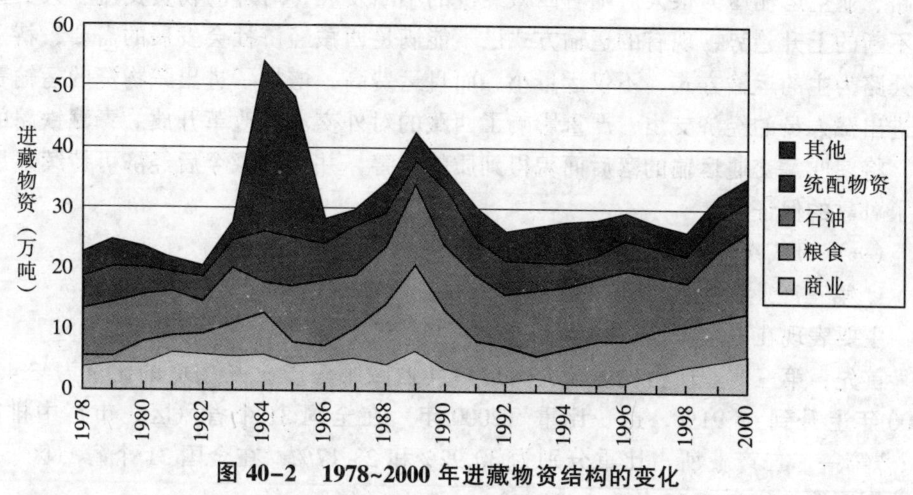

图 40-2　1978~2000 年进藏物资结构的变化

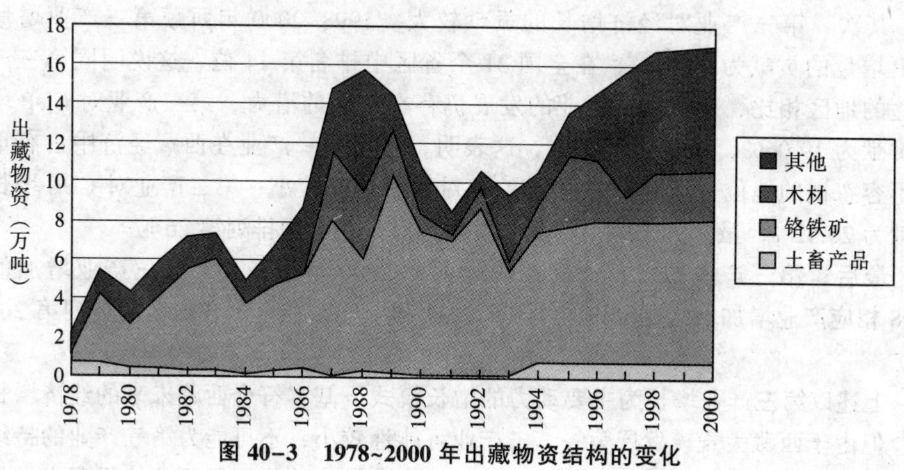

图 40-3　1978~2000 年出藏物资结构的变化

二、青藏铁路对西藏经济发展的影响

西藏和平解放后，在党中央、国务院的支持关心下，西藏的交通事业发生了翻天覆地的变化。特别是在“九五”期间，青藏、川藏、中尼、新藏等干线公路得到整治改建，进藏干线公路和区内公路交通面貌发生了很大变化。但限于自然条件，西藏至今仍是全国唯一不通铁路的地区，进出藏物资和人员主要依靠公路和航空，公路、航空运输压力很大。随着西藏经济的不断发展，对外的物资交流和人员交流呈不断的上升趋势，现有的运输方式已不能满足西藏经济社会发展的需要，特别是以公路为主的运输方式，不仅运量小，而且运费高，增加了进出藏物资的运输费用和进出藏人员的经济支出，严重影响了西藏的对外交流和改革开放。青藏铁路的建成，将使西藏交通运输的落后面貌得到质的改善，并为西藏今后经济可持续发展提供了可靠的保证。

(一) 西藏经济发展现状

1. 第三产业为主的产业结构。

主要表现在三个方面：

首先，第三产业所占比重较大。1998 年西藏第三产业占 GDP 的比重为43.46%，2000 年上升到 45.91%，这一比重（2000 年）在全国 31 个省（区、市）中排第 3 位；[①] 第一、二产业所占比重分别为 30.92%和 23.17%，在全国 31 个省（区、市）中分别列第 2 位和第 30 位。

其次，第三产业对经济增长的贡献较大。1998~2000 年西藏第三产业增量对 GDP 增量的贡献为 54.41%，在全国 31 个省区中排名第 14 位，这说明同第三产业发达的地区相比，西藏第三产业的发展仍存在较大的潜力；第一产业对 GDP 增长的贡献为 19.06%，居全国第 2 位，这表明，虽然第一产业在西藏经济中占有重要的不容忽视的地位，但对 GDP 增长的相对贡献目前较小；第二产业对 GDP 增长的贡献为 26.52%，虽然大于第一产业的贡献，但仅在全国排列第 26 位。

最后，第三产业的增长速度较快。西藏 2000 年第一、二、三产业增加值同 1998 相应产业增加值之比分别是 1.16、1.34 和 1.36，在全国各地区中分列第 2、2、1 位。

上述以第三产业增长为主要动力的增长模式，基本符合西藏未来的经济增长模式，但由于西藏大规模发展第一、二产业可能性较小，不可能为第三产业的持续增长提供大量的物质基础，因此，今后对区外物资的依赖将不可避免地呈现出大规模的增长势头（参见表 40-6）。

2. 人均消费水平较低。

据计算，西藏 2000 年人均最终消费为 2525.19 元，在全国 31 个省（区、市）

---

① 本文所有排序均为降序排列。

表 40-6 西藏三次产业在经济增长中的作用

	占 GDP 百分比（%）（2000 年）		对（1998~2000 年）GDP 增长的贡献率（%）		增长速度（%）（1998~2000 年）	
	数值	全国排序	数值	全国排序	数值	全国排序
第一产业	30.92	2	19.06	3	1.16	2
第二产业	23.17	30	26.52	26	1.34	2
第三产业	45.91	14	54.41	14	1.36	1

资料来源：相关年份的《中国统计年鉴》。

中排名第 29 位（降序），仅高于甘肃和贵州，而我国人均最终消费水平的高低同人均 GDP 密切相关，以全国各省（区、市）为单位，各地区人均最终消费和人均 GDP 分别设为变量 X 和 Y，经计算，2000 年 X 和 Y 的相关系数为 0.975（显著性水平为 0.01），可见，人均消费水平的提高，必须有人均 GDP 水平提高为基础，而人均 GDP 水平的提高，一方面必须有各产业的大力发展，一方面必须有来自外力的推动（参见图 40-4）。

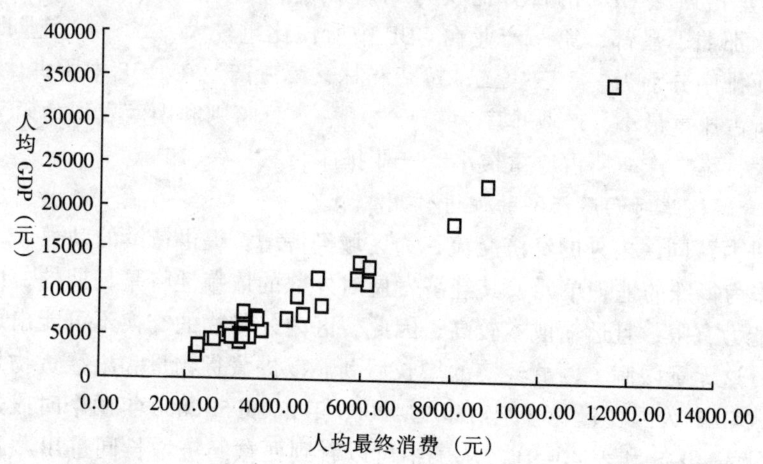

图 40-4 2000 年全国各地区人均最终消费同人均 GDP 散点图

3. 区内外经济联系水平较弱。

近年来，西藏经济发展较快，这主要得益于西藏一、二、三产业的快速发展，特别是第三产业的快速发展。但任何产业的发展需要有坚实的物质基础和产业间发达的交换网络予以支持。西藏特殊的地理位置、地形条件以及资源状况，决定了西藏经济发展所依靠的物质资源，绝大部分需要由区外提供，而西藏以公路为主的交通运输网络，不可能长久地支撑西藏的经济增长。如果用货物周转量同 GDP 之比来表示同区内外经济联系的强弱，2000 年西藏货运周转量同 GDP 之比仅为 0.1149，在全国 31 个省中居第 31 位。而同期西北地区的宁夏、甘肃、新疆、青海货物周转量同 GDP 之比分别为 0.7727、0.6503、0.3352 和 0.3285，分别位居全国第 3、5、16 和 17 位。从上述数据可以看到，西藏是以较少的货物周转量实现了现有 GDP 的较快增长。但应当看到，产业间、部门间、地区间的相互依赖、相互促进是经济增长的必要条件，在目前西藏经济规模较小时，这种相互依赖和相互促进并不十分明显，但随着经济的不断发展，不发达的交通运输网络对经济增长的制约作用将逐渐显现。

4. 地区间区域差异较大。

主要体现在两个方面：第一，经济总量的分布不平衡。从表 40-7 可以看到，西藏的 GDP 主要集中在拉萨、日喀则和昌都地区，三个地区集中了西藏 GDP 的 70.06%，而林芝、山南、那曲占西藏 GDP 的百分比分别只有 9.80%、8.62% 和 8.61%，阿里占西藏 GDP 的百分比仅为 2.90%。第二，区域间产业结构的差异较大。阿里、那曲、昌都，第一产业在 GDP 中所占比重较大，二、三产业所占比重较小，产业排序分别为一、三、二；拉萨和林芝第三产业在 GDP 中所占比重较大，第一产业所占比重最小，产业排序为三、二、一；日喀则和山南表现为第三产业所占比重最大，第二产业所占比重最小，产业排序为三、一、二。

（二）青藏铁路对西藏经济的促进作用

1. 促进西藏同区内外的经济交流，为区域经济增长提供持续的动力。

西藏作为特殊的地理单元，其经济发展对外部的依赖性将是长期的，由于现有公路运输能力有限，且运输成本较高，因此，区内外货物的交换不可能出现较大幅度的增长，这无疑限制了西藏经济的增长后劲。以进藏货物量和出藏货物量为自变量，以西藏 GDP 为因变量，分别对 1991~2000 年和 1995~2000 年两个时段进行回归分析（参见表 40-8 和表 40-9），从表中可以看到西藏经济增长同进出藏货物量具有如下关系：

首先，经济增长同进出藏货物量的紧密性正在逐步加强。1991~2000 年西藏 GDP 同进出藏货物量的相关系数为 0.985，而在 1995~2000 年进一步上升到 0.999，这表明，西藏经济增长越来越取决于进出藏的货运量。因此，青藏铁路建成后，无疑将对西藏的经济增长起到决定性的作用。

其次，西藏经济增长对进藏物资的依赖性正逐步加强。从表 40-8、表 40-9 中

表 40-7　西藏的地区差异

地区	占各项总量的百分比（%）				占各地区 GDP 百分比（%）		
	GDP	第一产业	第二产业	第三产业	第一产业	第二产业	第三产业
拉萨市	36.07	15.89	43.69	46.74	14.38	23.81	61.81
日喀则地区	19.73	27.02	9.76	18.86	44.69	9.72	45.59
昌都地区	14.26	25.29	11.11	8.00	57.87	15.32	26.77
林芝地区	9.80	6.88	14.12	10.03	22.90	28.32	48.78
山南地区	8.62	7.80	10.13	8.56	29.51	23.10	47.38
那曲地区	8.61	12.18	8.79	6.11	46.14	20.05	33.81
阿里地区	2.90	4.95	2.39	1.70	55.70	16.23	28.07
总计	100.00	100.00	100.00	100.00	32.64	19.66	47.70

资料来源：根据《西藏统计年鉴 2001》提供数据计算。

可以看到，1991~2000 年，进、出藏货物量同西藏 GDP 的标准化相关系数分别为 0.368 和 0.726，表明在此期间，出藏货物量对经济增长的影响要大于进藏货物。而在 1995~2000 年这一时间内，进出藏货物量同西藏 GDP 的标准化相关系数分别为

表 40-8　1991~2000 年进出藏货物对西藏 GDP 的影响

模型摘要

Model	R	R Square	Adjusted R Square	Std. Error of the Estimate
1	0.985	0.970	0.961	6.1042

注：自变量为进、出藏货物量。

方差分析

Model		Sum of Squares	df	Mean Square	F	Sig.
1	Regression	8371.993	2	4185.996	112.341	0.000
	Residual	260.832	7	37.262		
	Total	8632.825	9			

注：自变量为进、出藏货物量，因变量为西藏 GDP。

系数

Model		Unstandardized Coefficients		Standardized Coefficients	t	Sig.
		B	Std. Error	Beta		
1	(Constant)	–154.808	24.328		–6.363	0.000
	进藏货物量	6.574E–04	0.000	0.368	4.570	0.003
	出藏货物量	6.734E–04	0.000	0.726	9.018	0.000

注：因变量为西藏 GDP。

表 40-9 1995~2000 年进出藏货物对西藏 GDP 的影响

模型摘要

Model	R	R Square	Adjusted R Square	Std. Error of the Estimate
1	0.999	0.999	0.998	1.0015

注：自变量为进、出藏货物量。

方差分析

Model		Sum of Squares	df	Mean Square	F	Sig.
1	Regression	2829.099	2	1414.549	1410.431	0.000
	Residual	3.009	3	1.003		
	Total	2832.108	5			

注：自变量为进、出藏货物量，因变量为西藏 GDP。

系数

Model		Unstandardized Coefficients		Standardized Coefficients	t	Sig.
		B	Std. Error	Beta		
1	(Constant)	-165.998	4.976		-33.358	0.000
	进藏货物量	1.021E-03	0.000	0.848	18.272	0.000
	出藏货物量	2.720E-04	0.000	0.163	3.509	0.039

注：因变量为西藏 GDP。

0.848 和 0.163，这表明随着西藏经济的不断增长，进藏货物的重要性正在逐渐增强。青藏铁路建成后，运输的“瓶颈”制约将被打破，进、出藏货物量将会大幅度提升，西藏经济的持续发展有了稳固的物质基础。

2. 减少运输成本，促进经济发展。

以建筑业为例，1998 年西藏建筑业增加值占 GDP 的比重为 12.31%，到 2000 年，这一比重上升到 14.54%，西藏建筑业目前已成为目前西藏发展较快的行业之一，并且随着西藏经济的不断发展和游客的不断增加，西藏建筑业还将有一个持续高速的发展时期。

建筑业的发展，将对建材产生大量的需求。但限于资源及环境的制约，从长远的观点看，西藏并不适合大规模地发展建材行业，特别是水泥的生产，西藏建筑行业对区外原材料的依赖，将会不断增加。目前，西藏进藏物资全部由汽车运送，运输成本高居不下。据统计，在拉萨，煤炭一吨 700 元，水泥一吨 750~800 元，运输成本高达每吨 600 多元，高昂的运费，削弱了企业的竞争力和资金的使用效率，对经济增长产生了无形的阻碍作用。青藏铁路建成后，运费将大幅度下调，这将对西藏的经济发展产生积极作用。

3. 促进以旅游业为中心的经济持续发展。

青藏铁路建设对建设西藏支柱产业之一的旅游业发展非常有利，西藏的自然风光和风土人情举世无双，是旅游者最向往的地方之一，然而，由于目前游客进出西藏主要靠空运，运力有限，且费用高，国内外游客，特别是国内游客的进藏旅游受到限制。青藏铁路建成后不仅使进藏旅客能选择费用低廉的铁路运输，还可以在列车上饱览风光的同时，逐步适应高原气候，减轻高原反应。不难想象，青藏铁路的建设，将使西藏旅游业实现跳跃式的发展，在国民经济中所起的作用也将更大。

根据统计资料计算，西藏“九五”期间及2000~2001年，海内外游客年增长率约为20%，海内外游客给西藏带来的直接收入约为每位游客1100元（见表40-10），间接收入和直接收入之比约为5。以此为基础，我们假设，如果青藏铁路2006年正式投入运营，以2006年为分界点，2002~2005年，进藏旅游海内外游客人数年增长率按20%计，2006~2010年游客人数年增长率按30%计，则2010年到西藏进行旅游的海内外游客人数有望达到528.24万人；[①] 按人均给西藏带来直接收入1100元计，则到2010年，西藏因旅游提供的直接收入可达58.11亿元。2000年西藏GDP为117.46亿元，假设西藏2000~2010年GDP年均增长率为12%，[②] 则到2010年，西藏GDP将为364.81亿元，此时旅游业直接收入占GDP的比重将达到15.93%，间接收入占GDP的比重将超过60%（间接收入同直接收入之比按4计算）。

表 40-10 西藏旅游业今年接待游客数量及旅游收入

	海内外总人数		总收入（亿元）	游客人均支出（元）
	数值（万人）	年增长率（%）		
“九五”期间	202.50	20.5	19.6	968
2000年	56.50		6.5	1150
2001年	68.61	21.4	7.5	1093

注：本表数据来源根据西藏自治区统计局《西藏自治区统计局2001年国民经济和社会发展统计公报》和西藏自治区旅游局《西藏旅游业发展年度回顾与2002年工作思路》所提供的数据计算而来。

---

① 这一数字为较为保守的估计，事实上，随着中国经济的快速增长，许多预测将落后于现实的增长。

② 根据西藏“十五”计划提供的增长率确定。

4. 加快区域矿产资源的开发利用，缩小地区差异。

西藏幅员广阔，矿产资源十分丰富。其中铬矿、铜矿、硼矿、菱镁矿、硫矿、刚玉、白云母矿储量位居全国前列，其中铬铁矿产量占全国90%以上，其储量亦居全国第一位。西藏还蕴藏着世界级的斑岩型铜矿。有关专家指出，冈底斯中南部的矿带东西长约360公里，南北宽约30~40公里，远景资源量可达1500万吨以上；冈底斯南缘的矿带长100公里以上，宽约10~15公里，铜矿资源量可达300万吨以上；冈底斯中部的铜矿资源量远景可达500万吨以上。值得一提的是，这一世界级的铜矿带不仅蕴藏着大量的铜，而且富含铁、金等其他矿床，铁矿的远景储量在2亿吨以上。西藏的锂资源也十分丰富，据专家估计，西藏锂的远景储量约占世界储量的一半以上。另外，西藏现有盐湖2000多个，面积6万平方公里，盐湖中的矿产资源高达几十种，仅日喀则地区的大扎布盐湖，其潜在开发价值就高达数千亿元。青藏铁路建成后，上述矿产资源基本位于线路附近，或位于线路的辐射范围之内，这就为矿产资源的开发创造了良好的条件；同时，由于上述矿产资源富集区基本上属于经济落后地区，矿产资源的开发也可以为缩小西藏经济发展水平的地区差异作出贡献。

5. 促进思想观念的转变。

交通闭塞造成的思想观念滞后，是西藏经济发展落后的重要原因。改革开放以来，尽管西藏同全国一样进行了多领域的改革，对外开放也有了长足的进步，但与沿海发达地区相比，西藏的市场意识和市场机制发育仍然严重不足。青藏铁路建成以后，随着对外交流的不断增加，将打破西藏长期以来的封闭状态，把现代文明带入西藏，把创新的思路引入西藏，为西藏实现跨越式发展奠定基础。

6. 为产业结构调整创造条件。

西藏野生动植物资源种类丰富，有如高原食用菌、红景天、人参果等具有高原特色的绿色食品，还有无污染、含微量元素丰富的矿泉水，以及用矿泉水酿造的啤酒，这些资源和产品都具有极高的营养价值和食用价值，过去由于交通不便，运费高昂，这些产品运出量很少，或根本无法运出，铁路修成后，随着运费的降低，将为这些产品打入区外市场创造必要的运输条件。

西藏的农牧资源和民族手工业资源也具有独特优势，根据自治区“十五”计划，西藏将大力发展牦牛、优质青稞等农畜产品深加工，通过产业化经营形成规模经济；充分发挥民族手工技能优势，以出口地毯为拳头产品，大力发展民族手工业。以上产业的发展，也需要有铁路运输作为基础。

三、青藏铁路对西藏社会的深刻影响

（一）促进开放与交流

1. 经济的开放与交流。

西藏有着丰富的矿产资源和一些特色资源（如藏药、矿泉水等），而这些产品的需求市场绝大多数在区外，但由于较高的公路运输成本使得这些物资在区外市场的售价比同类产品高，缺乏竞争优势，从而限制了区内产品在区外的销售。进藏铁路的开通将降低这些物资的运输成本，在区外市场上具有同相关企业同等的价格竞争优势。在此基础上，如果我区的企业能够积极开拓区外市场，开发新产品，提高产品档次和质量，必然会给企业的进步和发展带来商机，对我区发展特色经济是十分有利的。从西藏区内市场而言，市场上所消费的各种产品绝大多数都是来自于区外，由于西藏距离内地交通线长，主要依靠公路运输，运价高，据测算，在西藏拉萨 100 元人民币只相当于沿海地区 54 元的购买力。因此，运输成本直接影响着各种产品在市场上的售价，降低运输成本是降低商品价格的重要因素。进藏铁路的修通会大大降低货物的运输成本，市场物价水平趋于下降，从而起到刺激消费、扩大内需的作用。总之，进藏铁路的开通，将极大地促进进出藏物资交流、城乡经济发展和社会消费水平的提高。

2. 人才的流动与交流。

进藏铁路的修建，大大降低了人员进出藏的费用，改善了交通运输的条件。一是将有利于吸引区外具有熟练技术的劳动力流入我区，他们在参与西藏经济建设的同时也会带动全区劳动力技术水平的提高。二是进藏铁路的修建也会鼓励西藏有一定条件和能力的人走出区门，到区外去发展，可以在区外学习先进技术和管理经验，再将这些带回到西藏，为家乡的经济发展作出贡献。三是进藏铁路的修建，将使西藏交通运输条件得到有效改善，进一步带动其他如能源、通信等基础建设的发展，投资环境的改善和提高，必将吸引更多的客商来西藏投资，带来资金、技术、人才和管理，推动西藏的开发和建设。

然而，铁路的开通所存在的问题是大批的区外劳动力将涌入我区劳动力市场，使区内人员就业机会相对减少。当前西藏劳动力人口文化技术素质普遍偏低，就业能力差，竞争力不强，劳动力市场有待建设完善。针对此问题，应尽快建立健全劳动力市场体系，完善中介组织，大力加强就业培训，为区内劳动力提供各种就业服务和制定相应的政策，积极引导他们就业。当前迫切需要解决劳动者文化和技能素质提高的问题，要做到：

（1）多渠道筹集资金，大力发展基础教育，普及义务教育，保障基础教育的机会均等，让每个学龄儿童都能获得起码的教育，最大限度地减少青少年文盲比例。

（2）强化民族教育的社区服务功能，根据各地的不同特点和不同需要制定不同的培养战略，提倡教育为本社区培养人才，提高民族教育的地区适应性。

（3）为适应经济发展的结构性、生产门类的多样性的特点，加强职业技术教育，并在教育门类、办学形式、教学内容上实现向多元化发展。

（4）加强成人教育，成人教育的重点应放在抓紧扫盲，特别是青壮年的扫盲工作；宣传和强化群众的科技致富意识；普及实用技术，加强岗前培训，提高劳动者的职业适应能力。

3. 文化的开放与交流。

铁路延伸到西藏，有助于提高西藏自治区的社会发展指数，促进西藏藏族与其他民族的经济文化交流，有助于向各族人民弘扬西藏的优秀文化，客观上保护了藏族优秀的传统文化。铁路通达能力本身就标志着地区的社会发展水平，由铁路的功能所连带的社会效应深刻地影响着当地的社会发展指数，其主要表现为：铁路通达所在城镇的城市化水平和城镇辐射能力随着铁路的运营而提高，城市质量和城市通达能力大为增强；城市间人文交流指数随着物流、人流的加大而提高，种类文化指数进一步增加；城乡居民消费品种增多，消费空间和消费机会增大，消费结构转化率上升，消费质量进一步提高；市场间距离缩短，市场主体交流机会增多、交流层次上升，市场创造力指数相应提高；成人社会教育机会增多，青少年人文影响空间增大，人力资源指数随着人才的流动增加而提高。铁路通至拉萨后，将大大增加西藏藏族与全国各民族的经济文化交流的机会；届时，通过铁路快捷、便利、高效率、低成本的运输方式，沟通全国的资源市场、工业品市场、人才市场、技术市场、文化市场，物物交流、人才交流、文化交流的质和量会逐步提高，东、中部和西部其他省区经济文化发展效应可通过铁路辐射到西藏。更为重要的是，青藏铁路的全面贯通，由于较之于公路运输安全、快捷、舒适、成本低廉，进入西藏旅游、观光的游客会大大增加，藏族群众赴全国各地景点旅游、参观的人员也会增多，人员的往来增多会无形地起到向全国各族人民介绍、宣传西藏优秀文化的作用，客观上向全国弘扬了西藏的民族优秀文化。根据文化扩散程度和民众认知概率（指一种文化被自然人所认知人数和认知数量、深度），对西藏的民族优秀文化认知的人数越多，对文化认知的数量越多、越深，无形之中流传得就越广，保护的力度也就越大。

从自然因素和人文因素考虑，青藏铁路运营后对沿线及其所辐射的自然文化区域和人文文化遗产都采取了严格的保护措施。如可可西里国家级自然保护区、楚玛尔河野生动物自然保护区、三江源自然保护区、羌塘国家级自然保护区、果宗木查湿地核心保护区、当曲湿地核心保护区、纳木错自然保护区、“一江两河”湿地自然保护区；沿途寺庙、永久性玛尼堆及所辐射到的旅游景点、古迹等。另外，进藏铁路的修通也有利于文化双向交流，一方面可以对外宣传我区传统的、具有民族特色的文化；另一方面其他各民族的优秀文化也有利于在我区宣传、发展。文化的双向交流可以从整体上促进我国文化的发展，也有利于加强民族团结。

（二）促进社会变革，加快社会转型

青藏铁路的修建，对全面推进西藏社会主义现代化建设事业必将产生划时代的影响，将极大地促进西藏的经济发展、社会进步和局势稳定，带动资源开发、旅游、第三产业等相关产业的发展，从根本上提升西藏自我发展的能力。长期以来，西藏交通闭塞，尤其是交通闭塞带来的观念滞后、思想保守，是西藏经济社会发展落后的重要原因。多年来，尽管西藏进行了计划、投资、科技、财税、金融、物价、国企等领域的改革，但与沿海发达地区相比，西藏的市场意识和市场机制发育仍然严重不足，对于西藏这样一个经济社会发展落后的民族地区而言，要实现跨越式发展，更需要观念的更新和思想的解放，否则会进一步拉大与兄弟省区的差距。进藏铁路的建设将西藏首次纳入全国四通八达的铁路网络，这为西藏更新观念、进一步建立和完善社会主义市场经济体制提供了良好的机遇。在全国乃至国际大市场的背景下，西藏将得到进一步的开放。尤其是在市场方面，各行各业都会与区外相关行业逐步的接轨，从而使我区市场真正融入到全国这个大市场当中，所有经济行为都要以市场规则为准则，加快向社会主义市场经济转轨，以促进西藏经济跨越式发展和社会全面进步。

建立和完善社会主义市场经济体制是进一步解放和发展生产力，振兴中华的必由之路，也是增强各民族团结、巩固和发展社会主义民族关系、促进各民族供同繁荣的必由之路。加快由计划经济体制向市场经济体制转轨，扩大市场机制调节的范围，增强市场机制调节的作用，进一步深化改革，扩大开放，必将对西藏民族发展和西藏地区经济社会的发展带来深刻的影响。一是有利于打破西藏资源转换的封闭系统，加速资源优势全面转化为现实的经济优势，增强自我发展的能力。二是市场经济的发展有利于使西藏各民族由传统民族转变为现代民族。随着国际国内统一、开放市场的形成以及因此产生的人口流、信息流、资金流，必将冲破长期以来自然经济、产品经济的禁锢，从根本上改变过去那种自给自足和闭关自守状态，并呼唤新的价值观、消费观、新的思维方式和行为方式，最终从政治经济、文化素质、心理状态、民族意识等多方面多层次消除和发达地区、先进民族的差距，实现各民族共同繁荣。三是向市场经济体制转轨，有利于扩大对外开放，充分利用国际国内两个市场、两种资源，优化资源配置，加快与国内外的经济技术贸易的交流与合作，促进西藏地区的开发建设。四是向市场经济转轨，有利于西藏产业结构的优化，根据市场的原则和市场的需要，加速传统产业和产品的改造，开发新技术，开发新产品，加快西藏的主导产业和优势产业的形成。五是向市场经济转轨，有利于理顺产权关系，加快现代企业制度的建立，也有利于促进非公有制经济的发展，使西藏经济整体素质和各族人民的生活水平上一个新的台阶。

（三）促进环境建设，实现可持续发展

修筑青藏铁路，首先考虑保护沿线的生态环境。同时，青藏铁路的贯通，将从根本上改善西藏的交通设施，深刻改变西藏城乡居民的消费结构，进而改善西藏的生态环境，实现可持续发展。

根据青藏高原生态较为脆弱的特征，青藏铁路格尔木至拉萨段设计之初，首先考虑到铁路沿线的生态环境保护和水土保持，在科学的设计论证中，对有可能污染环境的污水、废气、固体废物等都设计出了一套或几套处理的办法，对铁路沿途的生态保护已经制定出切实可行的对策和方案。如线路在经过自然保护区时，进行多方案比较选择，尽量减少对保护区的影响；通过环境敏感地带时，尽可能避绕并采取预保措施；在融冻泥流、热融滑塌带，富冰、饱冰土层带，植被发育带，永久湿地等不设取土场；取弃土场远离线路并采取恢复措施，合理规划施工场地，固定行车路线和便道宽度，限制施工活动范围，减少对地表和植被的破坏；合理调配施工弃土和隧道出渣，减少渣场，弃土和渣场严禁侵占河道、湿地、自然保护区核心区和缓冲区、高寒植被发育区；根据地形地貌、野生动物种群分布特征、种群交流情况、栖息地、繁殖地等状况，设置可可西里自然保护区与三江源楚玛尔河、索如野生动物核心保护区、羌塘国家级自然保护区、纳木错自然保护区间动物迁移通道；避免在野生动物来往的通道上大规模取土和设置施工营地，避免惊扰动物的正常活动和迁徙等。此外，施工设计还制定了沿线的水土保持原则，对施工期间及其预期的植被保护和工程防护都作了相应规定。青藏铁路格尔木至拉萨段运营后，铁路管理部门将采取保护生态环境的一系列措施，如设置专门废弃物处理场地，客运设计通风、透光封闭式车厢，站点设立固定废弃物收集站，拉萨站采用燃油设备供水供气；同时，设立废水处理厂，解决车站工业废水对生态环境的污染等。

除铁路管理部门自身采取措施保护生态环境外，更为重要的是铁路运输将深刻改变西藏居民的消费结构，减少由于居民不合理的消费结构而导致的生态退化。

1. 燃料消费。

目前，占人口 85%的农牧区的燃料消费结构为：牧区居民以烧牛粪为主；林区居民以烧木材为主；半农半牧区则以牛粪、秸秆、山坡裸棵植被（如爬地松、山坡荆棘等）为燃料，即使在农区，农民除烧秸秆外，也设法进山采伐灌木或到牧区购买牛粪。无论烧牛粪还是烧木材、灌木、山地裸棵植被，都会对生态造成严重破坏。铁路运营之后，运输成本将大大降低，车站周边 400 公里以内的居民可以煤炭或天然气替代牛粪、木材、灌木等，不仅提高了居民的生活质量，还会大大减少对生态燃料的依赖，进而保护和改善生态环境。

2. 食物消费。

因自然经济的深刻影响，西藏农牧区居民的消费偏好与自然经济紧紧地结合在一起，特别是铁路沿线的藏北地区，牧民的食物结构单一，牧区集约经营能力差，牧民基本上依赖于牛羊肉生活，牛羊肉商品转化率低，可能生产的高附加值生态食品被自我消费。改革开放后，有些居民曾尝试牧业产品的商品转化，但因运输成本和所交换消费品价格差的制约而止步，虽有少部分牧民用牛羊到市场交换粮食、植物油、蔬菜和日用工业品等生活必需品，但基本上还停留在自给自足的自然经济消费方式上。这种消费方式不仅延缓了居民生活质量的提高，还因食物链的单一性对当地生态造成严重的压力，即居民食物链—牛羊肉—羊食物链—牧草；人口增长—牛羊肉需求量增长—羊增加—草场超负荷承载—草场退化—生态系统失衡。藏北草场退化之原因，基本上由人口增长、居民食物结构单一所致。青藏铁路修通后，大量廉价消费品运到铁路沿线，高附加值的牧业产品也可快捷地运往内地市场，通过商品交换，引导牧民向多品种消费转变，以逐步减轻因过重依赖于牛羊而造成的生态压力。

青藏铁路的全面贯通，有助于西藏自治区实现可持续发展战略。可持续发展是全人类所渴求的发展模式。1991 年世界自然保护同盟、联合国环境规划署等在《保护地球——可持续生存战略》中提出可持续发展就是改善人类社会的生活品质，创造较好的生活环境。西藏自治区的可持续发展战略基于发展物质文明和精神文明、提高西藏民众的物质文化生活水平、改善人们的生活条件的考虑，制订了“十五”期间的可持续发展规划，提出以西部大开发为契机，加快西藏的经济社会发展，调整经济结构和产业结构，积极发展壮大特色经济，迅速提高西藏人民的生活水平。然而，西藏自治区的发展支持系统远远不能解决可持续发展所面临的问题。在区域发展潜力中，西藏自治区交通密度居全国最末尾；在区域基础设施能力中，西藏自治区的基础设施总能力和单位面积的货运周转量也居于全国的最末尾。可见，缓解交通运输“瓶颈”制约是实现西藏可持续发展战略、顺利完成西藏发展远景规划的关键。目前，西藏的经济运行活动主要依靠公路运输和航空运输，航空运输量小，公路等级标准低，通行能力差，自然灾害频繁，抗灾能力弱，通达深度不够，公路运输成本高，这些因素严重制约了西藏自治区可持续发展战略的实施。修筑青藏铁路格尔木至拉萨路段，贯通西藏自治区与内地各省市区的交通运输，通过铁路运输解决西藏经济活动中的远距离运输问题，可以更好地消除西藏可持续发展中的“瓶颈”制约，为西藏自治区的可持续发展创造良好的基础设施条件。

（四）促进和加快西藏城镇化进程

城市化是经济发展的必然趋势，是生产力发展、社会分工细化和生产关系变革的必然结果。城镇的兴起和成长，是人类社会的巨大进步，对人类社会的发展起着有力地推动作用。其一，城镇是区域经济组织和管理的枢纽。城镇本身是各级行政中心，通过城镇可以把城镇与其周围的乡村紧密地联系起来，通过各级城镇体系，可以把整个地区经济联系成为整体，以便于地区经济的组织和管理。其二，城镇是区域经济市场的体系和核心。其三，城镇是各类生产的协作配套中心。各类生产活动是相互关联的，只有在城镇内，才能在空间上将各类相关的生产活动聚集在一起，产生聚集经济。其四，城镇是区域经济的发源地。

城镇不仅是一个地区的政治经济中心，而且是科技文化的中心。强大的科技力量一方面使城镇成为各类创新活动的发源地；另一方面可以保证城镇有能力接受高一层次的城市创新活动，从而使创新活动逐步在区域内扩展，促进整个区域的科技进步和经济发展。

西藏高原城镇的产生在公元 5 世纪左右。拉萨是吐王朝的都城，当时在布达拉山修建了红宫，许多为王室服务的手工奴隶发展了许多作坊；围绕着大昭寺、小昭寺建立起八廓街等商业集市和居民点，拉萨成为当时吐境内的政治、经济和文化中心。日喀则镇是以 15 世纪的桑珠孜宫堡和扎什伦布寺为基础，形成一批手工业作坊居民点和商业集市而逐步发展起来的。昌都镇处于川康滇青的交通要冲，居民点和商业集市是围绕昌都降巴林寺而逐渐形成的。西藏解放前，由于长期处于封建农奴制社会，政教合一的统治和庄园制度，使手工业和商业的发展受到极大的限制，严重地制约了城镇的形成和发展。解放前全区万人以上的城镇只有拉萨，日喀则只有 9000 余人，昌都镇有 4000 余人。1000~4000 人的城镇也只有十几个城镇。全区城镇总面积只有八九平方公里，城镇人口六七万人，约占全区总人口的 6%左右。

西藏解放后，城镇的发展和建设大致经历了和平解放时期、民主改革和改革开放三个发展阶段。50 年来，特别是改革开放以来，随着交通、能源、邮电通信等基础设施的建设和经济社会各项事业的发展，西藏的城镇建设进入了一个快速发展的新时期，城镇的数量和规模不断在扩大，设施逐步在完善。在中央和全国的大力支援下，国家和集体先后投资近 30 亿元发展西藏的城镇建设。拉萨市、日喀则市、昌都镇、狮泉河镇、昌都、江孜镇、泽当镇，正逐步进入新型的现代化中小城镇的行列。据不完全统计，到 2000 年底，西藏已有上万人的城镇 6 个，万人以下 4000 人以上的城镇 10 个，4000 人以下千人以上的城镇 17 个，千人以下 500 人以上的城镇 50 多个。随着西藏边贸的发展，对原有的边贸小镇下司马、普蓝、吉隆、帕里、聂拉木等进行了拓展和扩建。西藏的城镇占地面积已达 100 多平方公里，比解放前增加了十多倍；全区城镇人口达 40 多万人，比解放前增加了 6 倍，占全区总人口的 16%。

青藏铁路格尔木至拉萨段的修建，将极大地促进铁路沿线和全区城镇的发展和建设。城镇的发展，对农牧区的辐射和带动作用逐步增强，促进西藏经济商品化的发展，吸引农牧区剩余劳动力向非农经济转移，推动经济增长方式的转变，加快群众脱贫致富步伐和人民生活水平的提高。

从西藏的实际出发，按照将拉萨发展成为民族风格浓郁的现代化中等城市，将各地市行署所在地发展成为小城市的要求，逐步形成以拉萨为中心、小城市为骨干、建制镇为基础的中小城市和小城镇协调发展的格局。在“十五”期间，以拉萨及 6 个地区行署所在地为中心，以 71 个县城及重要口岸为重点，逐步建立“一江三河”（雅鲁藏布江、拉萨河、年楚河、尼洋河）流域及相关区域的城镇发展体系、藏东“三江”流域及相关区域城镇发展体系、藏北城镇发展体系和藏西城镇发展体系。

进藏铁路的修建，首先，为藏北及拉萨市城镇体系的发展带来了直接推动力和发展机遇。其次，格尔木至拉萨铁路的修通，由于人流、物流和信息流的加大，拉萨城市规模的不断扩大和人口的增加，对周边城镇、各地市和边境口岸的辐射带动作用将明显增强，从而间接地推动了全区城镇的发展。

发展城镇化，是改善投资环境，优化城乡经济结构，缩小城乡差距的重大举措，是带动全区经济社会发展的大战略。要坚持科学规划、合理布局、突出特色、规模适度、注重实效的原则，实现城镇建设与经济社会发展的五个结合：

1. 城镇建设必须与区域经济发展相结合。

一个地区的城镇分布取决于区域特点、区域规划、区域发展趋势。为了防止城镇的盲目发展，必须充分考虑不同地区的经济发展要求，反复论证，因地制宜，科学规划，不搞“一刀切”。

2. 城镇建设必须与农村现代化发展相结合。

城镇化与农村现代化是一个相互促进、不可分割的过程。没有城镇化就没有农村现代化；没有农村现代化的科学决策，就没有城镇化的健康发展。在城镇规划建设的过程中，要实现城镇建设与农村经济的协调发展，与农村现代化协调发展，使城镇建设真正走上高起点、高标准、高质量、高效益、持续发展的轨道。

3. 城镇建设必须与农业产业化发展相结合。

农业产业化是农业企业化、市场化、现代化的客观需要，是社会生产力发展的必然要求。城镇为农业产业化发展提供市场、信息、技术、物质条件，是农业产业化发展的“温床”，而农业产业化的发展可进一步促进农业生产力的提高和城镇的发展。因此，从某种意义上说，农业产业化、市场化、工业化的过程也就是城镇化的过程。

4. 城镇建设必须与发展乡镇企业相结合。

城镇建设与乡镇企业发展相互具有因果关系，城镇特别是小城镇的建设，为乡镇企业的发展创造了发展的环境，乡镇企业的发展又促进了城镇的繁荣。要改变以往发展乡镇企业“三就地”（就地取材、就地加工、就地办厂）的做法，城镇工业小区要立足于创建良好的投资环境，引导乡镇企业到城镇连片集中发展。实践证明，乡镇企业走出自然村是农村经济发展的必然选择。

5. 城镇建设必须与民营经济发展相结合。农牧民是城镇建设的主体，民营经济是城镇经济的主体。

改革开放 20 年来的发展过程已经证明了这一点。可以说，没有民营经济的大发展，就没有城镇的大发展。大力发展个体私营经济，大力发展股份制经济和股份合作制经济，建立符合社会主义市场经济新秩序的城镇经济体制是加快城镇发展的客观需要。依托城镇，大力发展民营经济能使城镇建设与民营经济比翼齐飞。

四、青藏铁路与西藏的战略地位

（一）南亚地缘政治与西藏战略地位

南亚次大陆北濒喜马拉雅山脉，紧邻中亚，南临印度洋，在亚洲自成地理单元，具有非常重要的战略意义。南亚的人口约占世界的 1/5。南亚次大陆既是中东的侧翼，又是中亚这一被地缘政治学家称为“世界心脏”地带的出海门户，同时是连接东亚大陆的重要陆上通道。在科学技术与生产力不发达的古代，经喜马拉雅山欧洲和亚洲的文明、商品的交流不绝如缕。

从历史上看，南亚不仅是辉煌的恒河文明的发源地，是佛教、印度教的发源地，也是西方文明与东方文明最初发生碰撞的地方。亚历山大大帝挥师南下，打到了印度。伊斯兰的军刀也曾经征服了印度，并且建立了王朝。文明的冲撞与民族间的征服，使南亚次大陆至今呈现出错综复杂的宗教、国家、民族、部族、种姓关系。不仅影响着南亚次大陆的国家间关系，影响着亚洲乃至世界的安定，而且使南亚国家内部冲突不断。

到了近代，西方殖民主义势力东渐，南亚成为他们向亚洲扩张的最初踏脚石和基地。英、葡殖民主义者以印度为基地，向东亚扩张，南亚开始成为西方国家全球战略的重要环节和相互争夺的战略要点。在大英帝国势力最强盛时期，印度被称为"女王冠上最璀璨的宝石"。

苏伊士运河于 1869 年通航后，印度洋成为欧洲、亚洲、非洲和大洋洲海空航路的交通要道。南亚扼苏伊士运河的出口，地缘政治地位更加突出。英国对印度的战略地位更加重视。

进入 20 世纪，列强对南亚的争夺更加激烈。俄罗斯一直把南下印度洋获得"暖海"作为其对外扩张战略的目标。甚至到了 20 世纪 90 年代，俄罗斯颇有争议的政治家日里诺夫斯基以他特有的直率写道："最后一次'南进'俄罗斯在今后达到印度洋和地中海，这确实是拯救俄罗斯民族这一课题的现实答案。须知，其他党谈什么要放弃哈萨克斯坦、吉尔吉斯、中亚，它们并不明白，我们这样做会把俄罗斯移向冻土带，那儿只会有矿产资源，人在那儿是无法生活和发展的。人类文明的发展一向是从南方开始的。人之所以北上，是因为人太多了，在南方积累起来，就朝四面八方发展。他们当时没有意识到这是在离开最好的地方。他们去寻找食物，杀光了周围的动物。而今天，我们可能平白无故地把自己赶到无法生存的地区，彻底毁掉民族。因此，最后一次'南进'的思想之所以必要，是由整个历史进程决定的，说它是最后一次，是因为这将是最后一次瓜分世界。这可以解决一切问题，我们将一劳永逸。俄罗斯将获得四极版图：我们将北倚北冰洋，东临太平洋，通过黑海和波罗的海西接大西洋，在南方，我们将能靠着印度洋，只有那时，我们才会获得平静的邻邦。"① 英国则把印度作为他北上进入中国、中亚国家与俄罗斯抗衡的立脚点。两个帝国在南下和北上的扩张进程中相遇于西藏。他们都想把西藏据为已有，或者对西藏予以不同程度的控制，力所不及又都想把西藏作为防范对方的缓冲

---

① （俄）弗·沃·日里诺夫斯基：《俄罗斯的命运》，中译本，新华出版社，1995 年版，第 126 页。

地区。耐人寻味的是，在中国积贫积弱的时代，这些帝国主义国家也都没有真正把西藏控制在手掌中。

世界进入石油时代之后，随着世界贸易的发展，中东石油的发现，南亚次大陆的战略地位进一步得到提升。第二次世界大战中，德国、日本都把攻击印度作为重要的战略目标。冷战中，前苏联和美国的海军，围绕印度洋进行了战略部署。印度洋作为欧洲、美国、日本以及亚洲国家从中东进口石油的战略通道，对这些国家具有极为重要战略意义。而南亚国家尤其是印度作为南亚次大陆的核心犹如一把利剑直插印度洋。

在20世纪末、21世纪初，亚洲发生的四大变化进一步提高了南亚的战略地位：首先是前苏联解体，俄罗斯再一次被推得远离印度洋。但是，从俄罗斯分裂出来的中亚小国，造成了中亚新的不稳定，使外部势力可以乘虚而入。其次是南亚出现了两个新的核国家，南亚爆发核冲突的阴影，笼罩着亚洲。印度作为一个核国家一直把中国作为它主要的假想敌，同时仍然对达赖集团予以支持、纵容。再次，亚洲尤其是中国对中东原油的进口依赖大大增加，并且把开发中亚的原油作为解决中国21世纪能源问题的重要途径之一。最后是伊斯兰原教旨主义以及恐怖主义在中亚的崛起。这四大变化，使南亚的战略地位变得更加重要，使南亚的战略态势与中国息息相关，也进一步提高了西藏在我国国家安全战略中的地位。

由于中国对外贸易的发展，大量进口中东石油，印度洋航道的安全，对中国国家利益日益重要。南亚国家尤其是南亚地区大国的动向，对中国国家安全的影响在不断增加。

要控制中东中亚首先必须控制南亚地区。南亚是中东的侧翼和中亚的重要门户。控制了印度就控制了东亚国家石油进口的咽喉，控制了巴基斯坦就控制了中亚石油进入波斯湾的出口，[①] 同时也遏制了俄罗斯重温旧梦。“9·11”事件后，美国以打击恐怖主义为名进入中亚，对印度核试验的制裁也不了了之。实际上是通过对石油资源的控制，进一步改革其霸权体制，同时展开了对中国能源来源进行威慑的战略部署。今日之美国代替了昔日之英国，成为一个控制印度洋战略通道（在迪戈加西亚岛建有美国海空军基地，美军控制着波斯湾），通过南亚北上，经略中亚，进而染指中国的帝国。因此，有些学者说中国周边面临的安全形势是“东急西重”，很有道理。

从历史上看，西藏是中国在西南的天然屏障。当中国强大时，西藏成为中国进

---

① 张文木：《中国新世纪安全战略》，山东人民出版社，2000年版，第206页。

入南亚的重要通道；当中国积贫积弱时，西藏在不同程度上阻止了外敌的进入。由于西藏的地缘政治地位，使中国拥有了广大的战略腹地，它北护青海新疆，东濒四川云南。喀喇昆仑和喜马拉雅山脉对南亚诸国居高临下，进可攻，退可守。如果失去西藏，中国人口密集的富庶之地（从陕西到四川、云南）就会变成国防第一线，中国的西北就会失去屏障。中国的国防费用将比现在大大增加。

在新的形势下，西藏由于处于保护中国能源来源的侧翼，面对美国在南亚中亚一系列战略部署的第一线，其重要战略作用越加突出。随着南亚局势的变化，西藏的战略地位进一步上升，美国等国家必然要进一步利用西藏问题限制和威慑中国，影响中国的能源保障。如果西藏发生重大问题，紧邻中亚国家的新疆在疆独等势力的渗透、骚扰下会处于更加被动的地位。中国与中亚国家的能源关系会更加难以保障。随着中国开发西部，西藏是接通中国西部与国际市场的通道。西藏是中国连接中亚、南亚的枢纽，在中国强盛时是中国在南亚参与区域化和全球化的西进与南下战略展开基地，是中国在南亚发挥巨大政治经济影响的通道。

南亚地区的形势极不稳定。国家之间的冲突、战争形式多样（从恐怖主义活动到核威慑），各个国家内部宗教、民族冲突不断。印度与巴基斯坦“似乎都认为在冲突中不应当使用核武器作为一种作战手段。这一点反映在印度‘不首先使用’政策上。而巴基斯坦军方和政治家因为担心印度在常规军事力量方面占优势，不太乐意做此种保证”。[①] 即便在南亚可能发生战争甚至核冲突的情况下，西藏仍然是阻隔战乱向中国内地蔓延的重要安全屏障。

印度虽然目前与美国进行合作，但是从长期看，印度要实现其独霸南亚，最终成为世界大国的野心，必然要走自己的路。

印度正在使自己的核力量发展成为“三位一体”的战略打击力量。到 2030 年印度计划拥有：25 枚洲际导弹，40 枚中程弹道导弹；70 架苏—30MKI 远程攻击机、70 枚空地导弹；4 艘核潜艇。在 30 年内投资 130 亿美元生产 350~400 枚核弹头。

印度把印度洋视为自己的势力范围。印度海军已决定用 10 年时间分别投资 169.5 亿卢比和 150 亿卢比，建造防空舰和航空母舰各一艘。

1999 年 5 月 26 日印度曾用“极轨卫星运载火箭”进行了首次商业发射，把印度的一颗小型卫星、韩国的一颗小卫星、德国的一颗小卫星送入了轨道。

新德里工艺技术学院院长拉苏说：“我国有 3 万名印度工艺学院毕业生在美国工

---

① 美国国防大学国家战略研究所：《清理纷乱的世界——美国跨世纪全球战略评估》，国防大学出版社，2000 年版，第 280 页。

作。在加利福尼亚硅谷问世的2000家新公司中，有800家是印度人创办的。”印度软件业发展大大超过了我国。2000年印度软件的出口占印度国内生产总值增长部分的1/4。[①]

印度的所谓“国家安全”概念分南北两面。在北面印度要求有对巴基斯坦——西藏——孟加拉一线的实际控制权。[②]中国在南亚乃至亚洲的巨大影响，阻碍和牵制着其野心的实现。中印之间还存在着难以解决的边界问题。诚如印度国防部长费尔南德斯所言：“中国是最大的潜在威胁，来自中国的潜在威胁要大于巴基斯坦。”就印度自身而言，其与中国的战略关系是竞争性的。这种竞争是全面的，包括经济、军事、政治。由于印度目前力量尚不足以与中国对抗，与巴基斯坦冲突不断，此时竞争可能会以比较和缓的方式进行，与中国还可能在某些方面合作。但是，随着印度的逐步强大，必将导致中国在西部面临越来越大的安全压力。

在上述错综复杂的战略背景之下，达赖集团作为美国、印度的战略工具，必然加速其分裂活动。我国反分裂、反藏独的斗争面临更加严峻的形势。为了进一步改善与巩固中国在西部的长远安全态势，使西藏的经济加速发展，不仅具有重要的战略意义，而且具有重要军事意义。

西藏目前已发现矿产资源达100种之多，是中国21世纪发展所需的许多重要矿产资源的接续基地。在水资源日益重要的情况下，西藏是中国主要河流的源头，保护中国水资源的完整性也使西藏具有更加重要的战略地位。西藏丰富的自然和人文资源随着开发的深入，将为中国人民带来巨大的经济利益。

由于西藏在中国历史和现实中具有如此重要的战略地位，鉴于南亚新的战略格局，因此，青藏铁路的修建对于巩固中国的国防，维护中国的国家安全，保障中国的国家根本利益，扩展中国在国际舞台上的影响，维护西藏的社会安定和民族团结，具有不可替代的重要作用。

（二）青藏铁路对巩固国防长治久安的作用

前面已经对西藏在中国国家安全战略中的地位做了论述。在本节中将对青藏铁路对巩固国防长治久安的作用做进一步的具体研究。

从历史看，中国内地能否从西藏受益，西藏能否通过与内地的经济联系获得进步，主要取决于交通状况。中国内地与西藏的政治、军事状况关系也受到交通状况的巨大影响。由于西藏与内地的交通不便，使西藏通过与内地交流获得进步，获得

---

① 赵英：《大国天命——大国利益与大国战略》，经济管理出版社，2001年版，第364页。

② 张文木：《中国新世纪安全战略》，山东人民出版社，2000年版，第206页。

经济利益的成本高昂。1951 年，中央政府曾动用 4 万多头骆驼向西藏长途运输货物，当时每行进一公里，就要留下 12 头骆驼的尸体。1952 年护送十世班禅返回西藏时，曾投入军马 4500 匹，骆驼 3000 头，牦牛 13500 头，骡子 2500 匹。在 2000 公里的行程中，共有 3000 多头牲畜丧生。显然，交通方式的转变是改善内地与西藏的交流方式、促进西藏经济社会发展、巩固国防的关键环节。

全国解放后，1954 年 12 月，川藏、青藏两条公路同时通车拉萨。随后新藏、滇藏、中尼公路相继开通。这使西藏与内地的联系方式跨越了几千年，由传统的人力、畜力为动力的交通方式一下跃进到以石油为动力的阶段。1960 年西藏与内地又开始通航，公路与民航加速了西藏的经济社会进步，使国防得到巩固。

尽管公路运输与航运使西藏的交通状况得到了巨大改善，但是由于公路运输与航运的局限性，因此从根本上改变西藏交通运输的状况，必须修建铁路。在国家推行西部大开发的背景下，适应当前国际局势的变化，青藏铁路的开工，是非常及时的。

青藏铁路的路线与历史上唐蕃古道相近，是内地与西藏联系的主要路线。青藏公路承担着每年进出藏物质运输的 85%和人员运输的 90%。修建青藏铁路将使西藏与内地交流的主渠道得到大大改善。同样，这种改善将反应在国家安全的巩固方面。

第一，青藏铁路加速了西藏的经济社会发展，加速了西藏与内地的一体化进程，加速了西藏与内地的经济、文化交流与融合，从而从根本上促进了西藏社会的安定。

第二，青藏铁路对西藏的经济社会发展起着加速器的作用，铁路的修建，形成了西藏地区由铁路、航空、公路、管道构成的现代综合运输网络。因而从长远看，随着西藏地区经济社会的发展，西藏自身对巩固边防的贡献率会逐步提高，后勤物资的当地采购率（目前很低）会逐步提高，西藏地区的军事动员能力会逐步提高，从而降低国家的国防成本。

第三，从军事运输角度分析，以铁路运输代替公路运输，不仅成本可以大大降低，而且快捷，安全可靠性大大提高。

青藏公路固然对西藏军事运输作出了巨大贡献，但是由于路况条件恶劣，运程很长，气候严酷，需要的保障条件很高，高海拔地区汽车单位油耗大，运输成本高，后勤保障仅仅依靠公路运输是较为脆弱的，尤其是难以保障紧急情况发生时的军事需要，影响着部队在西藏的大规模行动能力。

青藏铁路的建设，填补了我国在西藏的铁路军事运输空白地区，将使我国在西藏的军事运输网络更加完备、健全，军事运输条件大大改善，后勤保障体系更加安全可靠，军事运输组织与调度更加便利、及时，军事运输支出大幅度减少。

青藏铁路投入运营后，使我军的后勤保障基地进一步由格尔木前移到拉萨。军用物资在拉萨通过公路分配、集散，在相当大程度上改变了原有的物流方式，减少了运输周转中的损耗，降低了成本。

第四，由于青藏铁路建设导致的我军后勤保障体系能力增强，军事行动能力的增强非常明显，这本身就增加了对境外敌对势力的战略威慑力。诚如美国战略家所言："中国很长时间一直构想建立一条通到拉萨的铁路。中国开始实施这种构想则可能引起印度的关注，因为这可能会提高中国在该地区的军事实力，并成为一种重要的不稳定因素。"[①] 可见青藏铁路不仅对改善我军在西藏的军事运输，提高军事行动能力有重大意义，而且在相当程度上影响着南亚的战略态势，使我国政府与印度进行边界谈判时，站在更加有利的地位。

第五，有了青藏铁路，我国在西藏地区的国防建设不仅可以大大加速，而且由于进藏军事物资的运输成本下降，可以大大降低国防建设的成本，进一步改善西藏地区的国防基础设施，提高我军在西藏地区的行动能力和战斗力。同时，也使部队在西藏执行抢险救灾任务时，可以及时到达指定位置。

第六，由于有了青藏铁路，可以为国防提供高强度、大密度、长距离、快速而且比较舒适的运输支持。乘汽车由格尔木到拉萨需要两天，而火车可以朝发夕至，有利于大兵团行动。我军在西藏的部署以及军事战略选择，可以在相当程度上进行灵活的调整。一旦遇到外部、内部突发事件，我军可以及时地对西藏予以跨战区的支援。

第七，在青藏铁路运营初期，由于军事运输的特点，军事运输可能在青藏铁路运量中占有较大比重。诚如朱镕基总理所言："这些基础设施建设不能按现在的运量来计算，用现在的运量来计算就可能没有铁路能修。这事要超前，比方说你一条铁路可以运 1000 万吨，现在有 3400 万吨的运量就可以修，这就叫政治铁路，不然西北永远发展不起来。"[②] 青藏铁路运营初期"政治铁路"、"国防铁路"的色彩肯定会较为明显。首先是一些常规性的军事运输任务，例如新老兵入伍退伍；部队装备给养的定期补充；部队调动、人员进出藏，将由公路运输转为铁路运输。其次是国防建设所需物资将大量通过铁路运输。再次是如果遇到突发事件可能会产生紧急的、

① 美国国防大学国家战略研究所：《清理纷乱的世界——美国跨世纪全球战略评估》，国防大学出版社，2000 年版，第 295 页。

② 中国铁道学会：《青藏铁路学术研讨会论文集》，200 集，第 181 页。

高速度、大密度的军事运输需要。

军事运输虽然不像民用运输那样可以产生利润，但是在运营初期运量有较大缺口的情况下，可以减少运能浪费，有些情况下甚至保本运营。这样从整体上减少了亏损，实现了较大的社会效益。

第八，青藏铁路投入运营后，原有的公路运输能力有相当部分可以转用于西藏自治区内的军事运输。通过逐步发展连接铁路的公路运输网络，也加强了我军在区内的行动能力和后勤保障能力。

第九，从中长期看，青藏铁路投入运营以及西藏铁路网的进一步延伸，将使西藏地区的边境贸易以及我国与南亚国家的贸易得到较快发展。由于这些国家与我国在经济实力和经济发展水平上存在着相当差距，将使我国与南亚国家的经济依存度逐渐提高，使我国在南亚的影响逐步扩大，增加我国在南亚实施安全战略的筹码与手段。

第十，从长远看，以青藏铁路为开端，到本世纪中将逐步形成西藏地区的铁路网络以及西藏与内地的铁路网络，届时将从根本上彻底解决西藏地区军事运输的需要（只有西藏铁路网的逐步形成才能满足西藏地区内各个边防战略要点的军事运输需要），中国西部的国防体系将更加完备，以适应中国国家利益在西部和南亚中亚的拓展。

为了使青藏铁路更好地为加强我国国防建设服务，在青藏铁路建设以及其后的运营中，应当对军事运输需要予以充分的考虑。在铁路场站、仓库、补给设施建设中充分考虑军民两用。

五、青藏铁路管理模式①

在中央领导的大力关怀下，举世瞩目的青藏铁路建设已经顺利开始，从 2001 年 6 月~2007 年 6 月工期 6 年。青藏铁路格尔木—拉萨段全长 1142 公里，除去 32 公里需要改造的线路外，有 1110 公里的新线建设部分。长距离高原冻土铁路建设工程将是人类历史上的又一个伟大创举。建设不易，运营更难。以下是对青藏铁路管理模式的初步思考。

（一）企业体制与运营的特点

该项目建设与运营的主要特点是在企业体制和运营方面要进行一系列探索。在建设管理方面，实行的是项目法人责任制，即成立专门的公司，作为建设项目的法

① 本节系根据对青藏铁路建设指挥部负责人采访编辑而成。

人，负责组织工程建设，同时又是在将来组织运输、负责运营管理的单位。这种模式在我国国家直接投资的铁路中还是第一次。以前的模式中的“合资铁路”，主要是指中央与地方的合资，那是项目法人责任制。但是，更大量的是国家单独投资的项目，这些都是归部里的工程管理中心管理，或由某铁路局进行管理。

项目法人责任制模式的好处是，作为公司，在建设初期就有较长远的考虑，考虑到将来如何增加运量，比如在将来如何促进旅游，为两省的经济发展服务，等等。而且这种机制和思路反过来又会对建设施加影响，比如，在生产布局方面要更加趋于合理，凡是在有运量的地方设立车站或在有资源的地方预留车站，等等。在设备选型方面也会考虑将来符合旅游的需要。根据青藏铁路地理自然条件的实际，必须设法减少维修，人员也不可能太多。同时，项目法人还要考虑将来的运营成本和运输效益、提高服务质量等问题。在节约支出方面，不仅需要考虑减少维修成本，还要考虑减少将来的固定成本。

关于企业体制，以前曾考虑过有限公司形态，但是到目前为止还没有批。估计会按企业法登记。因为如果按照公司法登记，就要采取国有独资公司的形态，而经贸委的意见是今后不再发展国有独资公司了，所以可能难以被批准。公司最初的资本金 10 亿元，每年投入后都要增加，总造价预计达 262.1 亿元。企业没有负债，没有其他股东，相当于原来的“全民所有制”企业。

青藏线运营期间的管理模式与其他线也有所不同。主要表现在两个出发点，一是要符合整个铁路改革的趋势和大方向；二是要符合青藏铁路特殊的地理环境条件。

关于客货运比重，目前全路是货重于客，但是，青藏铁路可能是一半一半。按照设计院的预计，2010 年近期货运量双向可达年 330 万吨，其中，向拉萨 210 万吨，向格尔木 120 万吨。关于客运，进藏人数为 62.5 万人次；出藏为 61.2 万人次。这是根据趋势性数据测算的。设计时速可达 100 公里，全程行走预计达 13 小时。如果从北京到拉萨，总的时间要 50 个小时左右，软卧票价大概与飞机相差不多，硬卧票会更低。更重要的是，一路上可以领略高原风光。估计正常时每天开行 3~4 对客车，旺季时增加一些，当然车辆仅仅靠本公司不可能了。

(二) 企业自身的努力

具体来说，企业考虑到这样几个方面：

1. 减少管理层次和人员。

公司直接管理中心站和个别段。这种模式与一般路局情况是不同的，也与没有分局的路局有所区别。目前所谓的“局直接管站段”要涉及众多部门，包括电务段、车辆段、水电段，等等；而青藏线格拉段并不设水电段、电务段、工务段，等等，只设六七个中心站，车辆段、机务段等放到两头，管理跨度小，管理生产的人员尽量压缩，尽量把中间线路上的机构和人员压缩到最低限度。现在，在全路一般的线路上每公里需要 20 多人，青藏铁路开通时期计划每公里 5 人，正在做编制，由于 4000 米以上高度铁路有 960 公里长，人员将控制在 2000 人以内，人员主要集中在格尔木和拉萨，中间地带仅进行简单的技术作业。

2. 用工制度改革。

采取灵活的用工制度，以大量的合同工代替实际上的固定工，采取招聘的方式录用。职工结构争取实现三个 1/3，即大学毕业生要一些，考虑到实际困难，我们采取定向培养的方式，包括签订合同；第二是在当地招收中专技术学校学生，主要做服务员工作。再就是从既有铁路调剂一些，这部分人占 15%左右。

3. 运营组织统一管理。

对此线要实行西宁调度所的统一调度，把整个线路管起来。估计格尔木—拉萨段总长要有 1142 公里，专用线和支线很少，这有点像一个干线公司。机车乘务员等在格尔木或拉萨调配，中间不再设行车公寓和机务段。一个机车设置两班，轮流宿营和休息。当然，这需要现代科学技术手段的支持。

4. 运行图采取多种模式。

一般来说，运行图有平行运行图、非平行运行图、部分追踪运行图、全追踪运行图，等等，青藏铁路准备以非平行运行图为主，部分采取追踪式，根据将来车流密度的变化调整运行图。比如，在夏季，藏北的草原、牦牛很好看，水也很好，只是空气稀薄一些，旅游的人较多，可以考虑增加旅游车；到了冬天，高原的风景也会有所不同，一片黄色，特别是雪山很好看，这时的车流密度差距会大一些，可能会封存一部分车辆。总之要实行动态管理。

5. 微观与宏观的共同努力。

在价格与效益方面需要采取特殊的措施，公司方面要开源节流。同时，也需要国家和地方的大力政策扶植，只有企业内外的共同努力，才有可能实现收支平衡。在企业内部，要争取增加运量，降低成本。客运运量与旅游资源相关，可根据需要调整旅游列车；货运方面要根据沿线情况搞好生产布局，要根据地方是属于资源开发型还是加工制造型来为地方周到地考虑，包括设车站、货场等。例如，青海某地提出设车站，我们就调整方案，准备增加中间站。同时，我们也需要地方政府多加宣传，在促进经济发展方面还要做大量工作。当然，调整经济布局要以地方政府为主，政府应该多宣传能源结构的改变，引导老百姓多烧煤，现在烧树枝对环境不利，也不可再恢复。烧煤对环境和运量都有好处，可以造福子孙万代。[①]

在节约成本方面，一是要减少人员，提高生产率；二是要减少物资消耗和设备消耗。将来可以考虑风能或太阳能等备用电源，虽然一次性投入高一些，但是维修、运营成本低。可以考虑设备集中维修，放在一个基地，这样便于统一采购材料，减少不必要的浪费。要建立考核制度，减少油耗。

（三）宏观管理环境和条件

关于国家对该线管理的模式，由于在全路已经实行了“资产经营责任制”，估计对青藏铁路也会按照类似的办法进行管理。关于专项建设基金，全路目前每天货运收入约 2 亿元，基金收入 1 亿元，客运收入 1 亿元，基金约占总货运收入的 1/3。考虑到青藏线的情况，估计不会征收。

在中央与地方政府方面，按照国务院批准的可行性报告，有这样一些措施：第一，中央与地方免收各种税费；第二，线路固定设备可不提取折旧（但这样将没有能力更新改造；第三，价格方面可以采取特殊运价，现在全路客运是每人公里 0.16 元，货运是每吨公里 0.12 元（在这之中也有矛盾，因为运价上去了，运量可能会下来）。

根据以上措施，企业方面感到还需要继续研究的问题很多。第一，税费不收可以，收入本来就不多，所谓税就是指营业税，亏损当然没有所得税。第二，运价问题不应高于全路平均水平，因为铁路实际上是基础设施，运价高就可能会减弱拉动作用，而不利于提高整体的经济效益。应该比照青藏铁路西宁至格尔木段的做法，将所给的特殊运价在全路进行均摊，假如全路货运价格为每吨公里 8 分钱，青藏铁路为 3 毛 4 分钱的话，可以摊到其他线，实际上只增加几钱几个毫。换句话说，可以采取定额补贴的办法，运价也应该与其他线相差不多，因为本线价格太高了并不利。第三，关于折旧应该收。总之，作为配套措施，公司希望在宏观政策方面能继续得到国家和地方对青藏铁路线的支持，保证其得以生存和发展的必要条件。许多问题需要提前考虑，不仅关系到高质量地完成建设任务，而且涉及长远。如果运营后国家不再给补贴，那就需要在全路运输想办法。

关于对地方政府工作的希望，一是及时向中央反映情况，地方政府承担不起高运价，请中央给予一定的补贴；二是媒体方面要大力支持、宣传铁路运输的好处，加强舆论导向支持，鼓励货运走铁路、客运乘火车，要争取改变能源结构和生活习

① 对此，西藏方面的意见是不可以大规模引进煤炭为主要生活能源，一方面是环境问题；另一方面也有价格问题。

惯，多烧煤，以保护生态平衡；三是在“三产”方面铁路可能要做一些工作，比如旅游，开辟服务行业，建宾馆、饭店，等等。希望地方政府给以支持，铁路用地应按照铁路建设的政策，在税收方面也享受与建设运营同等的政策。虽然在建设期间不能考虑负债，但在今后运营时，特别是“三产”方面，可以考虑负债和贷款方式。实际上，铁路发展“三产”对铁路和地方都有好处。